Boldrini, Der Löwe von Mykene

Giuliana Boldrini

Der Löwe von Mykene

Loewes Verlag Ferdinand Carl Bayreuth

ISBN 3 7855 1658 4 – 1. Auflage 1973

Aus dem Italienischen übersetzt von Helga Marianne Wegener
Titel der Originalausgabe: Il leone di Micene
Verlag der Originalausgabe: Vallecchi Editore, Florenz
Illustrationen von Giovanni Caselli
Schutzumschlag von Hermann Altenburger
Satz und Druck: Brönner & Daentler KG, Eichstätt
Printed in Germany

Inhalt

Das Ägäische Meer – im Norden liegt Myrina, Haltas' Heimatstadt, im Südwesten Mykene.

Vorwort

Die Hauptfigur dieser Erzählung trägt eine knielange Tunika und Ledersandalen, die bis zum Knie hinauf geschnürt sind; obwohl der junge Mann drei Sprachen spricht und sich für sehr gebildet hält, ist er davon überzeugt, daß die Sonne ein Gott ist, der die — wenngleich auch langweilige — Aufgabe hat, alle Tage auf einem Feuerwagen vom Orient zum Okzident über den Himmel zu ziehen. Der junge Mann glaubt überdies, von den Göttern abzustammen, die — als äußerst zahlreiche Sippe übrigens — auch seine Welt bevölkern: sie wohnen auf dem Meeresgrund und im Himmel, in den Wäldern, den Flüssen, unter der Erde . . . überall. Die Welt dieses Jungen ist das alte Griechenland des zweiten Jahrtausends vor Christus — so weit ist diese Welt jetzt von uns entfernt, daß uns die Menschen dieser Zeiten ebenso fremd sind wie unsere Nachkommen in der Zukunft oder die Lebewesen eines anderen Planeten.

Aber dennoch ist diese mehr als zweitausend Jahre alte Person nicht nur eine phantastische Erfindung, sie hat auch nichts gemein mit Hänsel und Gretel etwa oder den Sieben Zwergen. Sie ist nicht auf dem Papier erfunden worden oder in den Wolken entstanden; sie ist ebenso wahr wie alle ihre Erlebnisse, auch wenn wir diese Erlebnisse zeitlich nicht mehr genau bestimmen können.

Das Gesicht dieses jungen Mannes mit den großen, dunklen Augen, den tiefschwarzen Locken und der geraden griechischen Nase blickt uns aus den Fresken von Tiryns an — ein wenig abgeblätterten Fresken zwar, die aber ihre leuchtenden Farben und lebendigen Umrisse bewahrt haben. Und auch der Name dieses Jungen ist uns bekannt, wir verdanken ihn einer ungewöhnlichen Entdeckung. Im Jahre 1952 nämlich gab ein junger Engländer, Michael Ventris, bekannt, daß es ihm gelungen sei, die geheimnisvolle „Linear-B-Schrift" zu entziffern. Diese Nachricht schlug in der Fachwelt wie eine Bombe ein; denn seit mehr als fünfzig Jahren hatten sich zahlreiche Gelehrte bemüht, diese verflixte „Linear-B-Schrift" zu entziffern — seitdem der englische Archäologe Sir Arthur Evans auf der Insel Kreta Hunderte von Tontafeln ausgegraben hatte, deren Inschrift nach Meinung der meisten Gelehrten weder Kretisch noch Griechisch war. Und da gab nun ein junger Mann von dreißig Jahren, der noch nicht einmal Archäologe war, sondern Ingenieur und Architekt — was versteht so ein Architekt schon von einer uralten, versunkenen Kultur? — diese aufsehenerregende Neuigkeit bekannt. Zwei große Neuigkeiten waren es sogar: erstens hatte Michael Ventris den Schlüssel zur Entzifferung der „Linear-B-Schrift" gefunden; und zweitens behauptete er, daß die entzifferte Sprache ganz einfach Griechisch sei, jenes Griechisch, das Agamemnon und Achilles sprachen und somit auch ihre Vorfahren.

Die Gelehrten wußten allerdings nicht, daß jener Architekt, der mit kaum dreißig Jahren so eine ungeheuerliche Behauptung aufzustellen wagte, bereits im Alter von sechs Jahren die polnische Sprache erlernt hatte und mit sieben Jahren — ganz gewiß vom Taschengeld für Süßigkeiten! — ein umfangreiches Buch in deutscher Sprache über ägyptische Hieroglyphen erworben und auch studiert hatte; daß er sich im Alter von vierzehn Jahren nach einem Vortrag von Sir Arthur Evans über die Kultur Kretas und die geheimnisvollen Inschriften der Insel geschworen hatte: ich werde die „Linear-B-Schrift" entziffern!

Seine Entdeckung des Jahres 1952 rief natürlich am Anfang zahlreiche ironische Kritiken und auch aufgebrachte Dementis hervor. Heute aber gibt es keinen Zweifel mehr: mit Hilfe der Entschlüsselung von Michael Ventris enthüllen uns die Schriftzeichen auf den Tontafeln ihr Geheimnis. Die Entzifferung ist schwierig, und noch gibt es viele dieser Tontafeln, die aufzuschlüsseln sind. Aber diese Tafeln werfen doch ein Licht auf eine griechische Welt — auch wenn diese Welt „mykenisch" genannt wird, denn „Griechen" oder „Hellenen" waren die Völker, die diese Schrifttafeln hinterlassen haben, sicherlich noch nicht — diese Namen hat ihnen erst die Nachwelt verliehen.

Die Inschriften dieser Tontafeln verzeichnen keine Daten; die viereckigen oder rechteckigen kretischen Tonstücke, die nicht gebrannt, sondern nur an der Sonne getrocknet wurden, sind vielmehr Verzeichnisse von Berichten, Erfindungen, Handelsbilanzen, Rechnungsurkunden und vermitteln uns lediglich Namen von Orten, Personen, Gegenständen; Aufzählungen verschiedener Berufe und Ehrenämter.

Dennoch aber rekonstruieren die Gelehrten die mykenische Welt mit leidenschaftlicher Hingabe und vergleichenden Gegenüberstellungen — zu deren Arbeit die Geduld, die Erfahrung und die Präzision eines Kartäusermönches ebenso gehören wie intuitive Eingebungen.

Von einigen der Tontafeln haben wir unter anderem die sichere Kunde erhalten, daß in den mykenischen Palästen auch zahlreiche Sklaven lebten und arbeiteten; ihre Namen verraten nur zu deutlich, daß sie Kriegssklaven waren. Ihren wahren Namen jedoch hatten diese Kriegssklaven zugleich mit ihrer Freiheit verloren. Sie wurden von dem Augenblick ihrer Gefangennahme an nur noch nach ihrem Vaterland benannt, aus dem sie stammten: sie hießen Knidier, Milesier, Lemnier . . ., d. h. der von Knidos, der von Milet, der von Lemnos. Das waren Inseln und Städte, die weit entfernt vom Kontinent und seinen Palästen lagen. Aus diesen fernen Städten waren die Kriegssklaven auf erfolgreichen Eroberungszügen entführt worden, auf denen sich die stolzen mykenischen Könige auch die Metalle holten, die sich in Griechenland nicht fanden — Kupfer und Zinn. Sie waren begehrt, weil ihre Legierung die Bronze bildete, die in der antiken Welt die gleiche Bedeutung hatte wie in unserer Zeit das Erdöl.

Auf den Tontafeln mit der „Linear-B-Schrift" findet sich jedoch auch genaue Kunde von der Person des Haltas, eines Sohnes des Königs Ertilaos von Lemnos, den der mächtigste der Götter, Zeus, zum Königssohn der lieblichen Insel Lemnos bestimmt hatte und später zum Kriegssklaven im prächtigen Mykene — der Kriegsstadt, die einstmals mit ihrer Macht Länder und Meere beherrschte.

Die Beute des Löwen

Sein erster klarer Gedanke beim Erwachen war, wie er nur auf den blanken Steinen des Hofes hatte einschlafen können — sein ganzer Körper schmerzte, und das helle Sonnenlicht blendete ihn so, daß er die Augen nicht zu öffnen vermochte. Sogleich darauf aber vernahm er ein Stöhnen und begriff, daß er nicht allein war — irgend jemand war in seiner Nähe, der einmal unterdrückt und dann wieder etwas deutlicher seine Klagelaute zum rhythmischen Geräusch der Ruderstangen ausstieß ... der Ruder? Sobald der Junge die Bedeutung dieses Wortes erfaßt hatte, riß er die Augen auf und sprang mit einem Satz auf die Füße. Da waren nicht mehr die schlanken Säulen des Palast-Hofes neben ihm und auch nicht mehr die Wiese voller blühender Götterlilien, noch große Becken, gefüllt mit Seerosen — über seinem Kopf blähte sich das gespannte Tauwerk sowie ein großes, gestrichenes Segel und ringsumher erstreckte sich, soweit das Auge reichte, das Meer mit kleinen Schaumkronen. Aber dort drüben waren auch zwei oder drei — nein, fünf Segelschiffe; das erste Schiff fuhr ganz in der Nähe dahin, die anderen folgten in gleichmäßigem Abstand vor dem Wind, sie ähnelten riesigen Insekten, die ihre Ruder wie zahllose, träge Beine vorwärtsbewegten. Der Junge sah den rot und blau gestrichenen Bug der Schiffe und die doppelte Reihe der riesigen, seetüchtigen Ruder, die so groß waren, daß sie einen Mann verdecken konnten — das waren wahrlich keine Schiffe von Lemnos, es konnten auch keine ägyptischen, phönizischen oder milesischen Handelsschiffe sein. Nein, das waren Kriegsschiffe, achäische Kriegsschiffe! Und auch er selbst, Haltas von Lemnos, der Sohn des Königs, mußte sich also auf einem achäischen Schiff befinden! Wie wild schaute er sich um; er vermochte sich zwar auf nichts zu besinnen, aber allmählich erkannten seine erschrockenen Augen die Wahrheit. Er, Haltas, hatte neben dem Mastbaum des Schiffes geschlafen; und zehn oder zwanzig andere Gefangene lagen allein oder dicht aneinandergedrängt todmüde auf den Planken oder an den Mastbaum des Schiffes gelehnt. Und von diesen verstreut liegenden Gefangenen ertönte auch jenes leise Wehklagen. Eine Frau mit verschleiertem Gesicht saß zusammengekauert auf den Schiffsplanken; ihre zarte weiße Hand, die aus den Falten des Gewandes herausragte, preßte fest ein besticktes Kindertuch zusammen. Haltas starrte auf die Windel herab und — obwohl er noch nicht ganz begriffen hatte, wo er sich befand — brachte ihm dieser Anblick wieder eine Erinnerung zu Bewußtsein.

„Mutter!" stieß er flüsternd hervor, und gleich darauf schrie er, so laut er konnte: „Mutter!"

Sogleich aber wurde ihm mit einem Tuch der Mund verschlossen, und eine vertraute und stockende Stimme beschwor ihn: „Still, still, junger Herr! Schweig, oder sie werden herbeieilen und dich mit den Handgriffen ihrer Lanzen schlagen! Um deines Schutzgeistes willen — höre auf die Worte deiner Sklavin!"

Haltas wandte den Kopf und erblickte das Gesicht Eritupinas vor sich, der Sklavin, die die Aufsicht über die Tiegel und Salbentöpfe in den Gemächern seiner Mutter geführt hatte. Der Junge erkannte die Sklavin kaum: Eritupina hatte immer ein frisches, lachendes Gesicht mit rosigen Wangen unter dem schwarzen, kunstvollen Gelock ihrer syrischen Frisur gezeigt; jetzt aber hingen ihr die Haare in unordentlichen Strähnen in das wachsbleiche Gesicht, und die rot umränderten Augen blickten gehetzt wie die eines verfolgten Tieres in alle Richtungen. Dennoch aber stärkte der Anblick eines vertrauten Menschen den Mut des Jungen wieder ein wenig, so daß er schließlich mit dem gebieterischen Tone des

Herrn, der zu seiner Sklavin spricht, fragte: „Meine Mutter . . . war doch bei dir! Warum hast du sie verlassen?"

Aber Eritupina verteidigte sich: „Herr, du mußt wissen, daß ich eher mein Leben verlieren als meine Herrin verlassen würde; doch sie haben meine Herrin in das Zelt des Großen Königs auf diesem Schiff gebracht. Ich aber bin mit dir und den anderen Gefangenen hier zusammengetrieben worden und habe soeben noch Zeit gehabt, meiner Herrin zu versichern, daß ich mein Bestes tun würde, um dich wieder gesund zu pflegen. Und das habe ich getan, junger Herr! Wer hat dir denn wohl die Wunde von dem Axthieb auf deiner Schulter verbunden und dabei den eigenen Schleier zerrissen?" Haltas tastete nach seiner linken Schulter und fühlte die Bandagen des Verbandes unter seiner Tunika.

„Meine Schulter schmerzt mich nicht", antwortete er erstaunt, „ich kann mich auch nicht mehr daran erinnern, daß ich verwundet wurde . . ., aber mein Kopf ist wirr, so als ob ich einen schweren Traum gehabt hätte!"

„Schwer?" unterbrach ihn die Sklavin und preßte erregt die Hände zusammen. „Seitdem wir eingeschifft worden sind, ist dein Geist zwei volle Tage und Nächte lang umhergeirrt, und ich habe nicht vermocht, ihn zurückzurufen! Ich fürchtete schon, daß er das Reich der Schatten erreicht habe, so wie . . ."

Erschrocken preßte die Frau ihre Hand an den Mund.

Aber der Junge fuhr traurig fort: „Du brauchst dich nicht zu fürchten, Eritupina! Welch ein Leid könnten mir deine Worte noch antun, das mir die feindlichen Götter nicht schon zugefügt hätten? Auch gegen meinen Willen kehrt mir die Erinnerung zurück . . . Mein Vater . . . die Brüder . . . sie sind tot. Und unser Palast, die Häuser! Ganz Myrina!"

Die Sklavin beugte den Kopf tief herab und stieß unter leisem Schluchzen hervor: „Die ganze Insel schien in Flammen zu stehen, und schwarzer Rauch verdunkelte den Himmel. Die achäischen Ruder tauchten in blutrotes Wasser, das die Flammen widerspiegelte. Und während wir weinend und klagend die Arme nach unserer versinkenden Stadt ausstreckten, fiel die Asche der Häuser bereits auf unsere Häupter herab!"

Haltas blickte nach Osten hin, als ob die Worte der Sklavin dort als lebendiges Bild erscheinen würden. Mit einem Mal schlug er die geballten Fäuste hart gegen den Mastbaum.

„Warum haben sich die Pforten der Unterwelt nicht auch für mich geöffnet, für uns alle?"

Diese Worte schienen die Sklavin plötzlich zu verändern. Sie trocknete sich mit dem Rest ihres Schleiers die Augen, und ihre Wangen färbten sich wieder rosig.

„Diese Worte sind eines Prinzen nicht würdig, Sohn der Vierten Gemahlin des Großen Königs!" erklärte sie streng. „Die Götter haben dir das Leben geschenkt, denn aus dem Reich des Todes gibt es keine Rückkehr mehr! Das Gewebe deines Lebens aber liegt noch zum Spinnen vor dir, und noch weißt du nicht, ob der Faden dafür schwarz oder golden sein wird! Wenn ich dich nicht schon von frühester Kindheit an kennte, dann würde ich glauben, daß ich dich jetzt mit einer Kinderschelle und Klapper trösten müßte!"

Eritupina kannte den Jungen gut. Haltas' Wangen überzogen sich vor Scham mit tiefer Röte; weil ihm sein Stand jedoch verbot, mit einer Sklavin zu streiten, wechselte er rasch das Thema.

„Du sagtest, meine Mutter befinde sich im Zelt des Königs?"

„Ja, mein Herr!" beeilte sich Eritupina zu antworten. „Noch bevor sie wieder in See stachen, haben sich die achäischen Prinzen ihre Beute am Strand geteilt. Jene Schiffe, die du dort drüben siehst, tragen den Beuteanteil des Aitaleos von Mykene und seiner Gefolgsleute; hier aber, auf dem königlichen Schiff, ist die kostbarste Beute zusammengetragen worden — das Gold und die Sklaven für die Vornehmsten. Als der König der Könige deine Mutter erblickte, erbat er sie sofort von den anderen achäischen Königen, und sie sprachen sie ihm unter lautem Triumphgeschrei und mit hoch erhobenen Lanzen zu!"

Haltas hatte plötzlich das Gefühl, kein weiteres Wort mehr ertragen zu können. „Laß mich allein!" befahl er der Sklavin rauh.

Eritupina zögerte für einen Moment, dann aber beugte sie sich, wie es im Orient üblich ist — sie kniete auf den Planken nieder und berührte mit der Stirn das Schiffsdeck. Für sie war dieser verwirrte Junge mit der verbundenen Schulter, ein Kriegssklave auf einem feindlichen Schiff, noch jetzt und für alle Zeiten der Sohn des Königs.

Haltas lehnte sich gegen die Reling und stützte die Arme und den Kopf auf das harzige, salzige Holz. Dort blieb er unbeweglich stehen und achtete nicht auf die Schaumflocken, die der Wind an ihm vorübertrieb, noch auf die warme Septembersonne, die auf ihn herabbrannte. Mit einem Mal ließ ihn ein lauter Schrei hochfahren — ein achäischer Soldat, ein bärtiger Geselle, der einen mit Eberzähnen besetzten Lederhelm auf dem Kopf trug, hatte Haltas soeben den Griff seiner Lanze in die Seite gestoßen, damit er aus dem Weg ging. Haltas blickte dem Soldaten nach, der hinter einer Falltür im dunklen Kielraum des Schiffes verschwand. Kurz darauf erschien der Bärtige wieder mit einem kleinen Schlauch aus Ochsenleder in der Hand. Zwei weitere Soldaten folgten ihm, sie trugen einen Korb, der mit runden, grauen Broten gefüllt war. Ächzend setzten die Soldaten den Korb beim Heckmast nieder und stiegen dann aufs neue in den Schiffsrumpf hinab. Wie auf ein geheimes Signal hin erhoben jetzt einige der ermatteten Sklaven an Deck schüchtern den Kopf und blickten sich verstohlen um. Der Soldat mit dem Lederhelm stieß energisch die Lanze auf die Planken und rief:

„Auf die Füße, ihr Sklaven von Lemnos! Ein jeder von euch wird jetzt seine Nahrung bekommen; aber denkt daran, daß ihr bis zur Morgendämmerung des nächsten Tages mit einem Schiffsbrot auskommen müßt! Auch Wasser werdet ihr erst wieder morgen bei Sonnenaufgang bekommen!"

Sogleich erhoben sich die Frauen und stellten sich mit ihren Kindern — deren hungrige kleine Gesichter hinter den Röcken der Mütter hervorschauten — vor den Soldaten auf. Auch Haltas verspürte plötzlich bohrenden Hunger; sein Magen krampfte sich schmerzhaft zusammen; wann hatte er wohl zum letzten Mal etwas gegessen? Beim Anblick des tropfenden Schlauches wurde sein Mund trocken; aber er wartete, bis auch die letzte der Frauen ihren Anteil bekommen hatte — dann erst hob er demütig die Hand. Einer der Soldaten setzte die Trinkschale vor Haltas nieder und betrachtete dann interessiert die schönen, silberbeschlagenen, roten Schuhe des Jungen und seinen goldenen Stirnreif; dann lächelte der Mann höhnisch: „Sieh mal an! Heute morgen erwartet der junge Herr wohl seine Sklaven nicht, die ihm ein üppiges Frühstück auf Silberschalen bringen sollen? Ich sehe schon, du bist heute mit einfachem Schiffsbrot zufrieden! Aber für die Bedienung mußt du bezahlen, mein Lieber — hier, das genügt mir!"

Damit packte er Haltas' Handgelenk und versuchte, ihm die beiden silbernen Armreife abzunehmen. Aber im gleichen Augenblick fuhr knallend eine Peitsche auf die Hand des Soldaten und den Arm des Jungen nieder. Die beiden schrien auf, aber der Mann mit dem Lederhelm steckte ruhig die Peitsche wieder in seinen Gürtel.

„Du wirst deinen Teil auf der Insel bekommen, Onasilos, so wie wir alle. Hast du vergessen, daß die Beute dieses Schiffes noch geteilt werden soll? Außerdem gehört alles, was die Sklaven an sich tragen — einschließlich ihrer Haut — dem König!"

Onasilos zog sich demütig wie ein gescholtener Hund zurück, Haltas aber war trotz des Schmerzes durch den Peitschenhieb das Wort Insel in Erinnerung geblieben: diese

Insel konnte nur Skyros sein, die größte Nachbarinsel von Lemnos nach Südwesten hin. Dort sollte sich also ihrer aller Schicksal entscheiden, dort würde er vielleicht auch für immer von seiner Mutter getrennt werden.

Haltas suchte mit den Augen Eritupina. Er sah, daß die Sklavin versuchte, den Kopf einer Frau zu stützen, deren schmerzliches Stöhnen ihn, Haltas, vor einiger Zeit geweckt hatte. Diese Frau war nicht mit anderen zusammen zur Essensausteilung gegangen. Eritupina jedoch war es mit der anerzogenen Geschicklichkeit der Sklavin gelungen, ein Schiffsbrot und eine volle Schale mit Wasser in den Falten ihrer Tunika zu verbergen. Zärtlich, als ob sie zu einem eigensinnigen Kind spräche, bot sie der Frau neben ihr jetzt zu essen und zu trinken an. Endlich hob die junge Frau den Kopf und starrte Eritupina mit erschrocken aufgerissenen Augen an, aber sie schien weder die Sklavin zu sehen noch sonst irgend etwas ringsumher zu erkennen; die Trinkschale jedoch wies sie freundlich lächelnd zurück, bis die Sklavin sie ihr mit sanfter Gewalt an den Mund hob.

„Erkennst du sie nicht?" fragte die Syrerin Haltas dann und verbarg die geraubte Nahrung sorgfältig wieder in ihrer Tunika. „Es ist Laia, die Tochter der Dritten Königlichen Gemahlin!"

Der Junge schüttelte den Kopf; im Palast von Myrina, der Hauptstadt der Insel Lemnos, hatte es viele Frauenhäuser gegeben, die alle zahllose Höfe, Kammern, Korridore und Arbeitsräume besessen hatten, in denen die Gemahlinnen des Königs mit ihren Kindern, deren Ammen und Sklavinnen jeden Ranges gelebt und eine kleine, dicht bevölkerte, lärmende Welt für sich gebildet hatten.

„Ihr Kind war erst wenige Monate alt", fuhr Eritupina fort, „aber ein achäischer Pfeil hat es auf der Flucht in ihrem Arm getötet. Als sie auf das Schiff gebracht wurde, haben diese wilden Wölfe ihr das tote Kind entrissen und die kleine Leiche ins Meer geworfen. Seitdem hat sich Laia nicht mehr von der Stelle gerührt und wehklagt unaufhörlich. Sobald ich mich ihr nähere, verstummt sie für einen Moment, und zuweilen blickt sie mich auch an, aber ich bin sicher, daß sie mich nicht erkennt. Sie scheint etwas anderes neben mir zu erblicken!"

„Es ist gut von dir, Eritupina", sagte er zu der syrischen Sklavin, „daß du das Leid deiner Herren teilst. Aber noch nicht einmal Zeus befiehlt, daß man seinem Herrn auch im Unglück die Treue halten soll; und die meisten Sklaven triumphieren doch, wenn ihre Herren ins Unglück geraten!"

Aber die Frau gab heftig zurück: „In meinem Vaterland sagt man: ‚Das Herz der Löwin ist wie der Undank des Sklaven', Eritupina aber vergißt nicht. Im Palast von Lemnos hat mich deine Mutter von ihrem Tisch essen lassen und mich mit Wolle der allerbesten Qualität gekleidet, anstatt mit Lumpen. Sie hat mir sogar einen silbernen Reif geschenkt, den ich vor allen meinen Neidern wohl versteckt gehalten habe. Soll ich ihr all dies mit Verrat danken?" Die letzten Worte der Sklavin hatten Haltas jedoch auf eine Idee gebracht. Ungeduldig unterbrach er daher Eritupina und ergriff ihr Handgelenk.

„Hör zu, Eritupina", flüsterte er. „Wenn ich in den Augen dieses Soldaten recht gelesen habe, der von dem Aufseher mit dem Lederhelm Onasilos genannt wurde — dann ist dieser Onasilos im Gegensatz zu dir sehr wohl bereit, für etwas Silber einen Verrat zu begehen! Du mußt versuchen, dich diesem Soldaten zu nähern!"

Überrascht blickte die Frau den Jungen an, dann erwiderte sie nachdenklich: „Es ist niemals unmöglich, mit einem Soldaten zu sprechen! Schon gestern hat er seinen Gefährten abgelöst, noch bevor unsere Strahlende Herrin am Himmel aufging. Ich fürchte jedoch, daß der Achäer zwar dein Silber nehmen wird, dir aber dennoch keine Nachricht von deiner Mutter bringen kann — denn die Wache vor dem königlichen Zelt hält ein anderer Soldat!"

„Aber er überwacht *uns!*" gab Haltas zurück. „Und ich verlange nichts weiter von ihm, als daß er so tut, als ob er mich nicht sieht, wenn ich hinter seinem Rücken vorbeischlüpfe. Mit der Wache vor dem Zelt will ich schon fertig werden!"

Erschrocken wich Eritupina zurück: „Nein, junger Herr, du verlangst Unmögliches! Niemand von uns vermag auch nur bis zum Hauptmast in der Mitte des Schiffes zu gelangen! Auch wenn der Achäer die Augen schlösse und dich vorbeischlüpfen ließe, würdest du gewiß noch vor dem Zelt ergriffen und in den Schiffsrumpf geworfen werden — zu unseren Männern, die dort angekettet sind; auch die Verwundeten, denn die Achäer gehen kein Risiko ein!"

Aber Haltas schüttelte eigensinnig den Kopf.

„Ich *muß* es versuchen, begreifst du das nicht? Noch bevor wir diese Insel erreichen, die ich für Skyros halte, muß ich meine Mutter gesehen haben. Auf der Insel werden die Sklaven als Beute aufgeteilt werden; und es kann mir bestimmt sein, daß ich einem Edelmann zugeteilt werde, der fern vom Palast auf dem Lande lebt und nur zum König gerufen wird, wenn er ihn auf Eroberungszügen begleiten soll. Denkst du gar nicht an Mutters Schmerz, wenn sie mich nicht noch ein letztes Mal sehen oder sprechen darf?"

Schnell spuckte Eritupina auf die Decksplanken.

„Hiermit spucke ich auf die bösen Vorzeichen!" rief sie erschrocken, dann fuhr sie zu Haltas gewandt fort: „Weißt du nicht, daß man das Unheil nicht beschwören darf? Wenn man davon spricht, zieht man es herbei! Ich brauche dich doch nicht erst an die bösen Geister zu erinnern!"

Dann aber versank sie in tiefe Gedanken und zupfte geistesabwesend am Saum ihrer Tunika.

Endlich seufzte sie: „Also gut! Du sollst nicht glauben, daß ich dir deine Bitte aus Liebe zu meinem Silberreif abschlagen würde! Außerdem hab' ich dir noch niemals eine Bitte abschlagen können, auch nicht, als du noch ein kleiner Junge warst und kaum sprechen konntest! Ich werde es versuchen. Aber nur unter einer Bedingung: wenn sie dich entdecken, dann wirf dich dem bestgekleideten Mann zu Füßen, den du im Zelt erblicken wirst; umfasse seine Knie und bitte ihn im Namen seiner Söhne und des häuslichen Feuers um dein Leben. Ich hab' einmal gehört, daß die Achäer unter dieser Bedingung einer Bitte nicht widerstehen können. Und wenn du mir dies nicht schwörst, dann sage ich dir bei allen Göttern von Myrina, daß ich dir nicht helfen werde. Denn ich kenne den Stolz deines Geschlechtes und bin sicher, daß du dich lieber umbringen ließest, als um Gnade zu bitten!"

„Mein Stolz ist in den Mauern von Myrina zurückgeblieben und ist zusammen mit ihnen verbrannt!" gab der Junge zurück. „Siehst du? Ich trage schon das Zeichen der Knechtschaft!" Damit zeigte er Eritupina sein Handgelenk, auf dem der Peitschenhieb einen roten Striemen hinterlassen hatte. „Aber um dich zu beruhigen, werde ich dir schwören, was du verlangt hast. Ich schwöre dir im Namen unserer gestürzten Götter und verbrannten Tempel!" schloß Haltas mit einem bitteren Lächeln.

Eritupina jedoch war zufriedengestellt und zog sich in einen Winkel des Hinterschiffes zurück, um ihre Brotration zu verzehren. Auch Haltas biß in dieses Sklavenbrot, ein grobes Gerstenbrot, ohne Hefe gebacken, damit es sich länger hielt. Es war auch nicht gesalzen, denn das Salz war nur für die Tische der Reichen bestimmt. Trotzdem aber war mehr als die Hälfte des Brotes verschwunden, bevor der Junge überhaupt gespürt hatte, daß er etwas gegessen hatte. So mußte er sich denn zwingen, die andere Hälfte des Brotes für den Abend aufzuheben. Er legte das Gerstenbrot in die Trinkschale und verbarg beides neben sich; Wasser besaß er jetzt nicht mehr, denn nichts hatte ihn davon abhalten können, seine Trinkschale auf der Stelle zu leeren. Das süße Trinkwasser war auf seinen vom Meeressalz ausgetrockneten Lippen so wohltuend gewesen, daß es ihm köstlicher erschienen war als der beste Wein, für den Lemnos berühmt war, und den Haltas nur sehr selten zu trinken bekommen hatte — wenn er nämlich an der väterlichen Tafel speisen durfte.

Nach dem kärglichen Mahl an Bord des Schiffes fühlte er sich jedoch gestärkt, wenn ihm auch Kummer und Sorgen immer noch schwer auf der Seele lagen. Dennoch wandte er sich jetzt entschlossen von der traurigen Schar der Gefangenen ab und beobachtete mit ständig wachsender Neugier das Schauspiel, das dieses große, von Leben pulsierende Schiff bot. In Myrina, dem größten Hafen von Lemnos, hatte er niemals ein Kriegsschiff gesehen. Dutzende von Handels- und Transportschiffen aus aller Herren Länder hatten während der reisegünstigen Sommerzeit im Hafen von Myrina angelegt; aber diese Schiffe waren mit Waren beladen gewesen, die die Luft mit tausend erregenden Wohlgerüchen erfüllt hatten — sie hatten Heiterkeit und Lebensfreude verbreitet, aber keine Bedrohung. Dieses Schiff hier aber war sehr verschieden von den Handelsschiffen seiner Heimat. Haltas' ägyptischer Hauslehrer hatte oftmals die Begabung seines Schülers für Berechnungen und Reflektionen gelobt, und tatsächlich entgingen seinem aufmerksamen Auge nur sehr wenige Dinge. Fünfmal beobachtete er zwölf Männer der Hofbegleitung, von denen einige noch mit Panzer und Beinschienen bewaffnet, andere wieder nur mit einer Tunika bekleidet waren. Sie alle jedoch schienen nicht nur Matrosen, sondern auch Krieger zu sein, denn ihre großen Schilde waren nebeneinander an großen Haken an der Reling aufgereiht. Diese Kriegsschilde waren doppelt so groß wie normale, runde Schilde und mächtig gewölbt, sie dienten gleichzeitig der Verteidigung und auch als Waffenmagazin — im unteren Teil waren an Lederriemen Dolche mit doppelt geschliffener Klinge befestigt, außerdem leichte Wurfspieße sowie einige Äxte, die ältesten und furchtbarsten Waffen im Nahkampf.

Am meisten aber interessierten den Jungen zwei prachtvolle Pferde, die in einiger Entfernung von ihm, nahe beim königlichen Zelt, am hohen Hauptmast im Bug des Schiffes angebunden waren. Bis jetzt hatte Haltas die Pferde nur aus der Ferne sehen können, wenn sie in rasendem Lauf unterhalb der Mauern von Myrina mit den Kriegswagen dahingestürmt waren. Auf Lemnos hatte man keine Pferde gekannt, wenn es auch in den königlichen Gärten die seltensten und merkwürdigsten Tiere gegeben hatte. Da waren zwei Kamele aus den heißen Wüsten gewesen und sogar ein riesiger Elefant — ein großes, melancholisches Tier, das schon vor Haltas' Geburt als Geschenk für den König nach Myrina gekommen war, niemand aber hatte dem Prinzen je sagen können, aus welchem Land er stammte. Diese Pferde des Aitaleos hatten glänzend gestriegeltes Fell und waren zum Schutz gegen die heiße Sonne unter einem Zelt angebunden.

Haltas beneidete die Pferde beinahe um diesen Schatten. Der silberne Gott des Lichtbogens hatte soeben den höchsten Punkt des Himmels erreicht und schleuderte seine Strahlen mit unbarmherziger Glut auf die ruhige Oberfläche des Meeres herab und ach — auch auf die Schultern der Sklaven, denen es nicht vergönnt war, Schatten aufzusuchen. Sie alle überließen sich mit hängenden Köpfen dem Schlaf, und nur wenige von ihnen hatten das Glück, im Schatten des schwankenden Segels zu sitzen. Haltas mußte an die Männer denken, die unten im stickigen Schiffsrumpf eingeschlossen und deren Wunden noch nicht einmal verbunden waren, und plötzlich ergriff ihn eine Welle des Hasses und des ohnmächtigen Zornes auf die Sklavenaufseher. Zum ersten Mal in seinem Leben fühlte sich Haltas, der Sohn des Königs von Lemnos, so elend und hilflos wie eine Schildkröte, die man auf den Rücken gelegt hatte.

Und die Stunden schlichen quälend langsam dahin. Eritupina schlief lang ausgestreckt auf den Schiffsplanken; sie hatte ihren Schleier wie ein Wäschestück, das auf der Leine trocknen sollte, auf zwei Ankertaue gelegt und sich so ein wenig Schatten verschafft. Auf diese Weise vermochte sie wenigstens ihren Kopf in den Schatten zu legen. Haltas war über sich selbst erstaunt, daß er das muntere Geplauder der syrischen Sklavin so sehr vermißte. So versuchte er denn, sich alle Hindernisse ins Gedächtnis zu rufen, die ihn von dem großen purpurnen Zelt im Bug dort vorn trennten, in dem sich seine Mutter befand. Den Weg dorthin mußte er nachts zurücklegen, und zwar so geräuschlos wie möglich. Wie viele Schritte mochten es wohl von seinem Platz hier bis zu jenem Zelt dort sein? Vielleicht acht-, neun- oder auch zehnmal die gleiche Entfernung gemessen — das Schiff schien dem Jungen endlos lang zu sein, und es waren so viele Seeleute an Bord. Endlich begann der Feuerwagen des Sonnengottes sich immer entschiedener zum Bug des Schiffes und damit zu dem purpurnen Zelt zu neigen, und dann stellte Haltas mit wachsender Aufmerksamkeit fest, daß die Schiffssklaven das Abendessen des Königs vorbereiteten und mit großen Blasebälgen die glimmenden Flammen der beiden Kohlenbecken anfachten.

Haltas starrte so angestrengt zu dem Zelt hinüber, daß ihm die Augen schmerzten. Vielleicht würde jetzt auch seine Mutter vor dem Zelt erscheinen? Aber da war keine Spur von einem weißen Frauengewand zu erblicken. Dagegen traten jetzt zwei Männer aus dem Zelt, die in vornehme, lange, purpurgestreifte Gewänder gehüllt waren. Gewiß waren es zwei Achäer von hohem Rang, ihnen folgte noch ein weiterer, etwas kleinerer Achäer. Die beiden Männer gingen bis zum äußersten Bug des Schiffes vor und lehnten sich über der Galionsfigur an die Reling.

Ob einer von ihnen der König ist? überlegte Haltas. Der Kleinere der beiden trägt einen goldenen Stirnreif, aber ob es seine Krone ist? Und der Junge? Er könnte ein Page sein, obwohl seine Haltung dafür zu stolz ist, außerdem hält er nicht den gebührenden Ehrenabstand ein.

In diesem Augenblick legte ihm jemand die Hand auf die Schulter, und Haltas vernahm Eritupinas Stimme. „Soeben haben sie sich abgelöst, junger Herr!" flüsterte die Sklavin. „Gib mir auch noch deine Armreife, denn die Habgier der Achäer ist so stark wie der Appetit des Krokodils — heißt es im alten Ägypten. Und vergiß nicht, die Göttin des Glücks anzurufen, es wäre besser, wenn du der launischen Göttin ein Gelübde ablegen würdest!"

Haltas war so in die Betrachtung des Zeltes versunken, daß er nicht bemerkte, wie Onasilos sich näherte. Der Soldat schien in guter Stimmung zu sein, er wischte sich den Wein von den Lippen und rief seinem Gefährten zu: „Gib mir deine Lanze, Freund, und wenn du dein Glück im Spiel versuchen willst — dort drüben haben die Kameraden soeben eine neue Partie begonnen! Nimm meinen Platz ein, denn heute abend ist die Gute Göttin mir hold — ich habe gerade von einem Tölpel aus Nauplion einen Mantel gewonnen, der noch beinahe neu ist! Der einfältige Bursche stammt aus den Bergen und kennt wohl nur das Spiel mit Widderknochen!" brüstete sich der Soldat lachend.

„Ein kleiner Anteil am Glück wäre mir schon recht", gab der andere zurück. „Die Hitze während dieser Wache hat mir hundert Dämonen in die Beine geschickt, und sie alle stechen mich jetzt wie mit glühenden Nadeln!" Der Soldat streckte sich und ging davon, Onasilos hob die Schultern und stützte sich dann summend auf die Lanze.

Eritupina rührte sich nicht eher, bis die zarte Sichel des Mondes am Himmel erschien; die Sterne zeigten sich heute nicht, und die Nacht war vollkommen finster. Wenigstens jetzt sind die Götter mir wohlgesonnen! dachte Haltas bei sich und lauschte angespannt auf das Flüstern der syrischen Sklavin und des Soldaten. Aber der Junge konnte kein Wort verstehen — er sah nur, wie der Wachsoldat den Kopf schüttelte und anfangs heftig abwehrende Handbewegungen machte, dann aber schimmerte im fahlen Mondlicht das Silber auf.

Kurze Zeit später war Eritupina wieder an Haltas' Seite.

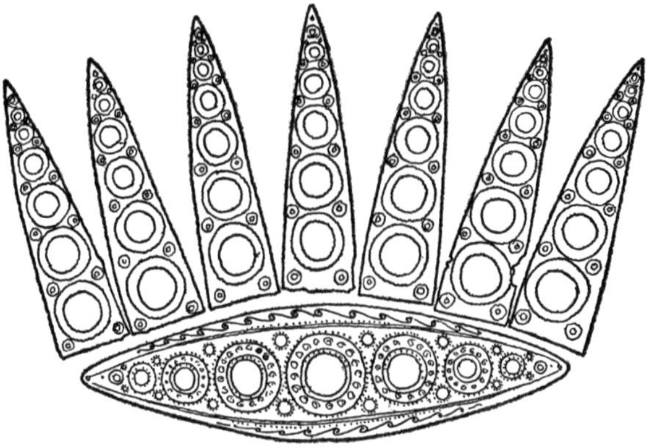

„Der Soldat wird sich umdrehen", wisperte sie, „aber nur für einen kurzen Augenblick, so lange wie das Schiffchen auf dem Webstuhl für zwei Umdrehungen braucht. In diesem Moment mußt du vorbeischlüpfen; und wenn dich jemand bemerkt, wird der Soldat auf der Stelle Alarm schlagen. Daher eile dich und gib acht, daß dich niemand sieht! Vor allem aber denk' an deinen Schwur!"

Haltas gab keine Antwort, aber er drückte ganz fest Eritupinas Hand. Wenige Augenblicke später schlüpfte er hinter Onasilos vorbei, der an der Reling lehnte und mit großem Interesse die weiße Spur des Kielwassers betrachtete. Ganz vorsichtig schlich Haltas weiter und gab acht, im Dunkeln zu bleiben; am meisten beunruhigte ihn der Steuermann im Schiffsheck, der von seinem erhöhten Sitz aus bequem das Deck überschauen konnte. Aber der Mann lag jetzt der Länge nach auf dem Steuerruder und schien eingeschlafen zu sein, bequem hielt er im Halbschlaf das Ruder mit dem Bauch, da bereits seit mehreren Stunden ein gleichmäßiger, frischer Nordostwind wehte. Aber am Mastbaum des Bugs mußte Haltas stehenbleiben; hier saßen die Gefährten von Onasilos im Halbkreis um eine trübe Lampe und spielten mit numerierten und eingekerbten Knochenstückchen ein Glücksspiel, das auch auf Lemnos wohlbekannt gewesen war. Die Lampe warf zwar nur einen sehr kleinen Lichtkreis, aber der Junge mußte doch ganz nahe bei der Gruppe der Spieler vorbeischleichen. Die Männer schwiegen, nur das Rollen der Knochenstückchen auf den Pinienholz-Tafeln war zu hören. Mit einem Mal erhob sich einer der Männer, rief seinen Gefährten etwas Unverständliches zu und ging zur Reling hinüber, ganz dicht auf Haltas zu. Der Junge duckte sich schnell zwischen zwei Kriegsschilde, aber sein Magen krampfte sich vor Schreck schmerzhaft zusammen.

„Geflügelter Sohn des Zeus, Beschützer aller heimlichen Abenteuer!" betete Haltas schnell, denn er wußte nur zu gut, wie unzureichend ihn die beiden Schilde verbargen. Der Soldat war mittlerweile flink auf die Reling geklettert und balanciert, gerade aufgerichtet, auf die Strickleiter zu, die zum Querbaum des Großmastes hinführte.

Was hat er nur vor? fuhr es dem armen Haltas, der wie gelähmt vor Schreck war, durch den Kopf. Aber gleich dar-

auf verriet ihm ein leises Plätschern den Sinn dieser Akrobatik auf der Reling. Der Mann brachte zerstreut sein Gewand wieder in Ordnung, nahm aufs neue seinen Platz im Kreise der Spieler ein und warf wieder die Spielplättchen aus. Den Jungen in seinem Versteck hatte er nicht bemerkt.

Haltas befand sich jetzt gerade vor dem Zelt. Der große Eingang mit seinen zwei oder drei Durchlässen war geschlossen; der schwere Vorhang, der am Tage von Lanzen hochgezogen wurde, war jetzt herabgelassen, und unmittelbar vor diesem Vorhang stand eine Wache. Aber die Glücksgöttin schien Haltas wirklich unter ihre Fittiche genommen zu haben — denn der Wachsoldat hatte sich — durch die Ruhe der Nacht in Sicherheit gewiegt — einige Schritte vom Zelt entfernt und reckte den Hals zu den Männern am Boden hin, um über die Schultern beim Spiel zuzuschauen.

In diesem Moment warf ein schmächtiger Soldat mit vor Aufregung gerötetem Gesicht die Würfel — da dieser Wurf entscheidend für den weiteren Verlauf des Spieles war, verfolgten die Männer mit angehaltenem Atem den Fall des Würfels.

„Sechs Punkte für Hermes!" rief der Glückliche und schlug mit der Faust auf die Planken des Decks. „Das ist mein Spiel!"

Aber sein Gegner war anderer Ansicht. „Du bist von Sinnen, Kuprios! Dieser Wurf hatte vier Augen, nicht sechs!" Nun entstand ein wildes Durcheinander. Der Wachsoldat auf seinem Posten jedoch zitterte vor Ungeduld, endlich hielt er es nicht mehr aus und gesellte sich entschlossen zu der Gruppe der Spieler. „Hört mir zu, ich habe genau gesehen, wie der Wurf gefallen ist!"

Das Weitere wartete Haltas nicht mehr ab. Er gab sorgfältig acht, nicht direkt auf das Zelt zuzulaufen, sondern machte einen Bogen; es mußte gewiß noch einen anderen, versteckteren Eingang als das Haupttor zum Zelt geben, und er mochte auch für die königliche Sklavin bestimmt sein.

Bald fand Haltas den Seiteneingang, ein schwacher Lichtschein fiel aus dem Inneren des Zeltes nach draußen. Der Junge spähte durch den mit Haken verschlossenen Spalt, und dann schlug sein Herz schneller, dort saß blaß — und mit ebenso leerem Gesichtsausdruck wie die wahnsinnige Prinzessin Laia — die Vierte Gemahlin des mächtigen Königs von Myrina, Mayno, die Perle von Lemnos, und wand ein dampfendes Tuch über einem kleinen Becken aus. Und da hielt es Haltas nicht länger aus, er schob den Vorhang zurück und betrat das Zelt. Die Mutter erkannte ihn auf der Stelle, sie ließ das Tuch fallen und öffnete den Mund, als ob sie schreien wollte.

„Haltas!" flüsterte sie dann kaum hörbar. „Nein, nein, geh sofort wieder!"

Entsetzt blickte die ehemalige Königin von Lemnos zu der Leinwand hinüber, die das angrenzende Gemach abtrennte; bevor sie den Sohn jedoch abwehren konnte, hatte sich Haltas bereits wortlos an die Mutter geklammert, und sie drückte den lockigen Kopf des Jungen fest an ihre Brust und schluchzte unterdrückt auf.

In diesem Moment schrie im Nebenraum eine schrille Knabenstimme wütend auf: „Rühr' mich nicht mit diesem Instrument an! Hüte dich, oder ich werde dich ins Meer werfen lassen, das schwöre ich dir bei der Mächtigen Göttin! Fort, fort! Ich hab' dir gesagt, daß du mir kein Blut abzapfen sollst!"

Und ehe sich Mutter und Sohn noch aus ihrer Umarmung lösen konnten, wurde das Zelt mit einem heftigen Ruck auseinandergerissen, und ein Junge sprang in das Gemach; mit einem schnellen Griff riß er den verdutzten Haltas von der Seite seiner Mutter und versteckte sich hinter ihm. Gleich darauf folgte ein älterer Mann mit schütteren, grauen Haaren, der ein bronzenes Rasiermesser in der Hand hielt. Aber nicht drohend hatte der Alte das Messer erhoben, sondern in verzweifelter Ratlosigkeit klagte er: „Mein Herr, seit zwei Tagen ist dein Gesicht durch übelwollende Dämonen gerötet, du weißt selbst am besten, daß sich dein Leib weigert, sich zu entleeren und so hart ist — verzeih deinem Arzt das offene Wort — wie die Eselshaut auf einer Trommel! Dein Blut ist mittlerweile gewiß schwarz und dick geworden, und wenn ich dir nicht einen kleinen Aderlaß mache . . . nur den fünften Teil dieses kleinen Behälters, ich will dir doch keine ganze Amphore voll Blut abzapfen!"

Aber der Junge hielt Haltas weiter fest an den Schultern gepackt und sprang mit ihm, wie hinter einem Kriegsschild verborgen, durch das Zelt. Der königliche Arzt verfolgte die beiden, ohne es allerdings zu wagen, sie zu trennen, dabei ächzte und klagte er fortwährend und rief die Götter als Zeugen seines Ungemachs an. Es war in der Tat ein komischer Anblick, den beiden Gefangenen jedoch war nicht nach Lachen zumute. Mayno hatte mechanisch das Leinentuch wieder aufgenommen und fuhr fort, es auszuwringen. Mit einem Mal wurde das Zelt aufs neue geöffnet, und dann erschienen zwei Männer auf der Schwelle. Haltas erkannte sie auf der Stelle wieder — sie hatten noch vor kurzem draußen im Bug den Kurs des Schiffes geprüft. Ihr Erscheinen wirkte wie ein Zauber auf die Gruppe im Gemach — Mayno senkte den Kopf und trat in einer tiefen Verbeugung etwas zurück, mit zitternden Lippen blieb sie so unbeweglich stehen. Haltas fühlte, wie sich die Hände des Jungen auf seiner Schulter lockerten; und der Arzt warf sich auf den am Boden ausgebreiteten Teppich vor dem kleineren der beiden Männer nieder.

Das also ist der König der Könige! dachte Haltas und wagte es als einziger, den Herrscher anzublicken. Aitaleos, Wanax von Mykene, Herr über Argos, Tiryns, Pleuron und viele Grüne Inseln des Okzidents, war ein untersetzter Mann mit dichtem, gelocktem Haar, auf dem die Krone aus rotem Gold nur mit Mühe geradesitzen wollte; sein Bart war nach achäischer Mode als Spitzbart geschnitten. Da sich der König auf Reisen befand, war er einfach gekleidet — der mit Bronzeplatten besetzte Leinenpanzer jedoch stand ihm gut, und es gab wohl auch keinen Zweifel, daß der König lieber Beinschienen als purpurgeschnürte Sandalen trug. Der Herrscher von Mykene war jeder Zoll ein königlicher Krieger — und so sah er auch aus. Er war berühmt durch seine zahllosen Kriegszüge, die dem königlichen Palast Reichtümer und Sklaven gebracht, die Küsten des Orients jedoch in Angst und Schrecken versetzt hatten. Haltas blickte wie gebannt auf diesen löwenhaften Kopf mit der breiten Stirn und den dichten, schwarzen Augenbrauen, die jetzt finster und streng zusammengezogen waren. Der Junge war so fasziniert, daß er kaum auf den hochgewachsenen anderen Mann achtete, der jedoch Haltas mit sehr wachen Augen in einem blassen, feingeschnittenen Gesicht beobachtete. „Erkläre mir, was hier vorgeht, Arzt!"

Der Arzt war zwar mit einer gewissen Diplomatie begabt, aber angesichts des bronzenen Rasiermessers und der lauten Schreie des Jungen gab es eigentlich nicht mehr viel zu erklären. So hob der Arzt denn die Arme und biß sich verdrossen auf die Lippen.

„Mein Erstgeborener, der Erbe von Mykene, fürchtet sich also vor einem Aderlaß? Antworte mir!" Die Stimme Aitaleos ähnelte in der Tat dem Gebrüll eines Löwen. Haltas empfand beinahe so etwas wie Mitleid mit dem Prinzen, der nicht hochzuschauen wagte und mit gesenktem Kopf murmelte:

„Ich war nicht so feige, Vater, als ich meinen Wagen zusammen mit den anderen in der Schlacht vorantrieb! Aber . . .", fuhr er flehend fort, „vor dem Aderlaß graust mir!"

Der bittende Ton vermehrte den Zorn des Königs nur noch.

„Erhebe wenigstens deinen Kopf, damit ich deine Worte verstehen kann! Oder wagst du es noch nicht einmal, mich anzublicken — so wie der letzte Schiffsjunge meiner Galeere dort?" Der König hatte jetzt Haltas bemerkt, der ihn immer noch unerschrocken anstarrte.

„Allzu dreist für einen Schiffsjungen, meine ich!" erklärte jetzt eine ruhige Stimme. „Warum fragst du diesen Schiffsjungen, der einen goldenen Stirnreif trägt, nicht nach seinem Namen, o weiser Aitaleos?"

Der hochgewachsene Mann zog aus dem Gürtel seiner Tunika ein Elfenbeinstäbchen hervor, nahm Haltas mit der Spitze des Stabes den Stirnreif ab und ließ ihn lächelnd im Licht der Fackel kreisen. Wie ein verwundeter Vogel warf sich Mayno da dem König zu Füßen und umklammerte seine Knie. „Hab Mitleid, Herr, er ist mein Sohn!"

„Dein Sohn?" wiederholte Aitaleos überrascht. „Aber wurde dein Sohn nicht von den Mauern Myrinas herabgestürzt? Das hast du mir doch selbst gesagt, als ich dich danach fragte!"

Die Königin schwieg. Konnte sie jetzt die Wahrheit sagen — daß sie nach dem triumphalen Sieg der Achäer in Todesangst gelogen hatte, ihr Sohn, einer der Söhne des Königs von Lemnos also, sei auf dem Schlachtfeld umgebracht worden, obwohl er noch ein halbes Kind war? Dabei hatte sie ihn doch in ihrer Todesangst um sein Leben einer einfachen Sklavin anvertraut, obwohl der Junge verwundet gewesen war. Aber nur so hatte sie ihm das Leben retten können. So hob die Königin denn stumm die Arme empor und blickte den Herrscher bittend an.

Aitaleos schien in der Tat mehr überrascht denn erzürnt zu sein. Unschlüssig hob er die Schultern, aber da rief der junge Prinz Suweros schrill vor Zorn:

„Er ist ganz gewiß mit üblen Absichten hier eingedrungen, Vater! Als du die Schwelle betratest, fühlte ich ihn erzittern, so als ob er sich im nächsten Augenblick auf dich stürzen wollte! Befiehl, daß man ihn untersucht, denn er trägt gewiß einen verborgenen Dolch bei sich!"

Mayno schrie erschrocken auf; der Ratschlag des Prinzen jedoch beeindruckte den Löwen von Mykene keineswegs. Aitaleos warf den großen, stolzen Kopf zurück und brach in dröhnendes Gelächter aus — er lachte jetzt ebenso laut wie sein Zornausbruch zuvor heftig gewesen war.

„So soll ich also mit diesem Floh aus Lemnos verfahren? Und du befürchtest wirklich, von diesem Jungen dort ermordet zu werden, der bis zum gestrigen Tag noch mit seiner Kinderklapper gespielt hat? Er wird zusammen mit den anderen Sklaven im Heck nach Skyros gebracht werden, und dort werden ihn meine Getreuen einem neuen Herrn zuweisen!"

Aber Suweros beharrte trotz seiner Furcht vor dem Vater: „Er muß sterben, Vater! Wie kannst du nur im Ernst meinen, ihn am Leben zu lassen — nach allem, was hier drinnen geschehen ist? Niemand soll sagen dürfen, daß der Sohn des Aitaleos vor dem Messer eines Arztes Reißaus genommen hat!"

Der König zögerte einen Augenblick. Mayno sprang auf, lief zu Haltas hinüber und schlang die Arme um ihren Sohn. Da aber trat der hochgewachsene Begleiter des Königs vor und erklärte mit ruhiger Stimme:

„Du solltest dir keine unnötigen Sorgen machen, Suweros! Wie ich schon sagte, ist dein Mut bei unseren Männern wohlbekannt, und nur wenige achäische Prinzen können sich im Alter von vierzehn Lenzen rühmen, zwei mit eigener Hand erschlagenen Feinden in der Schlacht die Gürtel abgenommen zu haben. Aber auch starke Männer sollten zuweilen den Mut haben, ihre Schwächen zuzugeben. Außerdem weiß dieser Junge dort wohl nur zu gut, was es für ihn bedeuten würde, wenn er über das Geschehene hier sprechen würde . . . stimmt das nicht, du? Wie ist dein Name?"

„O Herr, guter Priester der Mächtigsten Göttin, edler Lawagetas des edlen Königs!" trat jetzt Mayno vor und küßte inbrünstig die Hand des Mannes. „Mein Sohn schweigt nur aus Liebe zu seiner Mutter, das versichere ich euch! Er heißt Haltas und ist der Sohn des Königs Ertilaos von Lemnos, der unter euren Lanzen gestorben ist. Ihr werdet es nicht bereuen, wenn ihr dem Jungen das Leben schenkt — er ist sehr gebildet und gut erzogen, er beherrscht die Inschriften auf den Schrifttafeln in unserer Sprache, in eurer achäischen und auch in der ägyptischen Sprache. Er kennt die Ordnung der Zahlen, den Lauf der Gestirne und auch die heiligen Riten zu Ehren unserer Götter von Lemnos; denn er ist bereits in der Schule des Tempels von Ophis, dem Schlangengott, unterwiesen worden und hat dort zweimal die gesamten Unterweisungen des Jahres erhalten!"

Vor übergroßer Erleichterung, daß die Gefahr von Haltas abgewendet schien, sprudelte die Königin all dies so voller Eifer hervor, daß der König endlich gelangweilt abwinkte. Er hieß Mayno mit einer Geste, zu schweigen.

„Es ist gut, Frau! Ich bin nicht so blutdürstig, daß ich diesem harmlosen Jungen dort nach dem Leben trachte, und die Weisheit des Ethewas, des Lawagetas von Mykene, ist mir seit langem bekannt! Wache!"

Auf den gebieterischen Ruf hin erschien der Soldat, der draußen vor dem Zelt dem Glücksspiel zugeschaut hatte. Bei Haltas' Anblick riß er ungläubig die Augen auf — wie war um Himmels willen dieser Junge hier hereingekommen, den die königliche Sklavin dort an sich drückte? In Erwartung des bevorstehenden Hagels von Vorwürfen riß der Soldat den Jungen rauh aus der zärtlichen Umarmung der Mutter; und sowie er mit Haltas das Zelt verlassen hatte, versetzte er ihm drei oder vier kräftige Stöße mit dem Schaft seiner Lanze in den Rücken. Aber das kümmerte Haltas jetzt nicht, wie ihm auch der kräftige Rippenstoß von Onasilos nichts ausmachte — der Haltas wutenbrannt zum Heckmast hinüberstieß. Dann brach ein heftiger Streit zwischen den beiden Wachen aus. Der Soldat von der Zeltwache bedachte nämlich Onasilos auf der Stelle mit den gleichen Beschimpfungen, die er soeben im Zelt des Königs hatte hinnehmen müssen; Onasilos dagegen schwor, daß dieser Bengel dort sich wohl durch Zauberkräfte unsichtbar gemacht hatte, so daß er dicht an ihm vorbeischlüpfen konnte.

Schließlich aber wurde es still im Schiffsheck. Als dann Eritupinas ängstliche Fragen verstummt waren, und der Mond bereits senkrecht über dem Hauptmast des Schiffes stand, schlief auch Haltas ein. Aber sein Schlaf war unruhig und von Alpträumen gequält. In buntem Reigen umtanzten ihn das Löwenhaupt des Königs von Mykene, der feingeschnittene und geheimnisvolle Kopf des Ersten Priesters sowie das hübsche, zornige Gesicht des Prinzen Suweros. Sie alle schnitten Haltas drohende Grimassen, und über ihnen erstreckten sich die bittenden Hände seiner Mutter. Plötzlich aber schrak der Junge zusammen und fuhr aus dem Schlaf hoch. Entsetzt riß er die Augen auf und glaubte für einen Moment, daß der schreckliche Traum noch nicht vorüber war, denn vor ihm schien sich der Schatten eines riesigen, schwarzen Vogels von der Reling zu lösen, der seine dunklen Flügel zum Flug ausbreitet, um davonzufliegen. Im gleichen Augenblick aber war der Spuk auch schon vorüber . . . Haltas vernahm ein dumpfes Aufklatschen auf dem Wasser und sah silberne Tropfen emporsprühen, dann herrschte wieder Stille. Der Junge schüttelte den Kopf, um die Nebel des Traumes zu verjagen. Wer mochten die bösen Geister der finsteren Tiefe sein, die dieses Schiff verfolgten? Da aber wisperte Eritupina an seinem Ohr:

„Schrei nicht, junger Herr, es war Laia!"

„Laia? Aber dann ist sie doch ins Meer gestürzt! Wir müssen Alarm schlagen, um sie zu retten!" Mit einem Satz sprang Haltas auf die Füße.

Eritupina packte ihn schnell am Bein und zog ihn wieder zu sich herab.

„Schweig! Die Götter selbst haben das Rauschen des Windes und der Wellen auf die Ohren der Wachen gelegt, so daß sie nichts hörten. Seit zwei Tagen und zwei Nächten habe ich versucht, Laia wieder ins Leben zurückzurufen, aber es war umsonst. Sie begriff nichts mehr, verstehst du? Ihr Geist wandelte bereits im Reich der Schatten, in der dunklen, unterirdischen Welt, auch wenn wir sie hier noch unter uns sahen. Was sollte sie da also noch zurückhalten? Sie dachte nur noch an ihr getötetes Kind, das sie rufen hörte, und dem sie ihren Schal bringen wollte, damit es dort unten nicht frieren müsse ..." Eritupina verstummte. Haltas erschauerte und kauerte sich wortlos wieder in seinem Winkel zusammen. Aber obwohl er vor Müdigkeit bleischwere Glieder hatte, raubten ihm quälende Gedanken weiterhin den Schlaf.

Der Krieg ist also immer noch nicht beendet, denn einige von uns sterben auch noch an unsichtbaren Wunden, dachte der Junge. Und wer weiß, was noch aus uns werden mag, die wir den Lanzen und den Flammen entkommen sind?

Er rief die blasse Göttin an, die dort oben auf ihrem silbernen Wagen über den Himmel zog, und er flehte auch zu Poseidon, der in der glitzernden Tiefe des Meeres verborgen wohnte. Er sagte die weisen Gebete auf, die ihn die Priester des Tempels gelehrt hatten, und schließlich kamen ihm auch die einfachen Worte seiner Kindheit über die Lippen — seiner Kindheit, die jetzt so weit hinter ihm zu liegen schien. Aber die Götter auf ihren goldenen Thronen blieben gleichgültig, sie schwiegen in ihren silberblauen Häusern in den Wolken, unten auf dem Meeresgrund und in der dunklen Tiefe der Erde. Und Haltas fühlte sich ganz verlassen; ein einsamer und schwacher kleiner Mensch, der sich in den Händen des Schrecklichsten der Unsterblichen befand — des blinden Riesen, der Schicksal hieß.

Der Löwe teilt die Beute

Der Morgen zog klar, aber frisch herauf, so als ob bereits ein Hauch des kommenden Herbstes in der Luft läge. Bei der Wachablösung hörte Haltas die Soldaten miteinander flüstern und scheinbar unerfreuliche Nachrichten austauschen, aus denen er heraushörte, daß die Frachtschiffe — die schwer beladen waren mit Gold und Sklaven — mit vollen Segeln in großer Geschwindigkeit vor dem Wind dahinfuhren; er hatte außerdem verstanden, daß sie noch vor Einbruch der winterlichen Stürme einen Ort erreichen mußten, den die Soldaten Nauplion nannten — das mußte der Hafen von Mykene sein. Und endlich verrieten Haltas die Wasserschläuche, daß die Insel Skyros nahe sein mußte; denn die Soldaten warfen die Schläuche jetzt in aller Eile auf den Frachtbooten zusammen, in denen für gewöhnlich die Ankerketten lagen. Dann wurden den Sklaven die Trinkschalen drei- oder viermal gefüllt, und obwohl das Wasser faulig roch und auf dem Grunde der Schalen kleine, weiße Würmer schwammen, tranken die Sklaven gierig davon.

Die Sonne hatte gerade den höchsten Punkt des Himmels erreicht, als plötzlich ein durchdringender Ruf über das Schiff des Königs schallte; und wie ein Echo erhob sich dieser Ruf auch auf den anderen Schiffen, die in gleichmäßigem Abstand in geschlossener Formation dahinsegelten. Fern am Horizont war als flache, bläuliche Erhebung über dem Meeresspiegel Land aufgetaucht. Aber es war noch so weit entfernt, daß Haltas genügend Zeit hatte, auf dieses Stückchen Land zu starren, ehe der Wind die Schiffe dann in die Bucht der Insel trieb.

Endlich rief der Steuermann den Männern an den Segeln

seine Befehle zu, die Seeleute an den Ruderstangen legten sich mit voller Kraft in die Ruder, und dann durchfuhr das Schiff des Königs an der Spitze der Segler mit eindrucksvoller Präzision den felsigen Durchlaß der Bucht.

Anerkennende Zurufe wurden auf dem nächsten Schiff laut, an dessen Mast der Wimpel von Pylos flatterte. Haltas erkannte diesen Wimpel wieder; dann aber legten die achäischen Segler Seite an Seite in der Bucht an. Das Wasser hier war durchsichtig klar, und der Wald erstreckte sich beinahe bis zum Ufer hinab. Aber kein Lebenszeichen war auf der Insel zu erblicken, und nirgends stieg ein blauer Rauchfaden empor, um ein Fischerdorf zu verraten. Haltas wußte jedoch, daß es auf der großen Insel Dörfer und auch Städte gab; und er bewunderte insgeheim die Vorsicht von Aitaleos, der es vorgezogen hatte, an einem einsamen Ort zu landen, um die Schiffe mit Wasser zu versorgen — das war ein sicheres Anzeichen, daß er die Könige von Skyros nicht kannte und ihnen nicht vertraute.

Die Frachtboote waren herabgelassen worden, aber zahlreiche Achäer waren bereits mit den leeren Wasserschläuchen auf den Schultern ins Meer gesprungen und wateten jetzt vergnügt an Land. Haltas beneidete sie darum; seine Sehnsucht wuchs jedoch noch, als plötzlich Aitaleos und Suweros in voller Jagdkleidung, mit Pfeil und Bogen bewaffnet, aus dem königlichen Zelt traten und sich — von sechs oder sieben Gefolgsleuten des Königs begleitet — an Land begaben. Anfeuernde Rufe von den Schiffen und gute Wünsche für eine erfolgreiche Jagd begleiteten die Männer.

Der Überdruß und die Erschöpfung der vergangenen schrecklichen Tage lasteten plötzlich schwer auf Haltas Schultern. Oh, wenn er doch auch an Land gehen könnte, um über jenen felsigen Strand dort zu klettern und in dem schattigen, kühlen Wald nach einer Quelle zu suchen!

„Kennst du den Mann, der dort herüberkommt?“ fragte Eritupina plötzlich an seiner Seite.

Haltas wandte den Kopf und erblickte die hohe Gestalt von Ethewas, dem Ersten Priester der Mächtigsten Göttin, dem Lawagetas des Aitaleos, der, von einem Schiffsjungen gefolgt, näherkam. Der Junge trug ein kleines Kohlenbecken und eine Fackel in der Hand. Warum mochte dieser Mann nur an Bord geblieben sein, während alle anderen, soweit sie es vermocht hatten, gern das Schiff verlassen hatten? Der Erste Priester erwiderte nur flüchtig die tiefe Verbeugung des Wachsoldaten, der sich ihm nahezu in der gleichen Ehrerbietung zu Füßen warf, wie sie vor dem König üblich war. Ethewas blieb vor Haltas stehen und betrachtete ihn eine Zeitlang mit seinem leicht spöttischen Lächeln, dann nickte er, als ob er sich selbst etwas bestätigen wolle.

„Folge mir, Junge!" sagte er endlich. Haltas sprang erstaunt auf.

Wohin wollte ihn dieser Mann führen? Aber eigentlich hatte er ihm doch am ersten Abend an Bord des Schiffes das Leben gerettet. Ob er ihn noch einmal zu seiner Mutter führen wollte? Dann würde Haltas ihm Dankbarkeit schwören und dem Priester folgen, wohin er auch wollte.

Aber Haltas sollte sehr bald enttäuscht werden. In der Mitte des Schiffsdecks beugte sich Ethewas plötzlich nieder, um einen schweren Bronzering zu ergreifen, und dann schien er scheinbar mühelos die Falltür anzuheben, die ins Innere des Schiffes führte. Die dumpfe, abgestandene Salzluft, die zusammen mit den menschlichen Ausdünstungen aus dieser Finsternis heraufdrang, ließ Haltas wie von einem Schlag getroffen zurückprallen; aber Ethewas hatte bereits die Fakkel in das Kohlenbecken gehalten, so daß helle Funken aufsprühten. Bald loderte die Flamme auf, und der Duft des rauchenden Harzes vertrieb alle anderen Gerüche. Haltas kniff die Augen zusammen, und endlich gelang es ihm, in der Dunkelheit etwas zu erkennen. Der Lichtstrahl fiel bis in den letzten Winkel des Schiffsrumpfes, und hinter dem vorausgehenden Lawagetas tat sich wie durch einen bösen Zauber eine Welt höllischer Qualen auf. Auf einigen Bündeln getrockneter Algen wanden sich dicht zusammengedrängt zahllose Männer, geblendet von dem ungewohnten Licht wandten sie gequält die Augen ab. Wie viele Männer es waren, vermochte Haltas nicht zu sagen; sie alle waren jedoch an schweren Ringen festgeschmiedet, die in der Wand eingelassen waren. Die kräftigsten der Gefangenen saßen aufrecht da, mit dem Rücken an die Verschalung des Schiffes gelehnt; zwischen den abgezehrten Körpern aber waren Kostbarkeiten aller Art aufgehäuft, Gold und Silber funkelte neben mattglänzender Bronze. Wie durch eine böse Laune des Schicksals fuhren die Verteidiger der Insel Lemnos mit allen Reichtümern, die einmal ihnen gehört hatten, in die Sklaverei.

Plötzlich glaubte Haltas, ein bekanntes Gesicht unter den Gefangenen zu erblicken; ruckartig blieb er stehen und umklammerte unwillkürlich den Arm des Priesters. Ethewas zuckte zusammen, dann riß er mit erstaunlicher Behendigkeit einen Dolch aus dem Gürtel und hob ihn zur Verteidigung hoch empor. Als er sah, wer ihn am Arm gepackt hatte, lächelte er und ließ die Waffe ruhig wieder sinken. „Gib acht, was du tust, Junge!" mahnte er. „Ich bin ein alter Mann und so langsam wie eine Schildkröte im Schlamm, aber noch einmal so ein Scherz und du könntest mit durchschnittener Kehle enden!"

Aber Haltas hörte kaum auf seine Worte, denn er hatte sich geirrt — das Licht fiel jetzt voll auf das Gesicht des Kriegers aus Lemnos und zeigte Haltas einen Unbekannten. Im Hintergrund des Schiffsrumpfes, dort, wo die Seiten des Schiffes zusammenstießen und einen spitzen Winkel bildeten, befand sich eine kleine Tür, die mit schweren Riegeln verschlossen war. Ethewas schob die Riegel zurück, und die Tür öffnete sich kreischend.

„Du wartest hier!" befahl der Priester dem Schiffsjungen. Als der Lawagetas sorgfältig hinter sich und Haltas die Tür

geschlossen hatte, hob er die Fackel empor. Ein heller Lichtstrahl fiel auf einen Gegenstand, der sorgfältig mit vier Klötzen verkeilt war, damit er beim Schlingern des Schiffes nicht umherrollen konnte.

„Das Goldene Haus des Schlangengottes!" rief Haltas mit erstickter Stimme. Er war starr vor Staunen. Dort stand ein großer Korb, der höher als drei Ellen sein mochte und in Form einer Ellipse gebaut war, oben befand sich ein runder Deckel. Der große Behälter war aus purem Gold; feine Goldfäden waren so kunstvoll miteinander verknüpft, daß sie ein hauchfeines Netz zu bilden schienen, auf dem in dunkelstem Kupfer geheimnisvolle Lettern und Bilder glänzten — heilige Worte, die nur den Priestern des Kultes vertraut waren. Auf dem Deckel funkelte ein großer, durchsichtiger, roter Stein, der im Licht der Fackel unheilverkündend aufblitzte. Zwei Henkel aus Elfenbein, Gold und ungeschliffenen Türkisen bildeten die Handgriffe des Heiligtums.

„Du kennst also den Gott, der dort drinnen wohnt?" fragte Ethewas. Haltas hatte sich auf die Knie geworfen und den Kopf auf die Arme gelegt, unbeweglich berührte er so den Boden. Jetzt blickte er auf und schaute den Priester entsetzt an.

„Es ist ein mächtiger Gott, Herr! Es ist Ophis, der Schlangengott, der in alten Zeiten aus dem Orient in unsere Stadt kam; es ist so lange her, daß sich nicht einmal die Ältesten daran zu erinnern vermögen. Ich bin seit meinem zwölften Lebensjahr in den heiligen Kult eingeweiht worden — seitdem ich volljährig war!"

Ethewas spielte mit seinem Elfenbeinstab und schien nicht sehr beeindruckt zu sein. Endlich hob er entschlossen die Schultern.

„Aitaleos", begann er, „hat viel von einer Legende gehört, die sich um diesen Schlangengott rankt. Es heißt, daß dieser Gott dem Hause, in dem er lebt, die Macht erhalten kann, das Haus jedoch vernichtet, das ihn verliert. Es scheint, daß der zweite Teil der Legende sich — wenigstens vorerst — als wahr erwiesen hat: dein Gott hier befindet sich im Rumpf eines achäischen Schiffes, und das königliche Haus von Myrina existiert nicht mehr! Der Palast von Mykene steht allerdings unter dem Schutz der Mächtigsten Göttin!" schloß Ethewas halblaut.

Oh, dachte Haltas bei sich, auch dieser hochwürdige Ethewas unterscheidet sich also nicht von anderen Priestern! Und Haltas wußte nicht so recht, warum ihn bei diesem Gedanken ein Gefühl der Erleichterung überkam. Er empfindet nur Neid auf den fremden Gott; so wie meine Lehrer im Tempel des Schlangengottes keine Götter duldeten, die von fremder Erde kamen . . . geschweige denn die anderen Priester in Myrina!

In diesem Moment unterbrach ein plötzlicher Lärm die Stille — im Inneren des goldenen Korbes bewegte sich irgend etwas mit großer Heftigkeit. Dumpfe Schläge waren zu vernehmen, so als ob ein weicher, aber schwerer Körper gegen die gebogene Wand schlüge, dazwischen mischte sich das Geräusch eines fortwährenden Reibens wie von harten Schuppen auf metallischem Grund. Ethewas war sehr blaß geworden und spielte nervös mit seinem Elfenbeinstäbchen.

„Da ist es wieder", flüsterte er. „Sicher ist das Wesen dort drinnen durch das Licht aufgestört worden!" Dann wandte sich der Priester entschlossen dem Jungen zu.

„Aus diesem Grunde habe ich dich hierhergebracht! Du mußt deinen Gott beruhigen! Biete ihm heilige Opfergaben an und sage die vorgeschriebenen Riten auf, die du doch sicher im Tempel gelernt hast. Aber gib acht, daß jenes Wesen dort drinnen schweigt, bis wir Mykene wieder erreicht haben! Dort wird es einen Altar ganz für sich allein bekommen, und einen Platz im Heiligtum der Mächtigsten Göttin!"

Deswegen hat er mir also gestern das Leben gerettet, dachte Haltas bei sich. Und sich den Anordnungen des Ersten Priesters zu widersetzen, bedeutet zweifellos, das Leben noch einmal zu riskieren!

Allerdings, die heiligen Opfergaben ... das war schwierig. Während zweijähriger Studien im Tempel war Haltas als Sohn des Königs — obwohl er nicht der Erstgeborene war — unmittelbar vom Ersten Unterweiser des Dienstes im Inneren Hof unterrichtet worden. Dieser Mann war eine Person von hohem Ansehen gewesen. Obwohl er in Lemnos geboren worden war, hatte er eine viel dunklere Hautfarbe als die Bewohner der Insel gehabt, und seine Augen waren mandelförmig und sehr sanft gewesen. Dieser Lehrer im Tempel stammte in direkter Linie von dem Weisen aus dem Orient ab, der vor fernen Zeiten — noch bevor Haltas' Großvater auf die Welt gekommen war — den Schlangengott nach Myrina gebracht hatte.

Der blutjunge Schüler besaß jedoch noch nicht die vollkommenen Kenntnisse des heiligen Ritus, und der Zorn des Gottes würde ihn furchtbar treffen, falls es ihm nicht gelingen sollte, den Schlangengott in heilige Verzückung zu versetzen.

„Wie ist es?" fragte der Erste Priester ungeduldig. „Kennst du die heiligen Worte oder nicht? Übrigens möchte ich dir nur wünschen, sie zu kennen, Sohn des Ertilaos!"

Aber Haltas verstand sehr wohl, daß sich hinter dem unbeherrschten Gebaren des Mannes nur Unruhe verbarg. Auch Ethewas hatte den Zorn des Aitaleos zu fürchten, wenn dem Schlangengott etwas zustoßen sollte; außerdem war der Herrscher fest davon überzeugt, daß sein Lawagetas sich nicht auf den Umgang mit dem fremden Gott verstand. So war denn plötzlich zwischen dem Ersten Priester in all seiner Macht und dem armseligen Kriegssklaven so etwas wie eine Gemeinsamkeit entstanden. Und daher blickte Haltas den großen Mann jetzt fest an und erklärte würdevoll:

„Ich werde mit dem Gott sprechen; aber nicht durch Worte oder magische Zeichen, sondern durch Harmonie!"

„Harmonie?" erwiderte Ethewas verblüfft.

„Laß eine Flöte bringen, die gut gestimmt und aus Zypressenholz geschnitzt ist, denn dieses Holz gefällt den Göttern und besitzt einen schönen Klang; dann noch eine Schale mit Milch. Ohne diese Dinge kann ich den heiligen Ritus nicht vollziehen!" erwiderte der Junge.

Wieder erbebte jetzt der goldene Korb unter einem wütenden Stoß, und Ethewas beeilte sich, die nötigen Befehle zu geben. Als er die kleine Kammer wieder betrat, trug er selbst die Flöte und eine Schale voller Ziegenmilch; denn die Ziegen an Bord wurden nur für die Tafel des Königs gemolken.

Haltas setzte die Schale vor dem goldenen Korb auf den Boden und probierte ein paar Töne auf der Flöte, sie hatte einen guten Klang. Dann wandte sich der Junge Ethewas zu, der ihn aufmerksam beobachtete.

„Der Anblick des Schlangengottes ist schrecklich!" sagte Haltas mit einem spöttischen Unterton.

„Ich werde ihn ertragen!" gab der Erste Priester trocken zurück.

Der Junge ließ sich auf dem hölzernen Schiffsboden nieder und verschränkte die Beine unter dem Körper, dann warf er den Kopf zurück und setzte die Flöte an den Mund. Und bald drang eine fremdartige, langsame Musik durch die kleine Kammer. Nur zwei oder drei Noten wiederholten sich in zahllosen Variationen, die Melodie hob sich einmal mit schrillen Tönen und fiel dann wieder in nasalen Lauten ab — aber nicht sprunghaft, sondern in stets gleichbleibenden und ruhigen Rhythmen, die das Bild leicht bewegter Wellen heraufbeschworen, die sanft aufeinanderfolgten.

Dann schien es, als ob die der Flöte entströmende Harmonie mit einem Mal sichtbar wurde — wie eine lange, gewundene Kordel, die sich in unendlichen Windungen und sanften Verschlingungen unaufhörlich weiterdreht. Der Erste Priester ertappte sich mit einem Mal dabei, daß er die Augen nur noch mit Mühe offenhalten konnte; eine unüberwindliche Müdigkeit zwang ihn schließlich, sich an die Wand zu lehnen, und endlich glitt er in der gleichen Haltung wie der junge Prinz auf den Boden. Mit aller Kraft versuchte er, die Fackel weiter emporzuhalten und zwang sich, die kleine, zusammengekauerte Gestalt vor dem goldenen Korb nicht aus den Augen zu verlieren.

Dann sah Ethewas, daß der Junge die Flöte nur noch mit einer Hand spielte und — ohne die Melodie zu unterbrechen — die andere Hand auf den großen, blutroten Stein in der Mitte des Deckelkorbes legte. Darauf vollführte die geschickte kleine Hand zwei Drehungen nach rechts und dann nach links — und danach hob sich der Deckel des goldenen Korbes lautlos in die Höhe, und eine dunkle, runde Öffnung erschien. Die Flöte spann jetzt ihren Harmoniefaden mit vermehrter Intensität weiter und beendete dann plötzlich mit einem ungewohnten Triller den musikalischen Satz. In der dunklen Öffnung des golden glänzenden Korbes aber schien sich etwas zu bewegen. Der Erste Priester riß erschrocken die Augen auf, und kalter Schweiß lief ihm über den Rücken — ein flacher Kopf, der auf einem armdicken Hals saß, hatte sich langsam aus dem goldenen Korb erhoben, und ihm folgte nach und nach der gefleckte Körper einer großen

Schlange. Zu beiden Seiten des Kopfes blähten sich zwei gelbliche, handtellergroße Ausbuchtungen, die starren, leicht verschleierten Augen hatten einen drohenden Ausdruck.

Ethewas fühlte sich von diesem kalten Blick abgestoßen, aber dennoch vermochte er nicht die Augen abzuwenden; er starrte wie gebannt in die dunklen, undurchsichtigen Pupillen und schwankte mit gebogenem Oberkörper auf die gleiche Weise in wellenähnlichen Bewegungen wie das Reptil.

Aber da fuhr ein dunkler Schatten vorbei und riß den Ersten Priester aus dem seltsamen Zauberbann — Ethewas holte tief Atem und wurde sich mit einem Mal wieder der dunklen Kammer, der Musik und der kleinen Gestalt bewußt. Da schämte sich der Priester. Er sah, daß sich der Junge jetzt langsam erhob und, ohne sein Flötenspiel zu unterbrechen, mit einer Hand auf die Tür wies. Im gleichen Moment war der Lawagetas auch schon hinausgeschlüpft, Haltas folgte ihm und spähte noch einmal durch die angelehnte Tür in die Kammer, dann trocknete er sich mit einem Zipfel seines Mantels die Stirn. Die Musik war jetzt verstummt.

„Der Schlangengott hatte dich in seinen Zauberbann gezogen, nicht wahr?" flüsterte der Junge.

Aber Ethewas hatte sich schon wieder in der Gewalt. „Vielleicht", gab er zurück, „aber auch deine Musik hat dazu beigetragen! Einmal erzählte mir ein ägyptischer Gast am Hof des Aitaleos, daß es in seiner Heimat Schlangenbeschwörer gibt, die durch ihre Musik diese gefährlichen Tiere besänftigen — so wie du — und sich die Schlangen dann um den Nacken und die Taille legen; sie lassen sie auch tanzen, aber ich habe dem Mann nicht geglaubt!"

„Ich bin kein Scharlatan von den öffentlichen Märkten!" erwiderte Haltas entrüstet. „Und dies ist auch nicht irgendeine Schlange, sondern es ist Ophis, der Vater aller Schlangen; und seine Weisheit ist ebenso groß wie die Zahl seiner

Jahre, die niemand kennt. Es vermag sich auch keiner mehr daran zu erinnern, wie der Gott nach Myrina kam, außer dem Ersten Unterweiser im Tempel; er war ein uralter Mann und ist sicher von den Ruinen des Tempels begraben worden. Aber dieser Lehrer hat mir einmal versprochen, daß der Schlangengott eines Tages zu mir sprechen würde, wenn ich würdig sei und die heiligen Mysterien beherrschte. Auch zu ihm hat Ophis einmal gesprochen, um ihm größere Weisheit als vielen anderen Menschen zu schenken. Und der Erste Unterweiser muß großes Wissen besessen haben, denn mein Vater hat ihn stets mit Geschenken überhäuft; und viele Menschen pflegten zum Tempel zu kommen und Opfergaben in der dafür bestimmten Höhlung niederzulegen, um die Antwort des Orakels zu erfahren. Und wenn die Opfergabe würdig gewesen war, dann antwortete der Schlangengott durch den Mund des Ersten Unterweisers; hatte der Gott die Gabe nicht angenommen, dann schwieg er. Ich bin sicher, daß er zu dir gesprochen hätte, da du ebenfalls ein Priester bist!"

Ethewas hob die Schultern, aber er äußerte sich nicht zu dieser Vermutung.

„Was geschieht jetzt?" fragte er dagegen.

„Der Gott wird sich an der Milch in der Schale sättigen, und danach wird er sofort einschlafen", antwortete Haltas. „Dann werde ich ihn ergreifen, und wenn ich auch nicht die heiligen Armbinden aus weißem Leinen dazu trage, so hoffe ich doch, daß das dem Schlangengott nichts ausmacht. Danach lege ich ihn wieder in sein Goldenes Haus zurück!"

„Und wie lange wird sein Schlaf währen?" beharrte Ethewas, der jetzt nachdenklich geworden war.

„Wahrscheinlich zwei volle Tage!" gab Haltas zurück. „Wenn die Jahreszeit des rauhen Meeres und des kalten Himmels naht, dann verschmäht der Gott die ihm dargebotenen Opfergaben von Tauben, Hasen und großen Mäusen, auch wenn diese soeben erst erlegt worden sind. Der Schlangengott begnügt sich dann mit Milch. Jetzt kommt bald die Stunde, in der die Zeit der ‚Langen Abwesenheit' beginnt — wie sie im Tempel genannt wird. In dieser Zeit verläßt der Gott sein Goldenes Haus nicht, und in seiner Zelle muß ständig ein Kohlenbecken glühen!"

Der Erste Priester schwieg für einen Augenblick, dann legte er seine schmale, kräftige Hand auf Haltas' Schulter und sagte:

„Hör zu, Junge! Für die Dauer der Rückreise wirst du dich um den Schlangengott kümmern, mit dem Kult, den du beherrschst. Dafür brauchst du nicht zu den anderen Sklaven im Heck des Schiffes zurückzukehren, wenn du es nicht willst, sondern sollst dich frei und wie es dir gefällt auf dem Schiff bewegen können!"

„Werde ich bei meiner Mutter sein dürfen?" unterbrach ihn Haltas drängend.

Der Priester schüttelte den Kopf.

„Geh dem Prinzen Suweros aus dem Weg!" antwortete er. „Er hat ein großzügiges Herz, aber er gerät leicht in Zorn und ist sehr stolz. Vergiß in der nächsten Zeit, was du im Zelt gesehen hast, denn es war nicht für deine Augen bestimmt!"

„Ich habe es schon vergessen", gab Haltas zurück. Dann schaute er von unten herauf in das jetzt wieder strenge und unnahbare Gesicht des Priesters und fügte kühn hinzu: „Und was ich eben dort drinnen gesehen habe, habe ich auch vergessen!"

Der Erste Priester runzelte die Stirn, dann aber lächelte er. „Du bist recht klug für dein Alter!"

Da es als sicher galt, daß der König und sein Sohn noch einige Zeit auf der Jagd sein würden, lag Haltas wenige Minuten darauf in den Armen seiner Mutter und erzählte ihr, was unten im Schiffsrumpf geschehen war.

„Da siehst du, Mutter", schloß er, „daß uns doch nicht alle Götter Myrinas verlassen haben! Der Schlangengott wird uns auch in Mykene weiter beschützen ... vielleicht bin ich der einzige, der sich darauf versteht, ihn zu ehren und ihm die heiligen Opfergaben darzubringen!"

Mayno gab keine Antwort, sie lächelte nur traurig. Während sie jedoch den Sohn sanft streichelte, waren ihre Augen weit in die Ferne gerichtet. Haltas begriff, daß der Schmerz der Mutter noch zu frisch war, als daß er sie jetzt schon trösten konnte. Er selbst dagegen hatte während der letzten Stunden die Tragödie von Lemnos beinahe vergessen gehabt. Er versuchte, sich das Bild des Vaters in Erinnerung zu rufen und zwang sich, ihn so wie in den wenigen, zärtlichen Augenblicken zu sehen, die sie miteinander verbracht hatten. Haltas schämte sich, daß er so wenig Trauer empfand, schon jetzt war ihm das Bild seines Vaters nur mehr eine verschwommene Erinnerung an die Vergangenheit; der Gedanke an die Zukunft seiner Mutter dagegen, und auch an seine eigene und Eritupinas Zukunft, stand beklemmend im Vordergrund und verdrängte die Erinnerungen. So sehr er sich auch bemühte, an die Stunden zurückzudenken, in denen ihn der König von Myrina wie einen geliebten Sohn behandelt hatte, so wollte ihm dies doch nicht recht gelingen. Er hatte nur einmal Gelegenheit gehabt, ganz allein mit seinem Vater zu sprechen, das war bei den Feierlichkeiten zu Ehren seiner Volljährigkeit gewesen. Und diese Gelegenheit war für Haltas wenig ermunternd verlaufen, denn völlig übermüdet und verschüchtert hatte er dann nur noch ein paar verlegene Worte herausgebracht. Außerdem hatten an dem großen Königshof noch sechs weitere Prinzen gelebt, die älter als Haltas gewesen waren, und die besondere Sorge und Zärtlichkeit des Vaters hatte natürlich dem Erstgeborenen gegolten, dem Thronerben und Sohn der Ersten Gemahlin, der wahren Königin von Lemnos. Der verwöhnte Haltas war zwar stets mit dem feinsten Leinen bekleidet und mit Gold geschmückt gewesen, aber er hatte doch immer nur die zärtliche Liebe seiner Mutter und der Sklavin Eritupina empfangen; für diese beiden Frauen war der Junge die Hauptperson gewesen, für seinen Vater aber immer nur eines der vielen Kinder, die in den Frauenhäusern gelebt hatten — nur um weniges wichtiger als die Töchter.

Plötzlich riß ein lauter Freudenschrei Mutter und Sohn aus ihren so verschiedenen Gedanken. Haltas schlüpfte geschwind aus dem Zelt und befand sich jetzt mitten unter den fröhlich lärmenden Soldaten, die an Bord zurückgeblieben waren. Auch von dem Schiff aus Pylos sowie von anderen Schiffen ertönten jetzt laute Freudenschreie, grüßend hoben die Soldaten die Arme.

Der Junge stürzte an die Reling und beugte sich weit nach vorn, um zu der Insel hinüberschauen zu können. Da kamen die Jäger über den Strand zum Schiff zurück; sie waren reich mit Jagdbeute beladen, und das Blut der erlegten Tiere tropfte den Männern noch über den Rücken.

„Bei den Göttlichen Töchtern der Wälder!" jubelte ein untersetzter Krieger neben Haltas. „Hast du schon einmal einen schöneren Hirsch gesehen, Junge? Und unter der Last dieser Wildschweine würde ein Esel zusammenbrechen! Eine Jagd ohne Hunde ... das hätte auch die Göttin Artemis selbst nicht besser machen können! Möge die Göttin mir verzeihen!" fügte er dann hastig hinzu. In seiner überschäumenden Freude merkte der Mann gar nicht, daß er mit einem der Sklaven von Lemnos sprach.

Auch Haltas mußte im tiefsten Inneren diese Jagdbeute bewundern; das waren doch prächtigere Tiere als jene Vögel, die er von Zeit zu Zeit mit Pfeil und Bogen in den heimatlichen Wäldern der Insel Lemnos erlegt hatte. Diese Achäer waren wirklich gute Jäger, das mußte er zugeben.

Jetzt kamen Aitaleos und Suweros an Bord, um sich zu säubern, und die Männer umringten sie und schlugen anerkennend ihre Speere gegen die Schilde. Um das Getöse zu übertönen, rief der König mit lauter Stimme:

„Die Seiten, Lenden und Schultern sind für euch, meine Getreuen! Und die Eingeweide gehören — nachdem ich meiner Göttlichen Mutter, der Mächtigsten Göttin, geopfert habe — den Sklaven!" Nun erhoben sich auch unter den Elenden im Schiffsheck dankbare Rufe, aber Aitaleos war bereits im Zelt verschwunden und achtete nicht auf sie.

Haltas jedoch mußte an die Ermahnung des Ethewas denken und vermied es sorgfältig, in die Nähe des königlichen Zeltes zu kommen — er ging zu Eritupina im Heck des Schiffes hinüber. Zuerst mußte er sie über den Gesundheitszustand ihrer Herrin Mayno unterrichten, und dann begann er zum zweiten Mal mit seiner Erzählung über die Ereignisse im Schiffsrumpf. Dabei konnte er allerdings der Versuchung nicht widerstehen, seine Fähigkeiten als Priester ein wenig zu betonen — „sie haben auch den Lawagetas selbst sehr beeindruckt!" schloß er.

Mit tiefer Befriedigung lauschte die Sklavin den Worten des Jungen.

„Du hast mir gute Nachrichten gebracht, mein Lämmchen!" sagte sie endlich. „Wer weiß, ob dich Ethewas morgen bei der Aufteilung der Beute nicht vom König erbitten wird? Schließlich ist er der Erste Priester und besitzt auch den Titel eines Lawagetas von Mykene; es heißt, er stehe in der Rangfolge an zweiter Stelle hinter dem König!"

„Wer hat dir all diese Dinge erzählt?" fragte Haltas erstaunt.

Eritupina lächelte geheimnisvoll. „Sieh, junger Herr, ein Dreifuß aus Gold ist sehr wertvoll, das kann niemand leugnen; aber eine hölzerne Trinkschale — die kaum so viel wert ist wie das Drittel eines Gerstenmaßes und ganz gewiß im Tempel nicht funkelt — sie schwimmt auf dem Wasser, obwohl die Diebe sie verschmähen. Und so wie diese hölzerne Schale ist der Sklave, er wird auch im stürmischsten Meer nicht untergehen. Ich habe einfach Nutzen daraus gezogen, daß ich einem dieser Soldaten helfen konnte! Er war natürlich kein Geringer, sondern ein Hauptmann. Der Aufseher über die königlichen Wagen, mein Lieber! Er hat in den Flammen eine Brandwunde davongetragen, die sich über seinen ganzen Rücken zieht, vor Schmerzen konnte er nicht einmal sitzen. Ich habe ihm aus einfachen Mitteln eine Salbe zurechtgemacht; zu seinem Glück befinden wir uns auf dem Schiff des Königs, so daß ich Öl und Mehl und auch ein wenig Honig bekommen konnte. Noch besser wirkten natürlich meine Zaubersprüche, versteht sich. Wenn sie auch nicht mit denen zu vergleichen sind, die du im Tempel des Schlangengottes gelernt hast — für den achäischen Rücken wirkten sie Wunder! Und der Achäer ist mir dankbar, das ist ein noch größeres Wunder! Nun wirst du erleben, wie Eritupina diese Dankbarkeit zunutze machen wird, ich werde sie hübsch warmhalten — so wie die Bäuerin das Waisenkind an ihrer Brust wärmt — und bei passender Gelegenheit wieder in Anspruch nehmen!"

Haltas starrte seine ehemalige Sklavin bewundernd an, denn eine merkwürdige Veränderung war mit der Syrerin vorgegangen. Auf geheimnisvollem Wege schien es ihr gelungen zu sein, sich eine Schüssel mit Waschwasser und sogar einen Kamm zu besorgen; denn ihre Haare waren jetzt wohl frisiert, die Kleider in Ordnung, und das Gesicht frisch und ausgeruht — nichts erinnerte mehr an die Eritupina von gestern. Es ist wahr, dachte Haltas, die Holzschale schwimmt, aber der goldene Dreifuß versinkt! Und er mußte an das blasse Gesicht seiner Mutter denken.

In der folgenden Nacht beunruhigten ihn diese traurigen

Gedanken jedoch nicht allzusehr, und das war gewiß auch das Verdienst der köstlichen, gebratenen Leber, die er sich mit Eritupina geteilt hatte — das erste Zeichen der Dankbarkeit des Achäers mit der Brandwunde. Das saftige, zarte Fleisch, das am Strand über einem Feuer aus aromatischen Kräutern knusprig gebraten worden war, hatte Haltas so gut geschmeckt, daß ihm beinahe die Tränen gekommen waren. Zufrieden und gesättigt war er eingeschlafen und erwachte erst wieder bei hellem Sonnenschein, als Eritupina ihn schüttelte, um ihn „ein wenig in Ordnung zu bringen". Die Achäer waren bereits damit beschäftigt, die Kriegsbeute von Myrina aus dem Schiffsrumpf heraufzubringen und sie vor dem königlichen Zelt aufzuhäufen, und dieser kostbare Berg wurde zusehends größer. Während die Sklavin den Verband an der Schulter des Jungen erneuerte und ihm Gesicht und Hals mit einem in frischem Wasser ausgewundenen Tuch abrieb, blickte Haltas aufs Meer hinaus und zuckte vor Überraschung zusammen, als er plötzlich feststellte, daß die anderen Schiffe verschwunden waren — sowohl die Galeere aus Pylos als auch die Frachtschiffe des Aitaleos.

Eritupina war seinem Blick gefolgt und nickte, während sie Haltas unbeirrt weiter abschrubbte.

„Die anderen sind schon bei Sonnenaufgang fortgefahren, und auch wir hätten bereits den Anker eingeholt, wenn die Beute nicht geteilt werden müßte. In Syrien sagt man: die Diebe stehlen gemeinsam, aber ein jeder zählt seinen Sparpfennig allein im Keller. Na, jetzt siehst du wenigstens nicht mehr wie ein alter Henkeltopf aus, den man im Hof vergessen hat! Du hattest sogar Spinnweben im Haar!"

Die Sklavin hatte ihre Säuberung gerade beendet, als ein kleiner Trupp Soldaten zu den Gefangenen hinüberging, um sie vor das königliche Zelt zu bringen. Niemand, außer ein paar zitternden Greisen, bat um Gnade, sie alle warteten ängstlich darauf, endlich zu erfahren, was das Schicksal ihnen bestimmt hatte.

Haltas sah sie mit großer Bewegung vorbeiziehen. Er hatte nur selten die weißen Mauern des Palastes von Myrina verlassen, bei Ausflügen zur Jagd etwa oder in der Sänfte, um das Schiff eines Gesandten oder reichen Kaufmanns zu besichtigen. So kannte er denn die Menschen seines Volkes nicht, und keines der vorbeiziehenden Gesichter war ihm vertraut — bis auf Eritupina, die das Schicksal unter Hunderten von Sklaven und Palastwachen an seiner Seite gelassen hatte. Diese Sklaven jedoch, die dort von einer Handvoll Land- und Seeräuber auseinandergetrieben wurden, stammten alle aus Lemnos — denn die mächtige Pranke des Löwen von Mykene erstreckte sich über weite Entfernungen zu Wasser und zu Lande.

Plötzlich vernahm der Junge in seinem Rücken das Klirren von Eisen und vereinzelte heisere Freudenrufe — sie kamen von den Gefangenen aus dem Schiffsrumpf, die nach fünf unendlich langen Tagen soeben zum ersten Mal wieder das Licht der Sonne erblickten. Unsicher und über jedes Hindernis stolpernd, kamen die Männer näher, sie kniffen die Augen gegen das grelle Licht zusammen und wurden, sobald sie zögerten weiterzugehen, von ungeduldigen Lanzenhieben ihrer Bewacher vorwärtsgetrieben. Viele der gefangenen Männer hatten blutgetränkte Lappen um ihre Wunden gebunden, ihre bärtigen Gesichter waren noch rauchgeschwärzt durch die Flammen in den Mauern von Lemnos — so bildeten sie einen erstaunlichen Kontrast zu der kleinen Gruppe der Sieger, die sie vor dem Zelt des Aitaleos erwartete.

Die Höflinge und Würdenträger des Königs hatten ihre leinenen Festgewänder mit den glänzenden kupfernen Beschlägen angelegt, als Schmuck und zum Zeichen der Huld des Königs trugen sie goldene Ketten um den Hals. Ein jeder trug den Kriegsspeer im Gürtel, aber auch den aufs feinste mit zahlreichen rotgoldenen Figuren geschmückten Zeremoniendolch sowie den unerläßlichen, dunklen Schleifstein zum Schärfen der Klingen. Aitaleos in all seiner Pracht jedoch schien ein wahrer Abkömmling der Götter zu sein. Haltas wußte, daß seine Mutter bereits dem Palast des Königs zugeordnet worden war und hier nicht erscheinen würde; so nahm er sich denn vor, wenigstens durch eine Spalte im Zelt einen Blick auf sie zu werfen.

Jetzt schritt ein Herold auf Haltas zu und machte ihm stumm ein Zeichen, sich abseits zu halten. Dann ließ er eine Gruppe anderer Sklaven vortreten, unter ihnen befanden sich mehrere Jungen von etwa fünfzehn oder sechzehn Jahren sowie zwei bildhübsche Mädchen. Der Herold blickte aufmerksam auf die Hände der beiden Mädchen und schien dann zufrieden zu sein; er hatte beim Anblick der zarten, weißen Hände begriffen, daß diese jungen Mädchen niemals in ihrem Leben schwere Arbeit verrichtet hatten — und das steigerte ihren Wert als Sklavinnen natürlich beträchtlich.

„Dort ist dein Platz!" befahl der Herold dem Jungen. „Und mische dich nicht unter die anderen Sklaven!"

Haltas begriff, daß er zusammen mit den anderen ausgesuchten Jungen und Mädchen eine Sonderstellung unter den Gefangenen einnahm. Aber für wen mochten sie bestimmt sein?

Jetzt ertönte zum zweiten Mal ein lauter Gong, und mit einem Schlag verstummte das lärmende Geschwätz der Seeleute und Soldaten. Mit dem Symbol seiner Würde und seines Auftrags, dem Stab aus Zypressenholz, berührte der Herold die Schultern zweier Frauen, die vorzutreten hatten — dann wandte er sich erwartungsvoll zu Aitaleos um.

Zuerst also verteilen sie die Sklaven, dachte Haltas, und danach die Schätze. Sklaven! Wie dieses Wort heute schmerzte, da auch er selbst nun als Handelsobjekt zum Erwerb angeboten wurde! Auch er gehörte jetzt zu jenen Armseligen, die er einst auf dem Sklavenmarkt von Myrina gesehen und wie selbstverständlich mit großem Interesse betrachtet hatte.

Haltas zuckte zusammen — die beiden Frauen, die, nach

ihren Gewändern zu urteilen, einer reichen Kaufmannsfamilie aus Myrina entstammen mochten, waren gerade durch ein königliches Zeichen einem der Würdenträger des Hofes zugesprochen worden. Der Höfling führte die beiden Sklavinnen wieder zum Schiffsheck zurück und betrachtete seinen Anteil an der Beute mit großem Wohlgefallen.

Und dann traten zwei andere Frauen vor, eine alte und ein schönes, junges Mädchen, die froh waren, daß sie nicht getrennt wurden — sicher waren sie Mutter und Tochter.

Danach waren ein alter Mann und ein Junge von etwa zehn Jahren an der Reihe, der Kleine weinte bitterlich. Die Aufteilung dieser beiden Sklaven erregte einen Sturm anzüglicher Zurufe:

„Ein gutes Geschäft, Kokkios!“ rief ein Soldat.

„Herzlichen Glückwunsch! Hoffentlich ist dieser Alte kein Fehlgriff!“

„Gib acht, daß er dich nicht arm macht! Dieser Alte geht bald auf seine letzte Reise!“

Die Seeleute waren in das Tauwerk geklettert und saßen rittlings auf der Reling sowie auf Deck zusammengekauert da; mit lautem Geschrei begleiteten sie die Verteilung der Sklaven, an der sie selbst nicht beteiligt waren. Nur die Würdenträger des Königs, die Aufseher über die königlichen Wagen, der König selbst und die Priester der Tempel der Mächtigsten Göttin hatten das Recht, Sklaven zu besitzen.

Die achäischen Soldaten in all ihrer Freiheit begleiteten jedoch auch die Zeremonie der Sklavenverteilung mit ihrem Mutterwitz; ihre Hauptleute dagegen wußten nur zu gut, daß es klüger war, nicht zu kühn zu werden — so bemühten sie sich denn, allzu unbotmäßige Scherze im Zaum zu halten.

Eritupina verdiente mit Recht den Beinamen „die Rosenwangige“, hoch aufgerichtet aber stand sie jetzt verächtlich lächelnd vor ihren Bewachern. „Sie gehört Perithoos, dem Aufseher unserer Küstenwachen, dem Helden des dreifachen Ansturms auf die Mauern!“ verkündete Aitaleos.

Haltas erschrak.

Mögen die fremden Götter dich beschützen, treue Eritupina! dachte er. Ein Aufseher lebt ganz sicher nicht im königlichen Palast von Mykene, sondern in einem der Dörfer am Ufer des westlichen Meeres. Ich werde Eritupina nicht wiedersehen!

Andere Gefangene jedoch mußten noch weitaus schmerzlichere Trennungen erleiden. Die Gruppe der Sklaven wurde immer kleiner, und nur allzuhäufig wurden die verzweifelten Schreie von brutalen Schlägen zum Verstummen gebracht.

Zuletzt machte der Herold dann Haltas ein Zeichen. Aitaleos wandte sich seinem Ersten Priester zu, der neben ihm stand.

„Freund", sagte er, „als Lawagetas und Erster Priester meiner Göttlichen Mutter hast du das Recht der freien Wahl unter dieser auserlesenen Gruppe dort — wähle also unter den Jungen den, der dir am meisten zusagt, und auch unter den Mädchen diejenigen, die du zum Dienst im Tempel bestimmst! Nur nimm den jungen Prinzen dort von deiner Wahl aus; ich habe ihn meinem Sohn bestimmt, der bereits sein Recht bei der Verteilung der Sklaven auf diesen Jungen geltend gemacht hat!"

Der König gab Suweros ein Zeichen, und der Junge betrat kühn den Kreis der Zuschauer; er hob die Arme empor und zeigte zwei lederne Waffengürtel, die mit silbernen Schuppen besetzt waren; von einem hing ein reichverzierter Dolch herab, die Schnüre des anderen Waffengürtels aber waren zerrissen, und seine silbernen Beschläge waren schwarz von geronnenem Blut.

Haltas wandte entsetzt und angeekelt den Blick ab; die Achäer jedoch brachen in lautes Triumphgeschrei aus, rissen begeistert die Schilde empor und trommelten mit ihren hölzernen Wurfspießen und den Holzgriffen ihrer Lanzen auf die Schilde. Einer der Soldaten rief den Namen Suweros, und auf der Stelle fielen die anderen Männer in den Ruf ein, bis schließlich ein ohrenbetäubender Lärm über das ruhige Meer schallte.

Ethewas hatte sich mittlerweile dem König genähert und sprach leise auf ihn ein. Haltas blickte aufmerksam zu Aitaleos hinüber, denn er war sicher, daß der Priester jetzt über ihn zu dem König sprach. Aber der Herrscher schüttelte mehrmals den Kopf, und endlich wandte er sich mit einer ärgerlichen Bewegung von Ethewas ab.

Es ist aus, dachte der Junge, der Lawagetas hat verloren!

Suweros aber stand jetzt vor Haltas und betrachtete ihn eingehend vom Kopf bis zu den Füßen, bevor er ihm befahl:

„Lamnios! So ist von diesem Augenblick an dein Name, auf den du hören wirst! Du wirst nur mir gehorchen! Geh vorerst wieder mit den anderen Sklaven zum Schiffsheck hinüber!"

Dann schien der Prinz zu überlegen, endlich streckte er die Hand aus und riß Haltas unsanft den goldenen Stirnreif vom Kopf, der seine Haare zusammenhielt. Der neue Sklave rührte sich nicht, aber sein spöttisches Lächeln erboste den Königssohn mehr, als jeder Protest es vermocht hätte.

„Glaubst du, mich interessiert dein Gold?" schrie der Prinz wütend. „Da siehst du, was mit einer entehrten Krone geschieht!"

Damit wog er den Goldreif in der rechten Hand und schleuderte ihn dann mit lautem Zuruf in eine Gruppe Soldaten: „Der gehört euch!"

Ein wilder Tumult von fuchtelnden Armen und Beinen entstand um die zu Boden gefallene Krone; dann aber trieb ein weiterer dröhnender Gongschlag die Streitenden schlagartig auseinander.

„Die Verteilung des Goldes!" ertönte es laut von allen Seiten.

Der von der Schiffsmannschaft so begierig erwartete Augenblick war gekommen, und die Rotte der Männer scharte sich dicht um den kleinen, funkelnden Berg von Kostbarkeiten vor dem Zelt. Aber Haltas sah nichts anderes mehr, wie vernichtet ging er wieder zu seinen Leidensgefährten im Heck hinüber und wollte sich jetzt auch von Eritupina nicht trösten lassen.

Die energische Sklavin hatte den Mut noch nicht verloren, angesichts der abgrundtiefen Trostlosigkeit ihres „Lämmchens" aber wurde sie ungeduldig. „Bei meinem Schutzgeist!" rief sie laut, so wie sie es immer tat, wenn sie gereizt war. „Ich glaube allmählich, daß du deine Mutter vollkommen vergessen hast! Oder vergißt du am Ende, daß ein Königssohn seine Gemächer im Palast hat — in Mykene ebenso wie auf Lemnos? Und diese Räume liegen nahe bei den Frauengemächern, zumal Suweros nur wenige Monde älter sein wird als du!"

Haltas riß sich zusammen, denn Eritupina hatte recht. So wie immer hatte die Kinderfrau mit ihrem gesunden Menschenverstand den einzigen positiven Aspekt dieser Zukunft erkannt, die dunkel und ohne jede Hoffnung vor Haltas lag.

An diesem Tage erhielten alle nur eine einzige Mahlzeit bei Sonnenuntergang. Die Verteilung der Sklaven war mit der Massenverschickung der gefangenen Männer aus dem Schiffsrumpf in die Minen oder die königlichen Mühlen beendet worden. Jetzt warf der Hauptmast zwar schon einen langen Schatten auf das Deck, aber der Berg der kostbaren Beute war immer noch recht groß, denn alle Tempel und Häuser der Reichen von Myrina waren vom Keller bis zum Dach geplündert worden, und Myrina war der reichste Hafen von Lemnos gewesen. Die königlichen Schatzkammern der Stadt aber hatten dann den Siegern die reichste Ausbeute geliefert.

Jetzt entfernten sich einfache Soldaten schwankend unter der Last der silbernen oder kupfernen Dreifüße, der Schreine und Schatztruhen aus Leder und Emaille und der kostbaren Möbel mit Intarsienarbeit. Zwar waren all diese Dinge viel zu luxuriös für die Stein- und Lehmhütten der Soldaten, aber sie konnten doch auf den Märkten der Küste und der Inseln vorzüglich in andere Waren allerbester Qualität eingetauscht werden. Die Aufseher der Wagen und die höfischen Würdenträger hängten sich goldene und silberne, mit Kristallen und kostbaren Steinen verzierte Ketten um den Hals. Die Gefolgsleute des Königs, die auf Grund komplizierter Verwandtschaftsverhältnisse zur königlichen Familie gehörten, erhielten Gold und Purpur, Musikinstrumente aus Edelmetallen oder Elfenbein, Schmuckladen und Vasen voll duftender Salben — der Wert jeder einzelnen dieser Vasen überstieg hundert Maß Korn! — sowie hauchfeine, mit Goldfäden bestickte Stoffe und Gewebe.

Aitaleos verteilte alles — da der Schiffsrumpf allzusehr beschwert worden war durch Kupfer, Zinn, Silber, Leder und Gewürze — außer acht prachtvollen Elefantenzähnen, sie waren für des Königs Schatzkammern in Mykene bestimmt, um dort als Bestand des Schatzes auf den Tontafeln verzeichnet und mit dem königlichen Siegel in Kalk versehen zu werden.

Und all diese Pracht war doch nur die Beute des ersten Schiffes der Seeflotte gewesen! Erst tief in der Nacht legte sich die Erregung der Männer, als die Achäer schließlich in Schlaf sanken — dicht neben ihrer Beute, die sie in zweijähriger Belagerung und zahlreichen Schlachten herbeigesehnt hatten.

An den Grünen Inseln vorbei nach Westen

Am Morgen wachte Haltas davon auf, daß er über die Planken bis zum Mastbaum im Heck des Schiffes rollte — das Schiff des Aitaleos verließ soeben die Insel Skyros. Die auf den Bug gemalten riesigen Augen suchten ihren Weg in südwestlicher Richtung auf der Wasserstraße. Der Wind hatte sich gelegt, und die über ihre Ruder gebeugten achäischen Matrosen ruderten in so vollendetem Gleichklang dahin, daß Haltas sie bewunderte. Diese wilden Krieger, die wie ein Wirbelwind auf ihren Streitwagen vorwärtsstürmten, waren daneben auch ausgezeichnete Seeleute. Das Schiff wurde schnell vorangetrieben, und schon bald verschwand die Insel hinter dem blaßroten Segel des Hecks. Haltas lehnte an der Reling und mußte an die Verse des griechischen Sängers im Palast denken, der in die Saiten seiner Zither gegriffen und dazu deklamiert hatte:

„Als die dämmernde Frühe
mit Rosenfingern erwachte . . ."[1]

Kurz nach der zweiten Wachablösung, als sich die Stunde der Mittagszeit bereits näherte, wurde Haltas aufs neue von einem Sklaven in den Rumpf des Schiffes geführt. Im Kämmerchen des Schlangengottes erwartete Ethewas den Jungen, und Haltas verbeugte sich tief vor dem Priester. Er empfand ein Gefühl aufrichtiger Bewunderung für diesen Mann und spürte, daß Ethewas ihm viel Gutes erweisen könnte, wenn er nur wollte. Auch schien es ihm, er habe einige Male ein schwaches Aufleuchten von Mitleid und Zuneigung in die-

[1] Homer „Odyssee", 2. Gesang, übertragen von Tassilo v. Scheffer, Wiesbaden: Dieterich

sem unbewegten Gesicht erkannt. Schweigend wohnte der Erste Priester dem Kult bei, nur am Ende der Zeremonie sprach er mit dem Jungen.

„Der Prinz Suweros wird heute sehr beschäftigt sein", erklärte er beiläufig, „denn eines der königlichen Pferde, Blitz des Zeus, ist erkrankt. Der Stallknecht schwört bei den Unterirdischen, daß die Gerste von Lemnos daran schuld sei, gewiß habe ein böser Geist der Insel einen Zauberbann auf das Korn geworfen. Ich glaube allerdings nicht an die Rache gestürzter und besiegter Götter, sondern nehme vielmehr an, daß die Gerste noch zu frisch war und durch die Feuchtigkeit unten im Schiff zu gären begonnen hat. Aber Suweros liebt diese Pferde abgöttisch, da sie aus der Zucht von Mykene stammen; eines der Tiere gehört ihm persönlich, er hat es als Fohlen zum Geschenk bekommen. Heute nachmittag wird er das Zelt nicht mehr betreten, vermutlich wird er heute nacht gar an der Seite seines Augapfels schlafen!"

Haltas errötete vor Dankbarkeit, denn die Worte des Ethewas waren eine klare Einladung, wenn nicht gar eine ausdrückliche Erlaubnis. Dennoch aber war er äußerst vorsichtig und hielt sich in gebührendem Abstand von den Pferden. Von weitem sah er Suweros, der sich über eines dieser Tiere beugte, die Haltas eine Art furchtsamen Respekts einflößten. Verwundert dachte er bei sich: Wie kann er nur so großzügig mit den Tieren sein, da ich doch sicher bin, daß er mich nur von seinem Vater erbeten hat, um seine Launen an mir auszulassen!

Die Mutter war glücklich, daß sie Haltas wieder in die Arme schließen konnte. Sie wußte bereits, wer jetzt sein Herr war; und der Gedanke, mit dem Sohn unter einem Dach im Palast von Mykene wohnen zu dürfen, hatte ihr wieder ein wenig Lebensmut gegeben. Sie trauerte um das Schicksal von Eritupina, doch die Sorge um den Sohn vertrieb die Gedanken an ihre Sklavin bald wieder. Mayno wollte den Jungen kämmen, dann wusch sie ihm so wie früher das Gesicht; und Haltas sah ein, daß er sich damit abfinden mußte, obwohl ihm die Prozedur etwas lästig war. Hocherfreut nahm er dagegen etwas kalten Rehbraten und zwei Schiffsbrote entgegen, die er in seiner Tunika versteckte — damit wollte er seine sparsam bemessene Essensration verlängern. Dann aber trieb ihn der Gong zur Mittagsmahlzeit aus Furcht vor Suweros zurück auf Deck; aber er stellte doch befriedigt fest, daß er sich in dem vielfältigen Treiben an Bord des Schiffes bereits so ungeniert wie eine richtige Schiffsratte bewegte.

Als Haltas zum Heck zurückkam, blieb er jedoch zu Tode erschrocken stehen — denn einige Achäer, die beim Rudern abgelöst worden waren, hatten sich zum Heck begeben, um ihre menschliche Kriegsbeute einmal etwas genauer in Augenschein zu nehmen und wohl auch, um unliebsame „Zwischenfälle", wie die Tragödie der Prinzessin Laia, zu verhüten. So betasteten die Soldaten denn hoffnungsvoll die mageren Arme der Alten, um noch etwas Kraft in den Muskeln zu finden; sie hießen die Jungen aufstehen, untersuchten ihre Zähne und befahlen den Frauen, die Haare zu lösen, um deren Länge abschätzen zu können.

Auch Eritupinas Herr, der Aufseher der Küstenwachen, stand neben seiner neuen Sklavin. Aber wer war diese Sklavin? Haltas erbleichte. An Stelle der jungen, gesunden und blühenden Frau erblickte er jetzt eine schmutzstarrende Alte mit kränklich umschatteten Augenhöhlen und schwarzen Zähnen, die Augenlider waren entzündet und verschwollen, und die einstmals üppigen Haare hingen jetzt in häßlichen, schmierigen, grauen Strähnen herab. Kurz, in einer Nacht war Eritupina um zwanzig Jahre gealtert. Noch dazu schien sie vollkommen schwachsinnig geworden zu sein.

Der aufgebrachte Achäer im abstehenden Lederschurz stand vor seiner Sklavin und vermochte seine Wut kaum noch zu zügeln. So oft er seine Fragen auch in schlechtem Ägyptisch, in Syrisch oder dem Dialekt von Lemnos wiederholte — er hatte noch nicht einmal feststellen können, wie alt diese Frau sein mochte. Noch dazu schien der gutmütige Wagenaufseher, der gestern neben Haltas den erlegten Hirsch bewundert hatte, sich königlich über das Schauspiel vor seinen Augen zu amüsieren; er hielt die Hände in die Hüften gestützt und lauschte der Unterhaltung mit großem Vergnügen. „Spare deinen Atem, Perithoos, da müßte sich schon der König der Winde persönlich bemühen, um aus dieser armen Törin eine Antwort herauszubringen!"

„Da hast du geglaubt, eine schöne, frische Meeräsche zu fangen und hast vergeblich gefischt!" rief ein anderer Soldat.

„Eine faule Muräne hat er erwischt, seht ihr nicht, daß die Alte gefleckt ist wie eine Muräne von zwanzig Lenzen?" spaßte ein Dritter.

Eritupina jedoch zeigte ihre fürchterlichen, schwarzen Zähne und lächelte so glücklich, als ob die Seeleute ihr die schönsten Komplimente gemacht hätten; sie legte die Hände zusammen und verbeugte sich dankend nach rechts und nach links. Ein tosendes Gelächter brach los.

„Aber ich sage euch, das ist nicht meine Sklavin!" protestierte Perithoos erbittert.

„Na, Freund, jetzt spiel' nicht den Schlauen!" erwiderte der Wagenaufseher. „Willst du etwa behaupten, daß wir dir hier deinen Anteil an der Beute vertauscht haben? Es ist die gleiche Frau, denn ich stand ganz in der Nähe, als Aitaleos sie dir zusprach. Allerdings hielt sie den Mund geschlossen, und sie schien mir gestern auch nicht so schmutzig zu sein! Und was ihre Haare betrifft ... hast du nie davon gehört, daß sich die Frauen des Orients auf hundert Geheimnisse verstehen, um schöner zu erscheinen? Sie färben sich die Haare und schwärzen sich die Augenlider wie die Ägypterinnen. Man sieht doch, daß es dieser hier nicht gelungen ist, ihre Salbentöpfe mitzunehmen! Du bist hereingefallen, glaub mir, was willst du schon tun?"

Der Aufseher der Küstenwachen spuckte voller Wut und

Verachtung aus und ging dann, ohne noch ein Wort zu sagen, davon. Aber noch in einiger Entfernung hörten die Zurückbleibenden, wie er seinem Herzen mit erbitterten Schmähreden auf alle schamlosen Frauen der Inseln des Großen Meeres Luft machte.

Haltas jedoch starrte die Sklavin auch jetzt noch stumm vor Schrecken und wie gebannt an. Doch da sah er plötzlich, daß Eritupina nach Perithoos Verschwinden mit einem Mal wieder ihren gewohnten pfiffigen Gesichtsausdruck zeigte, und dann zwinkerte sie dem Wagenaufseher vergnügt und vielsagend zu. „Bei Hermes, dem listigsten aller Götter!" rief der Junge verblüfft aus, denn nun hatte er die Schminke auf dem Gesicht der Sklavin bemerkt.

Später gestand ihm Eritupina dann:

„Der Aufseher über die Wagen, der gute Eumedes, hat mir einen gewissen Schminktopf verschafft ... du darfst nicht vergessen, mein Lämmchen, daß ich in den Frauengemächern von Myrina die Aufseherin über die Salben- und Schminktöpfe war! So habe ich denn Asche mit einer Salbe für die Haare gemischt, ein wenig erloschene Kohlenglut und etwas Fett für die Augenhöhlen verwendet, Mennigfarbe auf die Augenränder und Lider gestrichen, daß sie sich entzündeten und richtig krank aussahen; und schließlich habe ich die Zaubernuß gekaut, die die Wüstenbewohner an die Küste bringen und die den Hunger stillt; davon bekommt man schwarze Zähne — und eine lange, lange Zeit werden die Zähne danach nicht wieder weiß!!"

Eritupina seufzte bekümmert, denn keine Frau verwandelt sich gern freiwillig in ein Scheusal! Dann aber hob sie wieder den Kopf und schloß triumphierend:

„Noch bevor wir die Küste erreichen, die dem Löwen von Mykene untertan ist, werde ich einem anderen Herrn gehören — oder die Maulwürfe sollen mich fressen! Und der Aufseher der Wagen wohnt an den Pforten des Ersten Hofes, neben dem königlichen Palast!"

Der Zorn des Poseidon

Das Pferd des Königs war vier Tage lang krank, und Haltas versprach dem Schlangengott dafür voller Dankbarkeit eine Blütenkette als Opfergabe, sobald ihm dies möglich sein würde. Suweros verließ das kranke Pferd auch nicht für einen Augenblick, er aß und schlief neben dem Tier; und so schlüpfte denn die schlanke Gestalt seines Sklaven viele Male an den jetzt bereits vertrauten Hindernissen vorbei in das königliche Zelt. Am dritten Tage der Fahrt war ein frischer Nordwind aufgekommen, so daß die Ruder an Bord geholt und die Segel gehißt wurden. Das Schiff flog wie eine Seeschwalbe über die Wellen, Haltas aber spürte die Unruhe und Besorgnis der Seeleute. Und der Wagenaufseher, der mittlerweile sein Freund geworden war, hatte ihm anvertraut, daß der Wind sich gefährlich nach Süden hin gedreht habe. „Anstatt die große Strömung bei der Pforte des Ostens zu durchqueren, werden wir wohl irgendwo an die Küste der Insel Andros geworfen werden!"

Haltas mußte wieder an den Unterricht seines ägyptischen Lehrers denken und begriff, daß die Pforte des Ostens für die Achäer jene unruhige Meeresenge sein mußte, die Andros von den weiter nördlich gelegenen Eilanden trennte. Am engsten Punkt dieses Meeresarmes, im Hafen von Mikrokoris, hatten die vorbeifahrenden, vollbeladenen Handelsschiffe aus dem reichen Kreta ihren Tribut zu entrichten. Der König von Andros war schlau und wußte sich mit den kriegerischen Achäern ebenso gutzustellen wie mit den friedliebenden Völkern des Orients — sobald der Wegezoll bezahlt worden war, nahm der König Kaufleute und Seeräuber gleichermaßen freundlich auf.

In der fünften Nacht an Bord herrschte hoher Seegang. Die Sklaven zitterten unter den eisigen Sturzseen der Wellen, gegen die sie sich nicht schützen konnten; aber auch die Achäer waren an Deck; sie wurden von einer Reling an die andere geworfen und versuchten mit verzweifelter Kraft und vollkommen durchnäßt, das Tauwerk und die Segel in der Gewalt zu behalten. Am nächsten Morgen wollte sich die Sonne nicht zeigen, und die Stärke des Windes hatte noch zugenommen. Endlich erhob sich am bedrohlich schwarzen Horizont das dunkle Massiv einer Insel ganz nahe aus den tief herabhängenden Wolken. Während endlos langer Minuten spähten die Seefahrer angstvoll zu der immer näher kommenden Küste hinüber, die immer klarer vor ihnen aus dem Meer aufstieg. Endlich rief Kokkios, der Seemann von der Küstenwache mit den Falkenaugen:

„Koris! Es ist Koris, ich erkenne den Golf wieder! Und schaut nach Westen hinüber, dort erhebt sich die heilige Bergkuppe des Zeus!"

Jetzt erhob Aitaleos, der mit seinem vom Sturm aufgeblähten Mantel am Bug stand, die Arme zum Himmel:

„Herr des Meeres!" rief er so laut, daß seine mächtige Stimme das Donnern der aufgewühlten Wogen übertönte. „Poseidon mit dem goldenen Dreizack! Und du, Mächtigster aller Götter, Zeus, der du die goldenen Waagen der Gerechtigkeit abwägst! Ich werde euch eigenhändig einen Stier sowie einen jungen, reinen Ochsen opfern, wenn ihr mein Schiff sicher in den Hafen von Mikrokoris bringen werdet! Hört ihr mich? Ich bin es, Aitaleos von Mykene, der König der Könige, der euch anruft!"

Ein krachender Donnerschlag schien dem Herrscher zu antworten, und alle, Achäer und Sklaven, warfen sich in abergläubischer Furcht auf Deck nieder. Nur Haltas klammerte sich weiterhin am Tauwerk fest; er nahm die Furcht der anderen ringsumher gar nicht wahr, da er voller Verzweiflung zum Zelt des Königs hinüberstarrte. Der Regen stürzte wie ein dichter, grauer Vorhang aus Wasser herab, Haltas erwartete jeden Augenblick, daß seine Mutter auf Deck geschleudert und von den schrecklichen Sturmböen über Bord geworfen wurde.

Dann werden wir wenigstens gemeinsam sterben, dachte er ergeben. Wir werden alle vor jenem Felsen sterben, der die Zufahrt zum Hafen begrenzt. Bei diesem tobenden Meer kann der Steuermann die Einfahrt zum Hafen nicht erreichen.

Aber der Seemann, der über das riesige Heckruder gebeugt und vom Gewicht des schweren Holzes von einer Seite auf die andere geschleudert wurde, wandte den Blick keinen Augenblick von den Felsen ab; sein vor Anstrengung gespanntes Gesicht verriet eiserne Entschlossenheit. Er würde nicht aufgeben, auch wenn der Kampf ungleich für ihn stand, sondern bis zum Ende seiner Kräfte oder bis zum Zerbrechen des Ruders für sein Leben und das Schiff kämpfen.

Und da strömte plötzlich auch in Haltas' Herz etwas von dem Mut dieses achäischen Steuermannes, er wußte mit einem Mal, daß auch er nicht sterben wollte. Ob als Königssohn oder als Sklave, er wollte seinen Weg gehen bis zum Königspalast von Mykene, in dem, wie Eritupina gesagt hatte, das Schicksal das Gewebe seines Lebens noch spinnen wollte; ob mit einem schwarzen oder einem goldenen Faden — wer wollte das wissen?

Wie als Antwort auf seinen wiedererwachten Mut ließ der Regen nun allmählich nach, und auch der Wind legte sich so plötzlich, wie er aufgekommen war. Mit zerrissenen Segeln fuhr das Schiff in den Hafen ein, es trug seine Wunden wie ein Soldat nach einer schweren Schlacht. Die Menschen auf diesem Schiff aber waren erschöpft und verwundert, daß es ihnen im letzten Moment vergönnt gewesen war, vor den Pforten des Todes noch einmal umzukehren.

Poseidon wollte seinen Stier haben und hat uns in Sicherheit gebracht, dachte Haltas. Aber sogleich erschien ein spöttisches Lächeln auf seinen Lippen. Poseidon! Der Stier sollte besser dem Steuermann geopfert werden! Wenn ihm jetzt jemand gesagt hätte, daß der Mensch die Götter nicht herausfordern sollte, dann hätte er ungläubig die Schultern gehoben; denn sein Herz war immer noch von großem Stolz erfüllt, da er den Mut und die Geschicklichkeit des Menschen gesehen hatte. Das Schiff des Königs umfuhr jetzt die Hafenwache, die von großen Steinblöcken gebildet wurde. Diese Brocken waren zur Verteidigung des kleinen Hafens aufgehäuft worden, hell blitzten die Ansammlungen schwarzer Muscheln im Licht auf, die die Steine überkrusteten. Dann näherte sich die Galeere dem Ufer und warf den schweren Felsblock mit der Ankerkette in einer Entfernung von kaum fünfzig Schritten von mehreren anderen Schiffen aus.

Von den nahe gelegenen Schiffen erhob sich jetzt ein lautes Freudengeschrei, heftig schwenkten die Seeleute ihre roten Mützen zur Begrüßung.

„Bei allen Göttern des Meeres!" rief Kokkios und wischte sich die Stirn. „Das ist doch das Schiff aus Pylos! Und etwas weiter ankern unsere Schiffe! Bei den Schläuchen der Winde, sie sind alle angekommen!"

Mikrokoris

Aitaleos gewährte seinen Leuten doppelte Essensrationen, ordnete die Bewachung des Schiffes von nur zehn Soldaten an und erteilte allen anderen die Erlaubnis, nach einer Nacht der Ruhe an Land zu gehen. Haltas war fest davon überzeugt, daß er von dieser Sondererlaubnis ausgeschlossen war, aber er täuschte sich. Als die Sonne bereits hoch am Himmel stand, und die Seeleute mit sauber gewaschenen und erwartungsvollen Gesichtern an Land gegangen waren, da vernahm Haltas, der an der Reling lehnte und sehnsüchtig zur Insel hinüberschaute, plötzlich den lauten Ruf:

„Wo ist der Sklave von Lemnos?"

Neugierig schaute der Junge sich um, und erst als er den Prinzen Suweros gewahrte, begriff er, daß er selbst dieser Sklave war.

Eine Stunde darauf zog eine kleine Prozession an den Hafenanlagen der Insel Andros vorbei. Aitaleos und sein Sohn schritten feierlich voran und trugen gemeinsam eine große Amphore aus getriebenem Silber — sie war als Geschenk des Wanax von Argos und Mykene für den König von Mikrokoris bestimmt, und nur als Träger durfte auch der junge Sklave von Lemnos das Königreich von Mikrokoris betreten. Aber der Sklave Lamnios, wie er jetzt genannt wurde, war dennoch überglücklich, wieder einmal die Planken des Schiffsdecks mit dem festen Grund der Insel vertauschen zu dürfen.

Mikrokoris war jedoch kein großer Hafen; er besaß nicht eines der großen Lagerhäuser, die Haltas von Myrina her gewöhnt war, und es gab auch nur eine einzige Hafenmole, die die kleine, natürliche Bucht mit ihren Steinblöcken vom Meer abtrennte. In den vom Regen sauberen Gassen liefen nur ein paar Gänse und einige magere Schweine umher, und in den kleinen Hinterhöfen der Häuser waren recht dürftige Misthaufen zu erblicken — ein sicheres Anzeichen für die Armut ihrer Besitzer. Die Dorfbewohner waren jedoch geschäftig, laut und herzlich, so wie in allen Häfen des Orients. In sicherem Abstand folgte ein Haufen zerlumpter Kinder dem königlichen Zug, sie waren von den glänzenden Waffen und den prächtigen Zeremonien-Mänteln des Aitaleos und Suweros herbeigelockt worden; denn der Herrscher und sein Sohn hatten zu Ehren des Königs der Stadt all ihren Prunk angelegt.

Dem König war die Ankunft so wichtiger Gäste bereits gemeldet worden. Er war ein einfacher Mann, der seine Gäste auf der Schwelle eines Hauses empfing, das nur wenig größer als die Behausungen seiner Untertanen war. An der Seite des Königs standen zwei alte Männer, die wie Fischer aussahen. Die schlauen, von verschmitzten Falten umgebenen Augen des Königs hatten jedoch sofort die silberne Amphore erspäht, darauf erhellte sich seine mißtrauische Miene.

Er lud Aitaleos würdevoll ein, näherzutreten, nicht ohne den Herrscher darauf aufmerksam zu machen, auch mit dem rechten Fuß die Schwelle zu überschreiten; dabei entschuldigte er sich ohne Unterlaß für seine Armut, die es ihm nicht erlaubte, so bedeutende Gäste auch entsprechend zu empfangen. So betraten sie den Hof und gleich darauf das größte Gemach des Hauses. Dieser Raum mochte Bankett- und Ratssaal sein, und gewiß auch das Speise- und Schlafgemach der ganzen Familie, sofern keine Gäste von Rang erwartet wurden. Dichter Rauch erfüllte jetzt das Gemach bis empor zu den geschwärzten Deckenbalken, die Schwaden stiegen von einem Feuer in der Mitte des Raumes auf. Der festgestampfte Erdboden jedoch war sauber gefegt und mit getrockneten Algen ausgelegt; in der Mitte befand sich der königliche Sessel mit geschnitzten Füßen in Form von Löwenpranken, und zu seiner Rechten waren einige mit Ziegenfellen belegte Schemel aufgestellt. Sowie der König von Mikrokoris den Raum betreten hatte, schlug er sich entsetzt mit der Hand an die Stirn und stürzte zum Feuer, seine Gäste ließ er ohne Zaudern allein stehen. Die Feuerstätte war von gewaltigem Ausmaß und wurde von einem riesigen, ovalen Felsblock gebildet, der bis zur halben Höhe eines Mannes emporreichte und vollständig von dem Fett zahlloser, üppiger Festbraten geschwärzt war. Über einem kargen Holzkohlenfeuer bruzzelten heute jedoch kaum ein halbes Dutzend Lammkeulen, die appetitlich nach würzigen Kräutern der Berge dufteten. Seufzend stellte Haltas fest, daß die Anzahl der Fleischstücke für ein königliches Bankett außerordentlich bescheiden war. Mit einem Wutschrei war der König inzwischen zu der am Feuer hockenden Sklavin geeilt und riß der Frau laut zeternd einen Bratspieß aus der Hand.

„Ach, ich wußte es doch, daß ich ein törichtes Weib nicht mit so einer wichtigen Aufgabe betrauen konnte! Siehst du nicht, du Unglücksrabe, daß das Fleisch bereits allzu lange über dem Feuer brät und gewendet werden muß? Und wo ist das Öl, das ich dir heute morgen eigenhändig gegeben habe? Wie? Es ist schon verbraucht?"

Vergnügt lauschte Haltas dem Gezeter des alten Geizhalses — niemals hätte er sich träumen lassen, daß sich ein König um die Küche kümmerte! Im übrigen schien das Königreich auch Mangel an Sklaven zu leiden, denn niemand kam, um zu melden, daß das traditionelle Bad für die Gäste vorbereitet sei. Aufmerksam betrachtete Haltas die kahlen Wände, die keinerlei Zierat schmückte, einige Teppiche, die notdürftig die Risse im Mauerwerk verbargen, durch die der Wind pfiff, die schwarzen, verrußten Deckenbalken und schließlich das gesprungene Geschirr sowie einen einzigen kleinen Weinkrug, der auf einem Dreifuß thronte.

Endlich hatte der König das Fleisch in Sicherheit gebracht

und wandte sich wieder seinen Gästen zu. Er ließ den Lawagetas, Aitaleos und den Prinzen Suweros zu seiner Rechten Platz nehmen, auf die linke Seite kamen seine Höflinge; Haltas endlich mußte sich mit den Wachen die Plätze auf einigen steinernen Bänken bei der Tür teilen. Obwohl der König von Mikrokoris arm war — oder besser, er hielt es für ratsam, arm zu erscheinen —, so kannte er doch die Regeln der Gastfreundschaft. Haltas und seine Gefährten bekamen lediglich die kleineren Knochen mit nur spärlichen Fleischresten daran zugeteilt sowie Quellwasser und ein Brot, das der Speisemeister ihnen wenig gastfreundlich hinüberwarf. Der König selbst jedoch führte sich die größten Stücke zu Gemüte, dabei knackte er mit einem schweren Mörser flink die Knochen auf und bot Aitaleos das Mark an, denn nur der Herr des Hauses oder sein Ehrengast sind würdig, das Knochenmark zu verspeisen. Dann opferte der König Poseidon ein paar Tropfen aus einer flachen Kupferschale — und gleich darauf vergoß er auch noch einige Tropfen zu Ehren der Mächtigsten Göttin, der Göttlichen Mutter des Aitaleos; danach schenkte der Alte dem Herrscher von Mykene ein zufriedenes Lächeln. Dabei schwatzte und plauderte der König von Mikrokoris fortwährend und schaute immer aufs neue verstohlen zu der silbernen Amphore hinüber, die zu Aitaleos Füßen stand und verlockend aufleuchtete. Der alte König beklagte sich über alles — über den bevorstehenden Winter, der der Saison der Handelsschiffahrt auf dem Meer ein Ende setzen würde; über die Steuern, die der König von Megalokoris, der mächtiger als er selbst sei, ihm auferlegte; über die unverschämte Mitgift, die der König einer vor Andros gelegenen, kleinen Insel verlangt hatte, als er, der Alte, die älteste der acht Töchter des Inselkönigs geheiratet hatte. Vor allem jedoch beklagte sich der König von Mikrokoris über das Alter, das ihm, wie er sagte, das Augenlicht trübte und ihn — einen armen Alten — der Willkür seiner Mitmenschen auslieferte.

Schlagartig verstummten die Klagen des Königs jedoch, als ihn Aitaleos um gastliche Aufnahme seiner Schiffe im Hafen bat sowie die Erlaubnis einholte, sich aus dem Brunnen der Stadt mit Wasser zu versorgen. Außerdem verlangte Aitaleos fünfmal zwölf Ellen guter Leinwand für die Ausbesserung der Segel.

Energisch schlug der alte König den Mantel zurück, der noch recht kräftige Arme verhüllt hatte und erklärte mit kämpferisch blitzenden Augen seine Vertragsbedingungen; und kein noch so gerissener phönizischer, ägyptischer oder kretischer Kaufmann hätte günstigere Bedingungen aushandeln können. Endlich war man handelseinig geworden; aber bevor der König seine Gäste entließ, brachte er noch ein weiteres Anliegen vor.

„Wenn deine Männer nur vor eurer Abfahrt recht häufig an Land gehen würden", fügte der Alte hinzu, „um in den Tavernen von Mikrokoris zu speisen und zu übernachten!"

Und dann erklärte er mit fürsorglicher Miene, daß er seinen Untertanen verpflichtet sei, deren Einnahmen mager und unregelmäßig seien; da wäre es doch nur gerecht, wenn die Achäer etwas von ihrem Geld in dem Hafen ließen, der sie so gastfreundlich aufgenommen habe.

Bei der Übergabe der silbernen Amphore dann geriet der König in wahre Begeisterung, Haltas hatte allerdings das Gefühl, daß der Alte diese Gabe mehr als vorläufige Anzahlung denn als endgültiges Geschenk wertete.

In den nächsten Tagen stellte sich heraus, daß der schlaue König zwei Dinge vorsichtig verschwiegen hatte — erstens nämlich war er selbst der Besitzer der bedürftigen Tavernen von Mikrokoris, und zweitens würden die Achäer länger als geplant im Hafen bleiben müssen, das aber hatte der Alte vorher genau gewußt. Zwei Wochen lang tobte nämlich die Borea, ein heftiger Nordwind, vor Andros, und es wäre reine Torheit gewesen, in dieser Zeit den Hafen zu verlassen.

Anfangs war den Achäern dies ganz recht. Auch Haltas — wenngleich er jetzt das Schiff nicht mehr verlassen durfte — fand häufig Gelegenheit, in das königliche Zelt zu seiner Mutter zu schlüpfen, da Aitaleos und Suweros nun oft zu Gast beim König von Mikrokoris waren. Als dann jedoch mehrere Tage vergangen und die Ausbesserungsarbeiten an den Schiffen getan waren, begannen die Achäer der spärlichen Zerstreuungen von Mikrokoris überdrüssig zu werden. „Dieser alte Haifisch hofft, daß wir in diesem schmutzigen Loch Wurzeln schlagen werden!" murrten sie.

„Und inzwischen zieht man uns in seinen schäbigen Tavernen die Haut ab!"

„Wißt ihr, wieviel ich gestern für einen halben Krug sauren Wein bezahlt habe? Einen silbernen Reifen! Und die Megäre, die mir den Krug brachte, zitterte so vor Altersschwäche, daß sie beinahe den Wein verschüttet hätte!"

„Die Berichte von diesem Sturm und den andauernden Unwettern sind doch maßlos übertrieben!" fielen andere Soldaten ein. Haltas gab ihnen recht, aber der Steuermann schüttelte den Kopf. „Der Alte mag ein Schwindler sein!" erklärte der erfahrene Seemann am fünfzehnten Ruhetag der Achäer im Kreise der Ruderer, die mittlerweile auch zum Würfelspiel keine Lust mehr hatten. „Aber er versteht etwas von der Seefahrt. Seit zwei Tagen hat sich der Wind gelegt, das stimmt. Aber gestern abend bei Sonnenuntergang hat sich die Sonne hinter dunkelbraunen Wolken versteckt, und es gibt kein schlechteres Vorzeichen. Außerdem — warum sitzen die Tauchenten dort zusammengekauert auf den Felsen? Jeder Schiffsjunge weiß, daß auch dies ein schlechtes Zeichen ist. Ich aber befahre schon ein Menschenalter lang das Große Meer!"

Auf der steinigen Mole hatten sich in der Tat zahlreiche weiße Vögel niedergelassen; und obwohl die Sonne bereits hoch am Himmel stand, hockten die Tauchenten merkwürdig regungslos und zusammengeduckt auf den Steinen, anstatt wie gewöhnlich nach Fischen zu tauchen. Auch der Himmel hatte eine seltsame, graue Farbe angenommen, und die Sonne war verschwunden.

„Wir aber sind auch keine kleinen Kinder mehr!" Kokkios sprang auf. „Die von Pylos haben gesagt, daß sie heute die Anker lichten wollen; und das scheint beschlossen zu sein, denn der König Pandaros hat bei Sonnenaufgang dem Poseidon ein Schaf geopfert, außerdem ist der Wasservorrat auf dem Schiff von Pylos seit drei Tagen aufgefüllt!"

Nach dieser Nachricht brach unter den Seeleuten ein lauter Tumult aus. Die einen gaben Kokkios recht, die anderen dem Steuermann; einige hielten es für töricht, noch länger im Hafen zu bleiben, und andere wieder waren dagegen, die Anker zu lichten. Plötzlich rief einer der Ruderer:

„Gebt acht, blickt auf den Platz!"

Auf dem zum Meer hin offenen, kleinen Dorfplatz war soeben eine Gruppe von Menschen erschienen. Haltas erkannte Aitaleos, Suweros und den alten König von Mikrokoris, die Pandaros, den König von Pylos, zum Hafen geleiteten und sich offenbar von ihm verabschiedeten. Pandaros löste sich kurz darauf aus der Gruppe und stieg die Ladetreppe zu seinem Schiff empor. An Bord ertönte lautes Freudengeschrei, und dann liefen die Seeleute mit fröhlicher Geschäftigkeit umher, um den Anordnungen des Steuermannes nachzukommen.

Wenige Minuten später setzte sich das Schiff aus Pylos mit Hilfe eines Windstoßes und der halben Kraft seiner Ruder in Bewegung und fuhr langsam aus der steinernen Hafenausfahrt hinaus aufs offene Meer; dann hielt es Kurs auf Nordwesten — den sandigen Ufern des Vaterlandes entgegen. Die Leute des Aitaleos beobachteten die Ausfahrt mit langen Gesichtern; der Steuermann stand mit verschränkten Armen neben seinem Seuerruder, die Seeleute lehnten an der Reling und hatten in den Ohren noch die spöttischen Abschiedsrufe der Männer aus Pylos. Haltas entdeckte Suweros, der flink wie ein Wiesel bis zu den äußersten Steinen der Mole vorgelaufen war, um dem Schiff bei der Durchfahrt noch einmal zuzuwinken. Als er die Augen von dem Königssohn abwandte, zog ihn ein seltsames Schauspiel in seinen Bann — wie auf einen unsichtbaren Befehl hin erhoben sich plötzlich die Tauchenten, die auf den Steinen der Mole gesessen hatten, in die Luft und flogen Hals über Kopf mit ungewohnter Hast auf das Ufer zu. Im gleichen Augenblick erscholl das durchdringende Wiehern eines erschrockenen Pferdes, und dann bäumten sich die beiden edlen Tiere des Königs hoch auf, verzweifelt rissen sie an ihrem Zaumzeug und schlugen wie wild um sich.

Haltas lief ein Schauer über den Rücken, obwohl er nicht recht wußte, warum; er blickte zum Himmel empor, aber das schwere Grau schien unverändert. Mit einem Mal schrie der Steuermann:

„Blickt nach Westen! Gebt acht!"

Angestrengt starrte Haltas aufs Meer hinaus, doch er konnte nichts Außergewöhnliches entdecken. Aber dort drüben . . . ja, jetzt sah er es! Im Westen hatte sich eine schwarze Wolke erhoben, die in rasender Geschwindigkeit näherkam und das Meer aufwühlte. Wie seltsam diese Wolke geformt war! Wie auf einem schwankenden Stengel erhob sie sich wie der zarte Hals einer Amphore über dem Wasser, nach oben hin schwoll das Gebilde jedoch in Spiralen zu gewaltigen Ausmaßen an; in erschreckender Schnelligkeit kam es wie ein schwarzer Wirbelwind donnernd und brausend näher. Ein Wasserwirbel!

Die Angstschreie von dem Schiff drangen gellend bis zum Ufer herüber, so daß die Menschen in wilde Panik gerieten. Die Sklaven warfen sich mit dem Gesicht aufs Deck nieder, die Frauen schrien und versuchten verzweifelt, mit dem eigenen Körper ihre Kinder zu schützen, die sie heftig an die Brust preßten; die Seeleute klammerten sich blindlings an den nächstbesten Gegenständen fest. Haltas sah, daß ein

Mann wie schutzsuchend in blindem Entsetzen einen Eimer umklammert hielt.

Haltas selbst war unfähig, sich zu rühren. Seine Beine gehorchten ihm nicht mehr, und die Haare standen ihm vor Entsetzen steil vom Kopf ab. Wie gelähmt blickte er zu dem rasch näherkommenden Ungeheuer hinüber, das jetzt bereits den ganzen Himmel verfinsterte. Auf seinem Wege des Untergangs und der Zerstörung packte der Wasserwirbel sodann das Schiff aus Pylos, riß es mit gewaltigem Griff empor und schleuderte es gleich darauf in einem wahren Ungewitter sausender Schiffsplanken, Segel und Menschenleiber gegen die Hafenmauer. All dies geschah in rasender Schnelligkeit; der Wasserwirbel donnerte ganz knapp am Schiff des Aitaleos vorüber, dann verschwand er nach Osten hin über dem Meer. Haltas nahm einen eisigen, faulig stinkenden Luftzug wahr, der über ihm dahinfuhr und ihn wie mit einer eisernen Faust an der Brust zu packen schien — dann stürzte er auf die Planken des Schiffes nieder.

Syrische Magie

Von der Besatzung aus Pylos, die noch wenige Minuten zuvor so fröhlich in See gestochen war, hatte sich auch nicht ein einziger Mann retten können. Die ruhig zurückrollenden Wogen hatten die Leichen des Königs Pandaros und einiger Seeleute an Land gespült. Nur drei Überlebende gelangten ans Ufer zurück — zwei waren Gefangene aus Lemnos, der Beuteanteil des Königs von Pylos, und der dritte war — schwerverletzt und mit blutüberströmtem Gesicht — der Prinz Suweros.

Der König von Mikrokoris beanspruchte die beiden Gefangenen nach dem alten Seerecht auf Schiffbrüchige für sich; dann aber sandte er unverzüglich seinen Leibarzt zu dem Sohn des Aitaleos. Der junge Prinz lag auf den weichen Fellen im königlichen Zelt, sein Geist aber schien für immer in die ferne, unterirdische Welt der Schatten wandern zu wollen.

Vier Tage lang verließ Aitaleos das Zelt auch nicht für einen Augenblick; und als Haltas dann den Lawagetas wieder vor der Kammer des Schlangengottes im Schiffsrumpf traf, erfuhr er eine böse Nachricht. Suweros hatte schwere Kopfverletzungen davongetragen, und seine Augen waren beinahe vollständig von Blutergüssen verdunkelt; er litt an heftigen Schmerzen und vermochte alle Dinge nur noch als Schatten zu erkennen. Der Arzt des Aitaleos und der Leibarzt des Königs von Mikrokoris lagen bereits seit vier Tagen vom Beginn der Morgendämmerung bis zum Sonnenuntergang auf den Knien, um die Hilfe aller Göttlichen Heilkundigen des weisen Ägyptens und der Inseln zu erflehen. Bis jetzt aber war alles vergebens gewesen; und er, Ethewas, war davon überzeugt, daß die Ärzte nichts ausrichten konnten, und daß Suweros sein Augenlicht — wenn nicht gar sein Leben — verlieren würde.

„Und niemand weiß", schloß der Erste Priester, „auf wen der Zorn des Aitaleos fallen wird, wenn seinen Erstgeborenen und einzigen Sohn dieses Schicksal ereilen wird!"

Haltas begriff auf der Stelle, daß jetzt ein noch drohenderes Schicksal als der Tod durch den Wasserwirbel über ihm hing, und vielleicht auch über seiner Mutter. Bereits jetzt schien eine dunkle Wolke böser Vorahnungen über dem Schiff zu schweben. Die Seeleute saßen schweigend und bedrückt an Deck und hatten kein Interesse mehr am Würfelspiel; sogar der friedliche Wagenaufseher Eumedes hatte seine heitere Gelassenheit verloren.

Am Morgen des fünften Tages zog Eritupina den Jungen beiseite. Das Gesicht der Sklavin war immer noch durch die entstellende Schminke verändert, aber Eritupina sah beunruhigt aus.

„Hast du etwas Neues aus dem königlichen Zelt gehört, junger Herr?" fragte sie schnell.

Haltas schüttelte den Kopf. „Seitdem der Prinz krank ist, habe ich meine Mutter nicht mehr gesehen und auch nichts Wichtiges erfahren können. Ich wollte dich bereits fragen, denn du hast doch sonst so zahlreiche Ohren wie die Nymphe Echo!"

Aber Eritupina ging heute nicht auf diesen Scherz ein, sie schien in ernster Sorge zu sein.

„Hast du wenigstens gesehen, daß der König von Mikrokoris gestern abend an Bord gekommen ist?"

„Aber ja! Der alte Geizhals ist natürlich wegen einer anderen Sache gekommen, sicher wollte er sich wieder einen günstigen Tausch einhandeln!"

Eritupina wisperte: „Es war allerdings ein Tausch . . . aber ein ganz besonderer. Ein Blutstausch gewissermaßen — der Schakal hat seine Beute dem Löwen überlassen!"

Haltas blickte die Syrerin fragend an, manchmal liebte es Eritupina, in aufreizender Art und Weise in einer poetischen Bildersprache zu reden. Dann aber erklärte sie sich deutlicher.

„Die Ärzte haben keinen Erfolg gehabt, und so haben sie Aitaleos davon überzeugt, daß Poseidon allen Achäern zürnt — daher ist Pandaros von Pylos umgekommen, und Suweros liegt mit bösen Geistern im Kopf im königlichen Zelt darnieder!"

Haltas nickte überzeugt.

„Warum willst du göttliche Dinge beurteilen, Eritupina?" entgegnete er. „Die Ärzte haben ganz recht — wir haben alle gehört, wie der König dem Gott Poseidon einen Stier versprochen hat, wenn uns Poseidon sicher in den Hafen bringen würde. Danach aber hat Aitaleos sein Versprechen vergessen. Der Meeresgott hat sich an den geizigen Achäern gerächt und dann den Wasserwirbel geschickt, um das Schiff aus Pylos zu versenken. Jetzt kommt Aitaleos natürlich nicht mehr mit einem Stier davon; er wird mindestens zwei prächtige Stierkälber opfern müssen, damit Poseidon besänftigt wird!"

„Aitaleos wird keine Stiere opfern! Das Opferblut auf dem Altar . . . wird menschliches Blut sein!"

Haltas starrte die Sklavin entsetzt an.

„Du bist von Sinnen, meine arme Amme!" rief er endlich. „Wenn wir noch in Myrina wären, dann würde ich glauben, daß dich ein Skorpion von den Felsblöcken gestochen und deine Sinne verwirrt hat! Aber hier auf dem Schiff gibt es keine Skorpione!"

Doch Eritupina nahm auch dies nicht übel, sondern hob nur die Schultern.

„Der König von Mikrokoris mag sich schön gefürchtet haben, sonst hätte er nicht wegen zweier Kriegssklaven verhandelt! So ist er natürlich sehr zufrieden, die Gefangenen nach Erhalt eines ordentlichen Lösegeldes wieder an Aitaleos abzutreten; das Geld wird er nach bestem Wissen dazu verwenden, die Waagschalen der Gerechtigkeit des Göttlichen Zeus wieder auszugleichen — so sagte er. Heute abend, sobald Menes, der Mond, am Himmel aufgestiegen ist, werden sie die Überlebenden des Wasserwirbels Poseidon opfern. Was erwartest du denn von diesen Barbaren des Westens? Überall am Großen Meer erzählt man sich die Geschichte einer mykenischen Königstochter, die der Göttin Artemis angeboten worden ist, um den Schiffen der Achäer günstigen Wind zu erbitten! An den Namen des Mädchens erinnere ich mich nicht mehr, aber sie war die Tochter eines Königs, das weiß ich gewiß!"[1]

„Auch ich habe diese Legende schon von den Sängern gehört", mußte Haltas zugeben und versuchte, sich unwissend zu stellen. „Aber wer glaubt denn schon diese phantastischen Geschichten?"

Die Furcht schnürte ihm jedoch die Kehle zu, so daß ihm die Stimme nicht mehr gehorchen wollte. Eritupina aber achtete nicht darauf; das Schicksal der unglücklichen Schiffbrüchigen kümmerte sie in Wahrheit recht wenig. Im Herzen der Sklavin war nur Raum für eine einzige Zuneigung, die zu Haltas und seiner Mutter nämlich; und nur die Gefahr, die ihnen drohte, ängstigte auch Eritupina. Ihr schlauer, erfinderischer Geist hatte sich jedoch bereits mit der Lösung dieses Problems beschäftigt.

„Höre mir zu, junger Herr", fuhr die Syrerin fort und ergriff Haltas beim Arm. „Ich sehe voraus, daß sich der Zorn des Aitaleos nicht mit der Opferung jener zwei Gefangenen begnügen wird, falls Suweros sein Augenlicht nicht wiedererhalten sollte. Dieser Arzt des Hofes aber kann sich nicht mit unseren Bergbäuerinnen messen, die sich darauf verstehen, bei günstigem Mond gewisse Heilkräuter zu sammeln. Jetzt höre auf meine Worte und vergiß nicht, was ich dir

[1] Die Sklavin meint das Opfer der Iphigenie, der Tochter des Agamemnon.

sagen werde — denn von deiner Geschicklichkeit kann unser aller Leben abhängen!"

Länger als eine halbe Stunde waren die beiden nun in ein eifriges Gespräch vertieft; endlich nahm Haltas all seinen Mut zusammen, ging zu dem königlichen Zelt hinüber und verlangte von der Wache:

„Melde dem König, daß Lamnios, der Sklave, einstmals Prinz von Myrina und Sohn des Königs Ertilaos, das Heilmittel für die Augen von Suweros kennt!"

An Bord waren alle bereits so ratlos, daß der Wachsoldat gar nicht auf die Idee kam, sich zu weigern, sondern schnurstracks im Zelt verschwand. Sogleich erschien er wieder und machte dem zitternden Jungen ein Zeichen, einzutreten.

Aitaleos saß zu Füßen des Bettes, in dem sein bewußtloser Sohn lag. Wie er so dasaß, das bärtige Kinn in die Hand gestützt, erinnerte der Löwe von Mykene wahrhaftig an ein verwundetes, wildes Tier in seiner Höhle; auch seine Stimme ähnelte dem rauhen Gebrüll eines gereizten Löwen.

„Dein Genius schütze dich vor der Lüge, Sklave von Lemnos; denn wenn du gekommen bist, um mit Aitaleos dein Spiel zu treiben, oder um deinen Vater an meinem Sohn zu rächen, dann wirst du hundert Tode sterben! Auch wir wissen unter Qualen zu töten, auch wenn wir diese Kunst nicht so meisterhaft beherrschen wie ihr Orientalen!"

Haltas versuchte, seine Knie fest durchzudrücken, denn sie schienen ihm immer weicher zu werden.

„König der Könige", erwiderte er kühn, „ich biete dir mein Leben dagegen! Und ich sage dir: wenn das Wissen meines Meisters im Tempel des Schlangengottes die Augen deines Sohnes nicht geheilt hat, bevor noch Menes, die bleiche Herrin des Himmels, dreimal ihren Weg zurückgelegt hat — dann sollst du mich, so wie es dir gefällt, in die Unterirdischen Reiche schicken!"

Beim Namen des Schlangengottes horchte Aitaleos auf, und sein Gesicht glättete sich ein wenig. Haltas sah jedoch, daß dafür der Erste Priester, Ethewas, die Augenbrauen zusammenzog, obwohl er sich im Hintergrund des Zeltes befand und sich den Anschein gab, nicht zuzuhören. Daher fügte der Junge denn schnell hinzu:

„Ich muß dir allerdings gestehen, o König, daß all meine Kunst sowie die Worte der heiligen Magie vergebens sein werden, wenn du mir nicht die Hilfe der Mächtigsten Göttin von Mykene versprechen kannst!"

Aitaleos lächelte beruhigt.

„Die Mächtigste Herrin ist unsere Göttliche Mutter, und mein Haus steht unter ihrem Schutz. Außerdem wirst du nicht wissen, daß der Erste Priester des Tempels von Mykene hier auf meinem Schiff ist. Du, ein Sklave, darfst den Namen unserer Göttin nicht anrufen, daher wird der Lawagetas in deiner Nähe bleiben und dich unterstützen! Aber denke daran — wenn du die Augen meines Sohnes nicht rettest, dann wirst du deinen Kopf verlieren!"

„Dann wird mein Kopf fallen, das weiß ich!" Haltas nickte zustimmend. „Jetzt aber mußt du mir einige Dinge beschaffen, ohne die ich mein Vorhaben nicht beginnen kann. Zuerst brauche ich eine soeben getötete Taube . . ."

„Die Tauben sind der Mächtigsten Göttin heilig!" sagte Ethewas jetzt mit ruhiger Stimme zum König gewandt. „Ich glaube jedoch, o mein König, daß die Magie dieses Jungen von guter Art ist!"

Und Haltas schien es, als ob über das Gesicht des Ersten Priesters ein leichtes Lächeln der Zustimmung glitte, wie ein Versprechen gemeinsamer Verbundenheit. Er fühlte sich ein wenig sicherer und beschloß, daß es nichts schaden könne, wenn er Eritupinas Anweisungen gerade noch so viel hinzufügte, daß die Wichtigkeit seiner Person noch ein wenig betont wurde. Die Kur, die Suweros jetzt bekommen sollte, hatte nämlich mit den Tempelgeheimnissen des Schlangengottes überhaupt nichts zu tun. Es war ein sehr altes Heilmittel, das seit Urzeiten von den Ärmsten der

Armen in Syrien angewendet wurde — von den Menschen, die zu arm waren, um den Arzt wenigstens mit einem Maß getrockneter Feigen bezahlen zu können.

„Die Taube muß schneeweiß sein!" erklärte Haltas dann. „Außerdem benötige ich ein Rasiermesser, das kürzlich zwanzig mal zwölf Umdrehungen über den Schleifstein gehalten worden ist, sowie einen vollkommen sauberen, silbernen Becher, der in kochendem Quellwasser gereinigt worden ist. Diesen Becher bitte ich dich zu weihen, o Herr!" fuhr Haltas fort und verbeugte sich vor Ethewas.

Kurze Zeit später eilte ein achäischer Matrose mit einer Taube herbei, deren weiße Flügel noch im Todeskampf zuckten. Haltas zog ihr den tödlichen Pfeil aus der Kehle und ließ das warme Blut aus der Wunde in den Silberbecher fließen; bevor das Blut gerinnen konnte, murmelte er schnell ein Gebet zum Schlangengott, eine alte Fürbitte, die der „Weise aus dem Orient" die Priester des Tempels gelehrt hatte. Es waren Worte einer uralten Sprache, die heute niemand mehr verstand, auf die jedoch gerade darum respektvoll, wenn nicht furchtsam gelauscht wurde.

Sogar Aitaleos befand sich in großer Erregung, vor Spannung und Nervosität standen ihm dichte Schweißperlen auf der Stirn. Nur der Erste Priester schien wenig beeindruckt zu sein; er hielt mit aneinandergelegten Fingerspitzen Suweros' Augenlider geöffnet, während Haltas zuerst in das eine, dann in das andere Auge Tropfen auf Tropfen des noch warmen Blutes träufelte.

„Der Prinz!" rief Haltas endlich laut aus und richtete sich aus seiner regungslosen Stellung auf.

Später entfernte der Erste Priester die Ärzte von dem Lager des königlichen Patienten und wachte selbst drei Tage und drei Nächte lang bei dem Prinzen — ohne Schlaf, aber so gleichmütig wie stets.

Haltas jedoch überfiel Eritupina mit zahllosen Fragen und Zweifeln.

Am ersten Tage nach der Kur ging es Suweros tatsächlich schlechter. In seinem Fieberwahn schrie er so laut, daß es bis zur Insel hinüber zu hören war. In dieser Nacht tat Haltas kein Auge zu, und bei Sonnenaufgang mußte er all seinen Mut zusammennehmen, um zum zweitenmal das Taubenblut in diese krankhaft erweiterten Augenhöhlen zu träufeln, die ihn blicklos anstarrten.

Schweigend blieb Aitaleos auch während dieser Behandlung im Zelt, aber seine Miene war jetzt so furchterregend, daß Haltas das Blut in den Adern gefror. In dieser zweiten Nacht jedoch verstummten die Schreie des Kranken, so daß auch Haltas endlich etwas Schlaf fand.

Bei der Morgendämmerung des dritten Tages weckte Eritupina den Jungen aus dem Schlaf. Vor ihm stand Ethewas, der selbst gekommen war, um Haltas zu holen.

„Der Prinz!" rief Haltas entsetzt, als er den Ersten Priester erkannte. „Ist er tot?"

„Du bist ein seltsamer Wunderheiler", erwiderte der Priester mit leichtem Spott, „wenn du so sehr an dir selbst zweifelst! Ich habe niemals zuvor einen Heilkundigen getroffen, der glaubte, er könnte sich irren!" Dann fügte er lächelnd hinzu:

„Dein Kopf ist gerettet, Junge, denn du hast dem Prinzen das Augenlicht wiedergegeben! Komm mit, Suweros selbst hat nach dir verlangt!"

Und so war es — der Prinz Suweros saß aufrecht auf seinem Lager, die Schultern von einem fellbezogenen Schild gestützt und trank aus einer Tasse, die Mayno ihm hinhielt. Die Fieberröte auf seinem Gesicht war vergangen, des Prinzen Augen waren zwar noch verschwollen, die Hornhaut jedoch war nicht mehr so rot geädert.

„Mein Sohn verdankt sein Leben und Augenlicht der Gnade der Mächtigsten Göttin sowie den heiligen Sprüchen, die der Gott Ophis dir enthüllt hat!" rief Aitaleos schnell, sowie er Haltas gewahrte. „Niemand aber, der mit achäischer

Zunge spricht, soll Aitaleos von Mykene undankbar nennen, auch wenn du nur ein Sklave bist, und Zeus selbst gebietet, daß man dem Sklaven nichts schuldet, noch nicht einmal Dankbarkeit. Suweros jedoch ist mein einziger Sohn! Daher erbitte dir alles, was du willst — außer der Freiheit — und es sei dir gewährt! Silber, Leinen, neues Schuhwerk ... alles, was du begehrst!"

Haltas mußte wieder daran denken, was ihm Eritupina vor drei Tagen erzählt hatte. Mit einer schnellen Bewegung nahm er daher dem Ersten Priester die weiße Leinenbinde vom Arm, das Zeichen seiner Priesterwürde, und hob sie schweigend empor.

„Um wessen Leben bittest du mich also nach achäischer Sitte, Sklave von Lemnos?" fragte der König erstaunt.

„Du hast vom König von Mikrokoris zwei gestrandete Sklaven gekauft, die dem König von Pylos gehörten, Herr!" antwortete Haltas bittend. „Sie sind Männer meines Landes. So bitte ich dich denn nun um einen Beweis deines Großmuts, o Löwe von Mykene! Gewähre mir für die Augen deines Sohnes ihr Leben ..."

Aber mit einer ungeduldigen Bewegung hieß der König ihn schweigen. Mit plötzlich wieder finsterem Gesicht wandte sich Aitaleos an Ethewas.

„Lawagetas! Sorge dafür, daß der Junge einen silbernen Dreifuß von mir bekommt!" befahl der König. Dann warf er seinen Mantel über den Arm und verließ das Zelt. Verständnislos blickte Haltas ihm nach. Der Erste Priester jedoch legte ihm die Hand auf die Schulter.

„Dein Herz ist großzügig, Junge", sagte er sanft, „aber auch der König selbst kann dir das nicht zurückgeben, was er bereits dem Meeresgott versprochen hat!" Dann blickte er den armen Haltas, der jetzt zögernd zu begreifen schien, bedeutsam an und nickte zweimal mit dem Kopf.

„Morgen früh bei Sonnenaufgang werden wir die Anker lichten. Der Wind hat sich gedreht, nachdem die beiden Opfer, die der Zorn des Gottes getroffen hatte, in den Fluten versunken waren. Ist das nicht ein deutliches Zeichen des Göttlichen Willens?"

Aber der Junge gab keine Antwort, denn die Worte des Ersten Priesters vermochten ihn nicht zu trösten. Er sah vielmehr den verzweifelten Kampf der beiden Unglücklichen vor sich, die schreiend versuchten, sich vor den aufgewühlten Wogen in Sicherheit zu bringen ... Was nützte es dem Menschen schon, sich mit allen Kräften gegen den Untergang zu wehren, wenn ihn nach dem Entrinnen aus einer tödlichen Gefahr bereits aufs neue der Tod erwartete?

Die Stimme von Suweros riß ihn endlich aus seinen düsteren Gedanken. Diese Stimme klang zwar immer noch recht gebieterisch, aber nicht mehr so verächtlich wie noch vor einigen Tagen. „Komm näher, Lamnios!" befahl der Kranke. „Hast du gehört, es ist sinnlos, sich nicht in das Unvermeidbare zu fügen! Mein Vater sagt, daß du mir das Augenlicht gerettet hast, der Lawagetas jedoch meint, ich schulde dir mein Leben! Eines aber weiß ich gewiß – ich habe die Schwelle der Unterirdischen nicht hinter mir zurückgelassen, um auf diesem Bett hier vor Langeweile zu sterben. Und ich glaube, daß ich mich weniger langweilen werde, wenn du in meiner Nähe bist. Sicher aber bist du nicht so dumm wie der Arzt und die Soldaten, die sich nur aufs Würfeln und Streiten verstehen ... komm her zu mir, und ich werde dir von Mykene erzählen!"

Haltas schaute empor und blickte in die Augen seiner Mutter; und er entdeckte zum ersten Mal seit der Abfahrt von Myrina neben all der Trauer auch wieder einen Hoffnungsschimmer auf ihrem Gesicht. Da überkam auch ihn neue Zuversicht.

Am Morgen des nächsten Tages würden sie in See stechen. Die Schrecken von Mikrokoris blieben hinter ihnen zurück, und vielleicht hielt das verhüllte Gesicht der Zukunft nach so vielen Tränen endlich auch wieder ein Lächeln bereit.

Die Feuer der Rückkehr

Die Vorbereitungen zur Abfahrt wurden nun in einem Tage abgeschlossen. Da der König von Mikrokoris keine Hoffnung mehr hatte, den Aufenthalt dieser einträglichen Kunden noch weiter auszudehnen, hatte er beschlossen, seine Gäste endlich mit den notwendigen Vorräten auszustatten. Die Schatzkammer des Königs allerdings war mit Hilfe der Achäer wohl aufgefüllt worden, die bronzebeschlagenen Türen waren mit einem Geheimschloß verriegelt, das nur dem König selbst und dem liebsten seiner Schwiegersöhne bekannt war. Der König war mit allem wohlversehen — jede Elle Schiffsleinwand, jedes Maß Korn, Pech oder getrockneter Feigen sowie jede Elle Holz der Insel stammte aus den königlichen Magazinen. Als der Alte jetzt seine Vorräte kontrollierte, fiel das Licht der Fackel, die sein Schwiegersohn hoch emporhielt, auch auf einen kleinen, aber auserwählten Anteil von Schätzen, die die Achäer in Myrina geraubt und dem König von Mikrokoris als Gastgeschenk in einer Amphore überreicht hatten.

„Das Jahr ist nicht übel gewesen!" erklärte der König befriedigt. „Nein, es ist durchaus nicht schlecht gewesen!" Besonders die Opfer für Poseidon hatten eine gute Ausbeute gebracht — eine Amphore voller Gold, vom Gewicht zweier ägyptischer Kornmaße.

„Und außerdem noch den Schemel aus Elfenbein und die beiden silbernen Dreifüße!" zählte der Schwiegersohn auf. Dann aber runzelte er die Stirn. „Lag hier nicht auch noch eine Kette aus goldenen Blättern, mein Vater? Neben dem Kupferdiadem dort!" Der König setzte eine beleidigte Miene auf, wie ein Ehrenmann, der zu Unrecht verdächtigt wird.

„Die goldene Kette habe ich mit eigenen Händen der hölzernen Statue des Zeus in unserem Tempel an der Landzunge umgehängt! Das vergossene Blut der beiden Opfer ist natürlich nicht meine Schuld — möge es über Aitaleos von Mykene und all diese Barbaren aus dem Westen kommen, das wäre gerecht! Aber die Vorsicht gebietet, uns das Wohlwollen des Gottes zu erhalten, der die Waagschalen der Gerechtigkeit in den Händen hält!"

„Ich verneige mich vor deiner Weisheit!" gab der Schwiegersohn ehrerbietig zurück, bei sich aber dachte er: da fürchtet sich der Alte vor dem kommenden Tod und will sich noch zu guter Letzt mit den Göttern gutstellen — auf unsere Kosten!

Gleich darauf aber fuhr ein schlaues Lächeln über sein Gesicht.

„Glaubst du nicht, o weiser Vater, daß dieses reichverzierte Kupferdiadem der Würde des Gottes noch besser entspräche? Ein Diadem ist das Symbol des Königtums, während die Kette auch ein Würdenträger Dritten Ranges tragen kann!"

Der Alte erwiderte mit kaum verhohlener Bewunderung: „Ich tat also recht daran, Sohn, dich unter all meinen Schwiegersöhnen zu bevorzugen!" Damit umarmte er den jungen Mann. „Natürlich ist das Diadem besser! Noch heute nacht werde ich es gegen die Kette austauschen, denn gegen Mitternacht wird die Zelle des Tempels leer sein, da der Priester vom Wein der Festlichkeiten berauscht im Schlaf liegen wird. Zeus wird mit dem Diadem ebenso zufrieden sein — ich glaube, der Gott selbst hat dir die Idee zu diesem Tausch eingegeben!"

„Ich habe in der Tat so etwas wie einen Hauch der göttlichen Natur an meinen Schläfen gespürt", gab der junge Mann mit frecher Miene zurück, „und in diesem Augenblick wurde die Idee in meinem Hirn geboren! Allerdings wäre es noch sicherer" fügte er dann plötzlich wie unter einem leisen Zweifel hinzu, „wenn du dich von etwas Silber trennen würdest — hier, von diesem einfachen Armreif vielleicht —, um davon etwas syrischen Weihrauch zu kaufen, den wir zu Ehren des Zeus verbrennen!"

Der König runzelte die Stirn. Bei allen Göttern aller Tempel, welches Ungemach hatte ihn dazu bestimmt, acht von fünfzehn unnützen Töchtern aufzuziehen, die ihm seine drei ebenso unnützen Ehefrauen geschenkt hatten! Dazu kamen dann auch noch acht höchst überflüssige Schwiegersöhne!

Der Alte seufzte bitter, aber der Junge drängte: „Vater, denke doch nicht, daß Aitaleos mit leeren Händen zum Abschiedsmahl kommen wird! Der König der Könige ist zwar ein Barbar, aber er kennt die Bräuche und ist großzügig!"

„Bei Hermes, das ist wahr!" Das Gesicht des Alten hellte sich wieder auf. „Niemals vergißt ein König die Abschiedsgeschenke. Nimm also den Armreif, denn ich muß mich mit den Anweisungen für das Festmahl eilen! Sonst wird die sinnlose Verschwendungssucht der Frauen noch mein Haus ruinieren!"

So saßen denn Aitaleos und Ethewas mit den ersten Würdenträgern des Hofes zum letzten Mal in der verräucherten Halle des Königs von Mikrokoris. Die achäischen Krieger und Seeleute aber sangen zum letzten Male in den Tavernen des Königreiches, berauscht von dem schweren, harzigen Wein von Chios. Haltas jedoch lag auf Deck ausgestreckt, den Kopf bequem auf zusammengerolltes Tauwerk gestützt und blickte träumend zum Himmel empor.

Als am nächsten Morgen im Osten der erste Lichtschein am Horizont erschien, wurde der Junge vom lauten Geschrei zorniger Stimmen von seinem harten Ruhelager aufgeschreckt. Vier Achäer wurden soeben von zwei Wachen aus Mikrokoris sowie dem Schwiegersohn des Königs energisch an Bord des Schiffes gebracht, dort empfingen der Wagenaufseher Eumedes mit zwei Höflingen des Aitaleos die vier mit der Ochsenpeitsche und einem Schwall von Schimpfworten.

„Undankbare Gesellen!" donnerte Eumedes. „Jetzt, da ihr euren Anteil bekommen habt, wollt ihr uns im Stich lassen! Sich wie die Ratten in den Löchern zu verstecken, damit sie nicht in See zu stechen brauchen! Und wer, glaubt ihr wohl, hätte dafür bezahlt, wäre in Ungnade gefallen und euretwegen am höchsten Mastbaum mit einer Schlinge um den Hals aufgeknüpft worden? Ich, der euch am besten versenken und einen Anker an die Füße binden sollte, damit ihr nicht wieder an die Wasseroberfläche kommt! Ich, ich, ich!" Und bei jedem „Ich" sauste der Ochsenziemer auf die Rücken der Flüchtlinge herab.

Die vier hüteten sich wohl, etwas zu ihrer Verteidigung vorzubringen; schützend verschränkten sie die Arme gegen die herunterprasselnden Hiebe über dem Kopf und versuchten, so schnell wie möglich wieder auf ihre Plätze zu schlüpfen. Nur einer von ihnen, ein hübscher Junge von etwa zwanzig Jahren, klammerte sich ungeachtet der Schläge an der Reling fest und starrte zum Strand hinüber, als ob er jemanden erwarte.

Haltas kam neugierig näher. Die Schiffstreppe war bereits emporgezogen, der Anker schleifte tropfend an der Schiffsflanke vorbei, und die Seeleute feuerten sich mit lauten, rhythmischen Rufen zum Rudern an — da stürzte plötzlich eine junge Frau in großer Hast an den Strand, breitete die Arme aus und rief laut einen Namen, den Haltas nicht kannte. Ihre Stimme jedoch klang so durchdringend und herzzerreißend, daß Haltas ein Schauer über den Rücken lief. Der junge Achäer war beim ersten Schrei heftig zusammengezuckt, aber kein Laut kam über seine Lippen. Als sich das Schiff dann, kräftig vorwärtsgetrieben von sechzig Rudern, mit vermehrter Geschwindigkeit allen anderen Schiffen voraus der Hafenausfahrt näherte, wandte der junge Soldat der zurückbleibenden Frau am Strand endlich den Rücken zu und ging davon.

„Wieder eine, die bittere Tränen weint!" murmelte Eritupina da neben Haltas. „Schau dir diesen Anblick gut an, junger Herr, denn auch du bist dazu bestimmt, uns weinen und leiden zu lassen, da du als Mann geboren bist!"

Die Sklavin sprach mit so viel Zorn in der Stimme, daß der arme Haltas erschrocken zurückwich, obwohl er sich doch vollkommen schuldlos fühlte.

„Wenn's nicht der Krieg ist, dann sind es die Beutezüge, und wenn sie es nicht sind, dann ist es das Abenteuer!" fuhr Eritupina immer düsterer fort. „Auch mein Vater ist mit seinen Kamelen und Warenballen in der Wüste umgekommen, als er einen neuen Weg nach Ägypten suchte. Und wegen dieses ‚neuen Weges' konnte dann sein Gläubiger mich und meinen Bruder als Sklaven auf dem Markt verkaufen. Aber was kümmert es die Männer schon, wer weinend zu Hause zurückbleibt? Immer sind es die Frauen, ihr Schicksal heißt Schweigen und Leiden!"

„Die Frauen! Sie sind die Töchter der Zwietracht, doppelzüngig wie die Nattern und dazu auch noch giftig!" schrie Suweros und warf sich so heftig auf seinem Lager herum, daß die Felldecken auf die Planken flogen. Haltas suchte sie wieder zusammen und breitete die Felle sorgsam über die Beine seines Patienten. Ein Lächeln aber wollte dem jungen Sklaven nicht gelingen. Seit zwei Tagen und zwei Nächten wurde das Schiff des Aitaleos von einem günstigen Wind getrieben, so daß es geschwind die Wogen zerteilte. Da hatte Haltas-Lamnios genügend Zeit gehabt, festzustellen, daß Suweros zum Thema Frauen genau die entgegengesetzte Meinung vertrat wie Eritupina.

„Da vermehrt also der Sklave von Lemnos noch die üblen Launen des Kranken!" erscholl die honigsüße Stimme des ägyptischen Arztes, der eilig herbeigelaufen kam, um seine Besorgnis zu zeigen. Seit der Abfahrt von Mikrokoris kämpfte der Hofarzt mit allen Mitteln gegen Haltas; aber er gab sorgsam acht, seine wütende Eifersucht zu verbergen, da nunmehr alle — auch der König und der schlaue Lawagetas — diesem kleinen Scharlatan dort blindlings zu vertrauen schienen, der über ihn triumphiert hatte, den anerkannten Weisen und Günstling des Hofes. Und auch jetzt bereitete der Prinz dem Hofarzt wieder einen schlechten Empfang.

„Warum läßt du uns denn nicht endlich in Frieden, du ägyptischer Skorpion! Nicht Lamnios erregt meine Leber, sondern du! Lamnios dagegen weiß immer alles, was ich will; er versteht mich zu unterhalten und belästigt mich nicht mit dunklen Binden und Arzneien, die mir Übelkeit verursachen. Er ist ein hundertmal besserer Arzt als du! Und jetzt geh fort, und wag es nicht, vor der Stunde des Nachtmahls wieder zu erscheinen, hast du verstanden? Und du, Lamnios, nimm die Leier und spiel mir das Lied, das du mir gestern vorgesungen hast, ja, das Lied von der Weinlese!"

Der Arzt wandte sich ab, bevor er jedoch verschwand, warf er Haltas einen so haßerfüllten Blick zu, daß der Junge seufzte. Warum begriff Suweros nicht, daß er ihm mit seinen Launen einen tödlichen Feind schaffte! Er berührte die Saiten des schönen, silbernen Instrumentes, das ihm der Prinz in einem plötzlichen Anfall von Großzügigkeit geschenkt hatte. Ja, Suweros konnte ebenso großzügig wie grausam sein und so unstet wie das Meer; blinder Wut war er ebenso fähig wie der zärtlichsten Geste. Haltas aber war dieses Wesen fremd. Jetzt lauschte der Prinz ruhig dem heiteren Chor der Weinleser, die, mit den Körben auf der Schulter, in den felsigen Weinbergen Myrinas umherkletterten. Suweros hatte sich die Augenbinde abgenommen und schaute lächelnd aufs Meer hinaus, so als ob er am Horizont ein vertrautes Bild sähe; sicher dachte er an Mykene. Aber auch Mayno ließ bei der sanften und einschmeichelnden Musik für einen Augenblick die arbeitsamen Hände ruhen und lächelte; als ihr Sohn dann vor dem letzten Vers eine Atempause machte, ging sie zu ihm hinüber und brachte ihm mit einer liebevollen Bewegung die Tunika auf der Schulter wieder in Ordnung.

Da flog plötzlich einer der Schuhe des Prinzen sausend durch die Luft und traf den erschrockenen Haltas mitten ins Gesicht, er hatte dem Schuh nicht mehr rechtzeitig ausweichen können und starrte nun Suweros sprachlos vor Verblüffung und Schrecken an. Der Prinz war erbost und schrie jetzt ebenso jähzornig wie sein Vater zuweilen: „Genug! Schweig mit diesem törichten Gejammer! Geh fort, noch besser verschwindet ihr beide, du und deine Mutter! Ihr langweilt mich, verstehst du? Fort mit euch, fort!"

Ein paar Minuten später saß Haltas zusammengekauert im Heck und erzählte alles Eritupina. Auch er war jetzt aufs äußerste erregt.

„Er muß verrückt sein, ein Gott mag ihm den Geist verwirrt haben! Meine Musik hat ihm immer gefallen, und er hatte mich selbst um dieses Lied gebeten. Dann aber wird er von einem Moment zum anderen zur Bestie!"

„Ein wütender, junger Löwe!" erklärte Eritupina. „Der arme Junge!"

„Armer Junge?" stotterte Haltas vor Wut und Verblüffung. „Er ist der Glücklichste aller Sterblichen! Als Sohn des größten Königs des Okzidents braucht er nur den Mund aufzutun, damit ihm sein Vater jeden Wunsch erfüllt!"

„Aber er ist nicht glücklich, und er quält dich, weil er neidisch auf dich ist. Hast du das noch nicht begriffen? Suweros hat einen Vater, der ihn wie seinen Augapfel liebt, aber seine Mutter lebt nicht mehr. Und es heißt, daß am Hof von Mykene eine junge, schöne Prinzessin aus Kreta die Rückkehr ihres Gatten Aitaleos erwartet . . . aber glaubst du, daß sie auch auf Suweros' Rückkehr wartet? Die Erste Gemahlin des Herrschers, die Königin, ist zwar tot, aber ihr Sohn ist der Lieblingssohn des Königs, und diesen Sohn haßt die schöne Theodora — auf ihn ist sie eifersüchtig!"

Haltas unterdrückte die Frage, die ihm auf die Lippen

kam: „Wer hat dir all das gesagt?" Er wußte nun bereits, daß Eritupina jedes Geheimnis kannte, auch die Geheimnisse, an die die Betroffenen selbst wohl lieber nicht dachten.

„Suweros soll unglücklich sein?" überlegte er dann. „Und eifersüchtig auf mich, einen Sklaven?" Dann aber fiel ihm die liebevolle Geste seiner Mutter wieder ein — der Schuh hatte ihn genau in diesem Augenblick getroffen. Ja, Eritupina hatte wieder einmal recht, vielleicht hatte sie sogar recht damit, „armer Suweros" zu sagen ... aber dann konnte sie auch ebensogut „armer Haltas" sagen!

„Auch wenn wir seit zwei Tagen ruhig über das Meer segeln", fuhr der Junge dann fort, „mir ist so, als müßte ich in einer Muschel das wütende Meer überqueren. Einmal werde ich hoch auf einen Wellenkamm emporgehoben und gleich darauf wieder in den tiefsten Abgrund geschleudert!"

„Und da erhebt sich deine Muschel bereits wieder auf den Wellenkamm, mein Herr!" lachte Eritupina und wies auf den Wachsoldaten, der laut rufend näherkam:

„Der Sklave Lamnios! Wo ist der Sklave des Prinzen? Ah, da bist du ja! Verlaß deine syrische Hexe einen Augenblick und eil' dich, du weißt, daß Suweros nicht gern wartet!"

Suweros empfing seinen Sklaven nunmehr mit einem ruhigen Lächeln unter der schwarzen Augenbinde, die er wieder angelegt hatte. Das war ein sicheres Anzeichen, daß sich seine Stimmung zum Guten gewendet hatte. So wandte er sich denn wieder seinem Lieblingsthema zu.

„Erzähl mir noch einmal von den Kamelen!" befahl er. „Können sie wirklich schneller als die Pferde über den Wüstensand rennen? Oh, wie gern würde ich sie einmal reiten!"

Haltas teilte nicht die Leidenschaft Suweros' für die Tiere, die schnell laufen und einen auf dem Rücken tragen konnten. „Wenn du es einmal versucht hättest, würde es dir keinen Spaß mehr machen! Eines Tages mußte ich auf den Rücken eines dieser Tiere klettern, die in unseren Ställen lebten, ein Wüstenkönig hatte uns die Kamele geschenkt. Aber die Gangart dieses Kamels hat mich so durchgeschüttelt, daß ich das Gefühl hatte, der Kopf würde mir von den Schultern fliegen. Reiten macht mir wirklich keinen Spaß."

Suweros lachte und meinte nachsichtig: „Du hast eben noch niemals auf einem Pferderücken gesessen! Und noch weniger bist du mit voller Geschwindigkeit auf einem leichten Streitwagen dahingefahren. Das würde dir auch Spaß machen! Die Wagenräder schlagen Funken auf den Steinen, die Mähnen der Pferde fliegen im Wind wie Fackeln im Luftzug, die Hufe der Tiere wirbeln durch die Luft und donnern über den Boden ... du aber wirst in rasender Geschwindigkeit vorwärtsgetrieben, in einer Staubwolke wie bei Erscheinen der Götter! Die Speere und Schwerter halten dich vergebens auf, und kein Schild vermag dem Ansturm eines Streitwagens zu widerstehen. Die Bogenschützen treffen nur selten ein Ziel, das sich so schnell bewegt, und bald wenden sich dann alle zur Flucht; die Wagenräder begraben die Leiber der Fliehenden unter sich, und der Gott der Schlachten selbst, der unbesiegte Enyalios, stimmt dann die Siegeshymne an!"

Suweros' Stimme klang jetzt tatsächlich wie eine Kriegsfanfare.

Bitter und kaum wahrnehmbar antwortete ihm Haltas:

„Auch mein Vater ist von einem Streitwagen begraben worden!"

Nun entstand ein tiefes Schweigen. Endlich fuhr der Sohn des Aitaleos fort:

„Das ist wahr! Deine Mutter lebt noch, aber du hast keinen Vater mehr. Dein Vater war ein weiser Mann — so hieß es auf den Inseln — und ein guter König für Myrina. Aber seine Stunde war gekommen, und wer kann sich diesem Zeitpunkt widersetzen! Noch nicht einmal die Söhne der Götter! Höre", fügte er dann hinzu und tastete nach Haltas'

Schulter, „ich bin froh, daß dein Vater nicht unter meinem Streitwagen gefallen ist, sondern unter dem des Königs von Orkomenos. Und mir gefällt dein Leierspiel sehr, daher möchte ich dich belohnen. Ich werde dir ... ich werde dir meinen Kupfergürtel schenken, auf dem eine Eberjagd als Relief eingehämmert ist. Das ist ein wunderschönes Geschenk!" schloß er befriedigt, denn wer tat schon so viel, um einen Sklaven zu trösten?

Aber bereits am folgenden Abend, dem dritten Tag seit der Abfahrt von Andros, war die Stimmung des Prinzen wieder umgeschlagen. Haltas hatte kaum das königliche Zelt betreten, als er diesen neuen Stimmungswechsel auch schon bemerkt hatte. Der junge Sklave teilte seit einiger Zeit die Mahlzeiten mit seinem Herrn, und zwar mit dem größten Vergnügen — denn die königlichen Speisen waren in der Tat etwas anderes als die muffigen Brote der Sklaven. Nach altem Seefahrerbrauch gab es das Abendessen vor Sonnenuntergang.

Aber Suweros wollte nichts essen. Er warf die Tafel, die ihm als Eßtisch diente, voller Zorn zu Boden, so daß der Fisch, das gesalzene Schweinefleisch sowie der Gerstenbrei durcheinanderfielen; daneben breitete sich aus einem wunderschönen silbernen Becher, der zum Kronschatz von Myrina gehört hatte, ein roter See aus. Mayno kniete schweigend am Boden und versuchte, den Wein zu trocknen.

Haltas zitterte vor Empörung, als er die Mutter in dieser demütigen Haltung sah, und sofort war die beginnende Sympathie, die er zuweilen für den „armen Suweros" gehegt hatte, wieder verflogen. Obwohl das große Stierfell die Schritte dämpfte, hatte der Prinz Haltas kommen hören, jetzt wandte er ihm sein finsteres Gesicht zu.

„Du kommst zur rechten Zeit, Sklave! Such diesen Mehlbrei dort zusammen und probier ihn. Probiere ihn und dann sag mir, ob der Koch, der diesen Brei zusammengerührt hat, nicht die Peitsche verdient! Und nicht nur die Peitsche, er soll für die ganze Nacht am Mastbaum festgebunden werden!"

Haltas gab keine Antwort, denn er wußte, daß es jetzt am besten war zu schweigen. Mühsam bezwang er seinen Zorn und beschränkte sich darauf, mit ernstem Gesicht den Gerstenbrei zu probieren. Er brachte es sogar fertig, ein paarmal mit den Lippen zu schnalzen, dann meinte er:

„Vielleicht hat die See heute morgen deinen Magen durcheinandergebracht, Suweros, denn es war hoher Wellengang! Dabei ist ein schlechter Geschmack auf deinen Lippen zurückgeblieben, so daß dir jetzt alles bitter schmeckt. Der Gerstenbrei ist ausgezeichnet!"

Das Gesicht des Prinzen verzog sich wie die Miene eines unartigen Kindes, er richtete sich mit einem Ruck auf den Fellen seines Lagers auf und schrie:

„Also wollt ihr mir alle widersprechen, alle! Ich sage dir, daß niemand diesen bitteren und klumpigen Brei essen kann! Niemand, noch nicht einmal Windspiel würde ihn anrühren!"

Mit einem Mal riß er sich die Augenbinde ab; der Arzt, der in einer Ecke gesessen hatte, ließ als Protest ein schwaches Stöhnen hören.

„. . . und bei der Göttin der Ernten, ich werde es ausprobieren! Hol Windspiel und bring ihn sofort hierher! Du wirst es sehen, ihr alle werdet es erleben, daß mein edles Pferd diesen ungenießbaren Brei nicht anrühren wird!"

Haltas wurde purpurrot, er ballte die Fäuste. Jetzt war er verloren, denn seine Furcht vor den Pferden war keineswegs geringer geworden, seitdem er diese Tiere zum ersten Mal gesehen hatte. Er machte stets einen großen Bogen um die beiden Tiere und war fest davon überzeugt, daß er niemals ein Pferd reiten würde, ja, er wollte sich noch nicht einmal in die Nähe eines dieser Ungeheuer wagen. Obwohl Suweros' Augen immer noch schmerzten und gerötet waren, so gewahrte er doch auf der Stelle den veränderten Gesichtsausdruck seines Sklaven, und seine Augen funkelten boshaft auf. Der Gedanke, diesem furchtsamen Sklaven einen schlimmen Streich spielen zu können, vertrieb ihm mit einem Schlag die Langeweile.

Es wird ihm guttun, einmal seinen Mut zu beweisen! dachte der Prinz zufrieden. Dann schrie er, scheinbar immer zorniger:

„Also, worauf wartest du noch, Lamnios? Geh! Windspiel ist mit dem Zaumzeug bei der Haltestange angebunden. Binde ihn los und bring ihn hierher. Er wird mit Leichtigkeit die Schwelle überschreiten, und das Zelt ist groß genug für beide Pferde, nicht nur für eines von ihnen!"

Der Arzt ergriff unverzüglich die Gelegenheit, sich an Haltas zu rächen.

„Ich kann keine Verantwortung für den Gesundheitszustand des Prinzen übernehmen", erklärte er und schüttelte besorgt den Kopf, „wenn man ihm weiterhin so widerspricht. Die bösen Launen könnten von der Leber bis zum Zwerchfell aufsteigen, dem Sitz des Lebens — wie der Sklavenzauberer wohl weiß — und dann . . ."

Haltas begriff sehr wohl, daß sich die beiden aus Launenhaftigkeit und aus Neid an seiner Furcht weiden wollten. Ganz sicher erwarteten sie, daß er sich jetzt vor ihnen auf die Knie warf und um Gnade flehte. Eine Blutwelle schoß ihm ins Gesicht, verächtlich sah er den Ägypter an und verbeugte sich dann übertrieben tief vor Suweros, dann ging er hinaus.

Die Sonne hatte ihren Feuerwagen bereits zur Ruhe in die Ställe der Nacht gebracht, nur ein gelblicher Schein war noch am Horizont zu sehen. Der Abend hatte zwischen dem Tauwerk die ersten herbstlichen Nebelschleier aufgehängt, die alle Dinge zu vergrößern schienen. Im Bug zündeten einige Seeleute die große Hängelampe an, die zwischen den beiden großen, aufgemalten Augen des Schiffes hing, damit es seinen Weg über das Meer auch in der Dunkelheit fand.

Leise näherte sich Haltas den beiden Pferden. Windspiel war ein nervöser, beweglicher Rotfuchs, Blitz des Zeus ein heißblütiger Wüstensohn, pechschwarz hob er sich kaum gegen die Dunkelheit ab. Beide Pferde stampften unruhig den Boden, sei es wegen des Nebels oder wegen der langen Zeit, die sie jetzt bereits auf diesem schwankenden Schiff verbrachten.

Der Stallmeister versperrte Haltas mit seiner kurzen Lanze den Weg.

„Was willst du?" rief er in seinem nahezu unverständlichen Dialekt.

„Befehl des Prinzen Suweros, o Kalchios, vorzüglichster aller Stallmeister! Der Sklave soll den Fuchs in sein Zelt führen!"

Das war die boshafte Stimme des ägyptischen Arztes, der Haltas lautlos gefolgt war.

„Meine Tiere sind unruhig und kennen diesen Jungen nicht!" brummte Kalchios. „Wer hat dem Prinzen dies in den Kopf gesetzt? Und wenn Windspiel sich losreißt und ein Bein bricht, um an Deck zu gelangen? Ein Schiff ist nicht das gleiche wie die Ebene von Mykene, zu der die Götter mich bald zurückbringen mögen!"

„Mir scheint, daß du Suweros' Güte ordentlich ausnützt, Freund, nur weil du seine Tiere zu behandeln weißt!" erwiderte der Arzt anzüglich. „Wenn dir das lieber ist, werde ich sofort zum Prinzen gehen und ihm sagen, daß du seine Befehle mißachtest und tust, was du willst!"

Wütend spuckte Kalchios vor dem Arzt aus.

„Mögen die roten Ameisen dich fressen und mit deiner falschen Zunge beginnen, ägyptischer Auswurf!" erwiderte Kalchios, aber er wußte nur zu gut, daß er in der schwächeren Position war.

„Also macht, was ihr wollt! Du, Sklave von Lemnos, nimm Windspiel, aber schick ein Gebet zum Himmel, daß nichts passiert . . ., denn sonst werde ich dich selbst aus dem

Zelt des Königs herausholen, falls dir Suweros nicht vorher schon die Augen ausgekratzt hat!"

Damit ging Kalchios zum Heck hinüber und rief eine ganze Schar von Schutzgeistern als Zeugen an, seinen persönlichen Genius aber beschwor er besonders nachdrücklich.

Haltas ging zitternd auf den Fuchs zu, der ihn mit seinen klaren Augen im Licht der Fackel beobachtete. Das Pferd war in vorzüglicher Weise für den Streitwagen abgerichtet worden und fürchtete weder die Speere, die ihm in der Schlacht um die Ohren pfiffen, noch die Kriegsschreie der angreifenden Krieger, auch das Holpern des Kampfwagens über die Leiber der Gefallenen war ihm vertraut. Wie alle Rassepferde jedoch war es hochgradig empfindlich und nicht daran gewöhnt, daß sich ihm ein Fremder näherte. Haltas gelang es, bis zu der Anbindestange hinüberzugehen und mit zitternden Händen das Zaumzeug loszubinden; sowie er jedoch mit großer Vorsicht an dem Strick zog, legte das Pferd die Ohren an, entblößte die starken Zähne und warf den Kopf zurück. Haltas vermochte seine Furcht nicht zu beherrschen — er ließ die Halfter fahren, sprang zurück und schlug die Arme vor das Gesicht. Aber etwas Schlimmeres hätte er nicht tun können. Die schnelle Bewegung erschreckte den Rotfuchs, mit wildem Wiehern bäumte er sich auf der Hinterhand auf und traf dabei mit einem seiner Hufe Haltas am Kopf. Dann raste das verstörte Tier, vorbei an dem zusammengesunkenen Körper des Jungen, in wildem Galopp auf das Deck zu; dabei riß es Kriegsschilde, hölzerne Eimer wie auch jeden Seemann um, der sich ihm in den Weg stellte.

Endlich gelang es dem Wagenaufseher, das rasende Tier aufzuhalten. Mit einer bei seinem Leibesumfang erstaunlichen Gewandtheit warf sich Eumedes dem Pferd entgegen, das auf ihn zustürzte, dabei preßte er ihm mit der rechten Hand die Nüstern zusammen und packte mit der Linken fest die lange Mähne des Fuchses.

Haltas aber sah und hörte nichts mehr von diesem Aufruhr; er lag, als ob er auf seinem weichen Lager in Myrina ruhte, im Stall und spürte einen süßlichen Geruch, von dem er nicht ahnte, daß es sein eigenes Blut war, das über die Schiffsplanken tropfte. Er hörte zwar verschwommenes Summen ... ob das die Bienen in dem Myrtenwäldchen daheim im Sommer waren? Aber wie laut diese Bienen brummten! Er bekam Kopfschmerzen davon. Und dann hörte er gar nichts mehr; mit einem tiefen Seufzer der Erleichterung verlor er das Bewußtsein, zufrieden, in dieser tiefen Dunkelheit zu versinken, die gewiß eines Tages in jenen ruhigen Hafen mündet, der das Ziel aller Wege eines jeden Menschen ist.

Sechsmal ging die Sonne auf und versank als großer, feuriger Ball am Abend, während das Schiff weiter seinen Weg nach Westen suchte. Aus Haltas aber schien alles Leben gewichen zu sein, obwohl der glänzende Silberspiegel stets kaum merklich beschlug, den man ihm an die Lippen hielt.

Der ägyptische Arzt Sethi war nun beinahe ebenso verzweifelt um Haltas besorgt, wie er es vorher um Suweros gewesen war. Er entfernte sich keine Minute vom Lager des Jungen; nur von Zeit zu Zeit zuckte er erschrocken zusammen, wenn er daran dachte, wie ihn Suweros aus seinen rotgeränderten Augen angeblickt und gerufen hatte:

„Es ist nur deine Schuld, elendester der Sklaven! Deine galligen Worte haben in meinem Inneren Zorn und Neid und viele andere üble Gefühle gegen ihn hervorgerufen! Du hast ihn immer gehaßt, weil er mir Langeweile und finstere Traurigkeit vertrieben hat! Aber hüte dich, Skorpion der Wüste! Wenn Lamnios stirbt, dann wirst du meinem Vater dein Leben für das seine geben, das schwöre ich dir bei der heiligen Feuerstatt von Mykene!"

Und dann waren natürlich die Frauen gekommen — die Mutter des Jungen und diese syrische Hexe. Auch der Lawagetas kam zweimal täglich, um nach diesem Jungen zu sehen, der doch nichts weiter als ein Sklave war, jetzt aber — wer hatte so etwas schon erlebt — mitten im königlichen Zelt lag und auf den weichsten Fellen eines Lagers ruhte, das nur ein wenig niedriger als das Lager des Prinzen war. Ethewas sagte kein Wort, das stimmte. Er beobachtete den Kranken mit seinem gewohnten Gleichmut; als aber am vierten Tage das Gesicht des Jungen im Wundfieber hochrot glühte und fortwährend sinnlose Worte über seine Lippen kamen, da hatte der Lawagetas mit ruhiger Stimme gesagt:

„Beim nächsten Morgengrauen wird dein Kopf keine taube Nuß mehr wert sein, mein schwarzer Giftmischer!" Dann hatte er wortlos das Zelt verlassen.

Dem Arzt schien vor Furcht das Rückenmark gefroren zu sein — jeder, aber auch jeder war gegen ihn, bei der heiligen Jungfrau von Anubis, der Gefährtin der Toten! Er mußte jetzt wie noch niemals zuvor gegen den Tod kämpfen, oder ihrer beider Leben war vorbei.

Diese Nacht war schrecklich. Sethi wandte alle Heilmittel an, die er kannte und jemals in seinen langen Jahren der Berufserfahrung ausprobiert hatte. Er zapfte dem Kranken Blut ab; er legte ihm den schwarzen Stein auf den Hals, den er einmal aus dem Sarkophag eines der größten Pharaonen im Tal der Könige gestohlen hatte; er gab ihm Arzneien zu trinken, die er aus verschiedenen Ingredienzen seiner Arzttasche braute; und er wärmte dem Jungen die eiskalten Füße mit glühenden Tonscherben, die er in einen wollenen Mantel gewickelt hatte — seinen eigenen Mantel! So kämpfte er denn einen erbarmungslosen Kampf gegen den Tod, dabei halfen ihm die beiden Frauen und auch Suweros, der sich unter keinen Umständen von dem Krankenlager entfernen wollte.

Als dann in der Frühe die rosigen Finger der Morgenröte über den Eingang des Zeltes tasteten und sich auf die blasse Stirn des Kranken legten, da erscholl mit einem Mal vom Bug her der laute Ruf:

„Land voraus im Norden!"

Wie als Antwort auf diesen Ruf bewegten sich Haltas' Augenlider, und er flüsterte mit schwacher Stimme:

„Ist es wieder Tag?"

Mayno stieß einen lauten Schrei aus und warf sich über die Füße ihres Sohnes. Der ägyptische Arzt aber zog sich taumelnd vor Übermüdung und Erleichterung von dem Krankenlager zurück, denn diese wenigen Worte verrieten ohne den Schatten eines Zweifels, daß der Kranke außer Gefahr war. Jetzt erst stellte Sethi fest, daß er keine Hoffnung für Haltas' Leben mehr gehabt hatte; triumphierend und alle Angst vergessend verbeugte er sich jedoch nun vor Suweros und erklärte feierlich:

„Mein Herr, dein ergebener Diener hat deine Befehle befolgt, wie deine Augen selbst sehen können. Ich kann nicht verhehlen, daß es meine Kunst gewesen ist, die ärztliche Kunst von Sethi, dem Ägypter, die ihm das Leben gerettet hat . . ."

Ungeduldig unterbrach Suweros ihn; ohne dem Arzt einen Blick zu schenken, nahm er ein goldenes Armband vom Handgelenk und warf es Sethi über die Schulter zu; dann beugte er sich über Haltas und nahm ganz vorsichtig seine Hand.

„Du bist also zurückgekehrt! Ich glaubte schon, daß ich dich an das Reich der Unterirdischen verloren hätte. Mein Herz lag mir so schwer wie Bronze in der Brust, denn du bist mir der liebste unter meinen Sklaven. Jetzt sollst du mich niemals mehr verlassen, hörst du? Du wirst hier neben mir schlafen, und in Mykene in dem Gemach neben dem meinen, du wirst mich begleiten und auf meinem Wagen mit mir zur Jagd fahren . . ., aber niemals wieder sollst du dich einem Pferd nähern!" fügte er schnell hinzu. Und vielleicht zum ersten Mal in seinem Leben stieg dem Prinzen helle Schamröte ins Gesicht.

Aber Haltas hörte diese Flut von Versprechungen nicht;

er lächelte seine Mutter an, die immer noch in ungläubiger Freude seine Arme und Schultern berührte und ihm, stumm nach jenem ersten Freudenschrei, sanft über die Stirn strich.

Plötzlich wurde die Tür des Zeltes heftig aufgerissen und Aitaleos erschien.

„Sohn!" erklang seine tiefe Stimme in freudiger Erregung. „Die Morgenröte zeigt uns die Insel vor der Pforte! Wenn Poseidon uns noch ein wenig gnädig ist, dann werden wir nach weiteren drei Tagen und zwei Nächten auf See in Nauplion sein!"

Der Wanax von Mykene hatte richtig gerechnet, und auch der Meeresgott war ihm gnädig gestimmt. Am ersten Tag ließ das Schiff der Achäer die Insel hinter sich zurück, die von der Wache als Vorposten des Argolischen Golfes gemeldet worden war — und in der Tat schien diese Insel wie ein hockender Hund den Golf zu bewachen. Dann fuhr die Galeere ruhig an den Küsten des breiten Golfes vorüber. Die Navigation war hier einfach und ohne Schwierigkeiten. Die Seeleute waren freudig erregt, weil sie sich ihren heimatlichen Häusern näherten, und ruderten noch schneller als sonst dahin. Auch ein leichter Wind blies, so daß die anderen Galeeren hinter dem Königsschiff versuchten, sich gegenseitig durch geschickte Steuermanöver zu überholen.

Suweros war in heiterer und seltsam beständiger Stimmung. Er verbrachte jede freie Minute mit Haltas — anstatt bei seinem Vater auf Deck zu sein — und begutachtete streng die Diät des Kranken; er gab ihm die besten Bissen von seinem eigenen Teller und quälte Sethi ohne Unterlaß. Jetzt, da die Gefahr gebannt war, sollten die Heiltränke des Ägypters den Lieblingssklaven nun auch von einem Moment zum anderen wieder auf die Beine bringen.

Am Abend des zweiten Tages der Fahrt durch den Golf von Argos konnte Haltas wieder ohne Hilfe auf Deck hinausgehen, und dort bot sich ihm ein faszinierendes Schauspiel — auf der steinigen und tief eingeschnittenen Küste zur Rechten des Schiffes erstreckte sich eine hell leuchtende Lichterkette. An jeder Biegung und kleinen Bucht der Küste flammten helle Feuergarben zum Himmel empor. Die am weitesten entfernten Feuer verloren sich in der Richtung des leuchtenden Auges am Himmel, der strahlenden Venus. Zitternd vor Begeisterung erklärte Suweros: „Siehst du, Lamnios? Sie verkünden unsere Ankunft! Ein Feuer ruft das andere und verkündet die Nachricht, und die Flammenzungen verbreiten die Neuigkeit schneller als der Hörnerklang. Bevor wir noch in Nauplion wieder Land betreten, werden die Feuer bereits die Bergeskuppen erklommen haben, und dann weiß man in Mykene, daß Aitaleos, der König der Könige, wie immer als Sieger zurückkehrt! Dann schlagen die Herzen der Achäer vor Freude höher, und die Frauen legen ihre schönsten Gewänder an!" Bei diesem Punkt jedoch schien Suweros plötzlich ein düsterer Gedanke zu bedrücken, er runzelte die Stirn und schwieg.

Haltas aber mußte an Eritupinas Worte denken: „... eine schöne junge Prinzessin aus Kreta, die Gemahlin des Königs ..." Dachte Suweros mit diesem finsteren Gesicht an sie, die verhaßte Stiefmutter? Da aber fuhr eine tiefe Stimme mit der Erzählung des Prinzen fort:

„... die Kinder werfen Blumen über die Rampe des Löwentores, und dann finden unter den jungen Leuten von königlichem Geblüt Bankette, Spiele und Wettkämpfe statt. Du wirst deine Fähigkeiten mit dem zweirädrigen Wagen unter Beweis stellen, Suweros, und ich möchte wetten, daß keiner deiner Vettern aus Tiryns oder Orkomenos dir den Olivenkranz des Sieges streitig machen wird!"

Ethewas versteht es, die düsteren Gedanken des Prinzen zu vertreiben! dachte Haltas bei sich. Aber vielleicht gibt es Dinge, die auch dieser kluge Mann nicht weiß oder errät?

Der Lawagetas blickte unbeirrt weiter zu den Feuern am

Ufer hinüber; aber als sich Suweros dann entfernte, um zwei Seeleuten zuzuschauen, die inmitten einer anfeuernd schreienden Gruppe ihre Kräfte miteinander maßen und versuchten, sich gegenseitig den Arm zu beugen, da meinte der Erste Priester, ohne den Kopf zu wenden, zu Haltas:

„Ich bin froh, daß du wieder auf den Beinen bist, Junge! So kannst du denn morgen früh bei Sonnenaufgang wieder in den Schiffsrumpf hinuntersteigen, denn seit drei Tagen und drei Nächten habe ich aus dem Gemach des Ophis keinen Laut mehr gehört. Die Stimme deiner Flöte wird den Gott vielleicht dazu bringen, seine Gegenwart zu bezeugen!"

Und dann fügte er noch leiser hinzu: „Wir brauchen die Gunst aller Götter, damit die Rückkehr sich günstig erweist!" Haltas verstand diese Worte nicht, aber ihn überkam ein Gefühl des Unbehagens, so dunkel wie die immer tiefer hereinbrechende Nacht.

Die Mauer der Zyklopen

Am nächsten Morgen saß Haltas mit gekreuzten Beinen vor dem prachtvollen goldenen Korb und spielte die schönsten Melodien auf seiner Flöte — Ophis aber zeigte sich nicht. Die Schale voller Milch duftete intensiv nach Gewürzen; aber auch nachdem der Junge den großen Rubin gedreht hatte, so daß der Deckel des Korbes emporsprang, wollte der gefleckte Kopf des Gottes nicht erscheinen.

Lähmende Stille lag über der kleinen Kammer, nur das Knacken der Schiffsplanken und das dumpfe Geräusch der Ruderschläge waren zu vernehmen. Nach dem dritten Versuch mit der Flöte trocknete sich Haltas die schweißbedeckte Stirn und wandte sich dem Lawagetas zu. Ethewas hatte sich zum Erstaunen des Jungen dieses Mal nicht entfernt, wie er es immer tat, wenn Haltas mit dem Kult begann; dieses Mal hatte der Erste Priester darauf bestanden zu bleiben. „Aus welchem Grund mag der Gott erzürnt sein? Vielleicht deshalb, da er in den letzten Tagen die gewohnte Opfergabe nicht erhalten hat?"

„Oh, nein! Ich sagte dir bereits, was ich im Tempel von Myrina lernte. Zu dieser Jahreszeit, wenn die kalten Winde von Norden her wehen und die Trauben schwarz an den Rebstöcken hängen, geht Ophis nicht mehr aus seinem Hause. Diese Zeit wird das ‚Große Zurückziehen' genannt, darauf folgt die Zeitspanne der ‚Großen Abwesenheit', und endlich folgen — jedoch nicht bevor die Taube mit ihrem Nestbau beginnt — der Augenblick des ‚Frohen Erwachens' und der ‚Großen Verwandlung'. Diese letzte Periode ist die wichtigste Zeit des Jahres, denn dann wirft der Gott auf geheimnisvolle Weise seine alte Haut ab und legt eine wunderschöne, neue Haut an; dann werden ihm Vogeleier oder auch soeben flügge gewordene junge Vögel und kleine Frösche angeboten. Die Festlichkeiten zur Feier des Neuen Gewandes sind sehr schön!"

Haltas sprach mit träumerischer Stimme, tief in Gedanken mit seinen Erinnerungen beschäftigt. Der Lawagetas jedoch hatte seinen Worten mit großer Aufmerksamkeit gelauscht und schien jetzt sehr erleichtert zu sein.

„Also ist es nicht mehr angebracht", schloß der Erste Priester, „daß du den Schlangengott mit deiner Flöte rufst oder ihm eine Schale mit Milch zubereitest!"

Haltas nickte. „Bis zum ‚Frohen Erwachen' nicht mehr. Aber rings um das Goldene Haus sollte große Ruhe herrschen, und es muß auch mit der größten Vorsicht transportiert werden!"

„Ich werde selbst alle notwendigen Anweisungen für eine sorgfältig geplante Reise geben. Ein eigens dafür bestimmter Ochsenkarren wird Ophis zu seinem unterirdischen Gemach im Großen Tempel bringen, dort wird er für die Zeit seiner Ruhe als Gast der Mächtigsten Herrin von Mykene bleiben!" Tief befriedigt legte Ethewas nun eigenhändig die schweren Riegel des Schlosses in die bronzenen Ringe.

Zwei Tage darauf fuhr das Schiff des Aitaleos bei strömendem Regen in den sicheren, kleinen Hafen von Nauplion ein. Nauplion war einer der drei Häfen des reichen Argos und lag eine halbe Tagesfahrt mit dem Wagen von der königlichen Stadt entfernt. Wieder einmal kehrte der Löwe von Mykene mit reicher Beute beladen heim in seine prächtige Höhle.

Die Landung gestaltete sich zu einem wahren Triumph. Die Feuer, die seit drei Nächten ununterbrochen von den Gipfeln des Berglandes von Argos leuchteten, hatten den Untertanen des Aitaleos bereits angekündigt, daß das Schiff des Königs von der Kriegsfahrt in den Fernen Orient, der so reich an Metallen war, zurückkehrte. Trotz des strömenden

Regens drängte sich eine dichte Volksmenge an der Hafenmole. An Bord herrschte ein wildes Stimmengewirr, laute Schreie ertönten, und Gegenstände aller Art wurden über Deck gerollt. Jeder Achäer, der jetzt nicht mit dem Landemanöver beschäftigt war, bereitete voller Eifer das Ausladen der eigenen Beute vor. Die einfachen Soldaten hatten dieses Problem auf sehr unkomplizierte Art und Weise gelöst — sie hatten ihre riesigen Kriegsschilde mit der Beute gefüllt, die sie jetzt — mit dem zusammengerollten Mantel darunter — auf dem Haupte davontrugen.

Die Würdenträger des Königs und die Aufseher der Wagen gingen zum letzten Male aufmerksam an ihren Sklaven vorbei. Wer mehr als einen Sklaven erhalten hatte, überprüfte nun persönlich die Fesseln seiner Gefangenen; diese Riemen und Bänder mußten recht lang und fest sein, damit die Sklaven auch hintereinander in einer Reihe gehen konnten. Die unglücklichen Verschleppten aus Myrina besaßen nun jedoch nicht einmal mehr die Kraft zum Wehklagen, sie waren erschöpft von der langen Seereise unter offenem Himmel, und ihre Glieder schmerzten von der Rast auf den harten Schiffsplanken. Der peitschende Regen vervollständigte nun das Werk der Zermürbung an diesen Elenden. Sie alle schwiegen, noch immer wie betäubt von dem eigenen Unglück und von der Sorge um ihre Zukunft erfüllt.

Im Gegensatz dazu erschien die lärmende Fröhlichkeit der Achäer besonders heftig; und sowie das Schiff sich auf Rufweite dem Ufer genähert hatte, brach im Hafen ein wirres Getöse lauter Schreie, Zwistigkeiten, Grüße und weiblicher Tränenausbrüche los. Dann aber wandelte sich dieser Lärm alsbald in einen einzigen Ruf, der in Wellen aus der Menge aufstieg und zum Schiff herüberdrang — das Volk rief den Namen des Königs und den von Mykene. Da stellte sich Aitaleos im vollen Glanz seiner Prachtgewänder am Bug des Schiffes auf, begleitet von seinem Sohn und umringt von all seinen Würdenträgern. Die Begeisterungsschreie der Menge schienen bis zu den tiefhängenden Sturmwolken emporzudringen, die sich über dem Golf zusammengeballt hatten. Die Leute warfen die Arme empor und schwangen ihre Mäntel; die Kinder schlugen wie wild mit Stöcken auf allerlei Gegenstände — auf Kupferpfannen und alte, hölzerne Schilde. Endlich löste sich aus der ärmlichen Menge schwankend eine Sänfte, die von vier Sklaven getragen wurde; über dieser Sänfte war ein großer, plumper und kantiger Schirm aus ungegerbtem Ziegenleder aufgespannt, der zweifellos dazu diente, die Würde der Person in der Sänfte zu betonen, nicht aber, diese Person auch vor dem Regen zu schützen. Es war der Basileus von Nauplion, der gekommen war, um seinen König feierlich zu empfangen — so wie es das Vorrecht der wichtigsten Persönlichkeit der Stadt war.

In Haltas' Herzen rangen indessen widersprüchliche Gefühle miteinander. Seine Mutter hatte ihm fest die Hand auf die Schulter gelegt. Im Grunde war Haltas erleichtert, daß die beschwerliche Reise endlich vorüber war, aber jetzt war auch der Moment gekommen, da er seinem zukünftigen Schicksal gegenüberstehen würde. Das unbekannte Ufer jedoch, das dort grau im Regen vor ihm lag, sowie diese Menschen, die ihm in ihrer überschäumenden Freude roher erschienen als im Schlachtgetümmel, brachten ihm unerträglich deutlich die Erinnerung an seine heitere, verlorene Heimat und den klaren Himmel von Myrina ins Bewußtsein. Er sah wieder die weißen Mauern, die an den stillen Nachmittagen dunkelblaue Schatten warfen, während er — ein glücklicher Junge — heitere Melodien auf seiner Leier gespielt hatte; er sah die Gärten . . .

„Also, bei meinem Genius!" erscholl da eine Stimme neben Mutter und Sohn. „Das ist wirklich eine gute Idee, hier im strömenden Regen zu stehen, da einem doch der Atem bis ins Innerste hinein gefriert, so daß sich bei euch beiden ein böser Geist in der Brust einnistet!"

Das war natürlich die allgegenwärtige Eritupina, die Weise, die jetzt ohne viel Federlesens ihre Herrin in das Zelt zog. Aber obwohl sie ernst dreinblickte, so hörte Haltas doch den triumphierenden Unterton ihrer Stimme heraus.

„Du bringst gute Nachrichten, Amme!" erklärte er und bemerkte gar nicht, daß er Eritupina mit dem alten Kindernamen angeredet hatte.

Die Frau lächelte stolz.

„Noch bevor wir das Land betreten, das dem König untertan ist ... erinnerst du dich, was ich dir versprach, mein Lämmchen? Ja, und da sollst du heute nicht sagen, daß Eritupina ihr Wort nicht gehalten hat! Mein gütiger Herr, der Aufseher der Küstenwachen, hat vor kurzem ein wirklich gutes Geschäft gemacht. Der Arme! All sein Gebrüll, die Drohungen und Püffe haben bei dieser schmutzigen Sklavin nichts genützt, die noch dazu schwachsinnig ist! Und das Schiff war kaum in den Hafen eingefahren, da hatte Eritupina ihren ersten achäischen Herrn auch schon gegen den zweiten ausgewechselt — Eumedes, den Aufseher der Wagen nämlich!"

„Und der zweite achäische Gebieter muß mir auch noch dankbar dafür sein, denn es ist mein Verdienst, daß er einen ganz geringen Preis für mich bezahlt hat. Auf einem freien Sklavenmarkt hätte ich mich für so einen miserablen Preis geschämt wie ein Esel ohne Schwanz! Zwei Ballen Wolle dritter Wahl, einen Elfenbeingürtel und den Handgriff für einen Speer hat er für mich bezahlt! Aber wer könnte deine Sklavin jetzt noch davon abhalten, in deiner Nähe zu sein, meine sanfte Herrin? Das Haus des Eumedes befindet sich in den Höfen des Palastes!"

Über das erschöpfte Gesicht der Königin glitt ein Lächeln.

„Oh, Eritupina, du Treue, Gute!" rief Mayno aus. „Im Reich des Aitaleos wirst du mir keine Sklavin mehr sein, sondern eine Schwester!"

Aber die Frau wich erschrocken zurück. „Nein, das wird nicht möglich sein! Ich werde meine Stellung niemals vergessen, und es ist nicht recht, daß du die deine vergißt. Gefangene oder nicht — du bleibst immer die Vierte Königin von Myrina, und in deinen Adern fließt königliches Blut! Aber ich werde doch in deiner Nähe sein können, um nach dem Rechten zu sehen. Vorerst werden wir auf dem Wagen meines Herrn nach Mykene gebracht werden, und das ist wirklich nichts für geringe Leute! Eumedes und der Erste Priester werden das Ausladen der Schiffe überwachen, aber das wird nicht lange währen; zwei oder drei Tage vielleicht, und dann werden wir aufbrechen!"

„Aber Haltas — was wird mit ihm geschehen?" fragte Mayno beklommen.

Aber die Sklavin beruhigte ihre Herrin: „Hörst du diese Schläge? Die Achäer befestigen die Räder am Kriegswagen des Königs. Dein Sohn wird vor uns in Mykene eintreffen, und auch wenn diese Barbaren ihn Lamnios, den Sklaven, nennen — bei allen Göttern Syriens! — er wird als Prinz auf dem königlichen Wagen ankommen!"

Auch dieses Mal hat Eritupina wieder recht gehabt! dachte Haltas wenig später, als er sich am Rand des Wagens festklammerte, der über die steinige Straße rumpelte.

Dabei war es etwas ganz Besonderes, daß sich auf einem achäischen Streitwagen drei Personen befanden. Nur die wilden Krieger von Mitannis pflegten zu dritt in die Schlacht zu ziehen — mit einem Wagenlenker, dem Krieger des Angriffs und dem der Verteidigung. Die Achäer dagegen bestiegen ihre Streitwagen stets zu zweit — ein Wagenlenker und ein Krieger. Suweros aber hatte seinen Vater in einem günstigen Augenblick gefragt, als der König nicht viel Zeit mit Disputen verschwenden wollte. Aitaleos hatte auch in großer Eile die Begrüßungszeremonien absolviert, die der Basileus von Nauplion für ihn vorbereitet hatte; danach hatte er ungeduldig die Huldigungen der herbeigeeilten Getreuen aus den umliegenden Dörfern entgegengenommen. Auch als er dann auf dem Altar des Poseidon den Wein und die Milch des Dankes vergossen hatte, waren seine Gesten und der Kult von ziemlicher Eile gewesen. Es war nicht zu übersehen, daß der König keinen anderen Gedanken hatte, als so schnell wie möglich zu dem Oberen Mykene zu gelangen. Er war ebenso ungeduldig wie Windspiel und Blitz des Zeus, die mit den Hufen stampften und heftig durch die geblähten Nüstern schnaubten. Suweros schien Haltas' Besorgnis erraten zu haben, denn er hatte ihn vorsorglich gewarnt.

„Du darfst nicht so steif dastehen", hatte er gesagt und Haltas neben sich auf den Wagen gezogen, „und keine Angst haben! In den achäischen Städten des Kontinents wirst du schwerlich einen besseren Wagenlenker als meinen Vater finden. Folge mit deinem Körper nur den Bewegungen der Räder, dann wirst du die Stöße weniger spüren!"

Das aber war leichter gesagt denn getan! Dennoch aber fühlte sich Haltas einige Zeit nach der Abfahrt bereits sicherer auf dem Wagen und balancierte beinahe wie selbstverständlich in den Hüften. Die Neugier auf die erste Begegnung mit dem fremden Land ließ ihn dann aber sehr bald die heftigen Stöße vergessen, die unmittelbar von den Fersen bis ins Zwerchfell zu dringen schienen. Bei jeder Drehung der mit bronzenen Reifen beschlagenen Räder auf einem größeren Stein blitzten helle Funken auf.

„He! He!" rief Aitaleos den Pferden anfeuernd zu. Die lange Reitpeitsche mit dem Griff aus Elfenbein beschrieb zischende Kreise in der Luft, ohne jedoch das Fell der beiden Pferde zu berühren; trotzdem aber verdoppelten die prachtvollen Renner ihre Geschwindigkeit.

Im Hafen waren bereits die Soldaten eingetroffen, die jetzt von festlich gekleideten, lärmenden Menschen umringt wurden; neben ihnen befand sich der bedauernswerte Zug jener Sklaven, die zur Arbeit in den Mühlen bestimmt waren. Aber sehr bald blieb dieses Getümmel hinter Haltas zurück, der graue Schleier des Regens legte sich wie ein Vorhang über das Bild.

Nach einer kurzen Strecke auf der flachen Ebene wand sich die Straße sehr bald in Biegungen in die Höhe; zur Linken erstreckten sich die Felder bis zum Ufer des Meeres herab, zur Rechten jedoch, nach Osten hin, türmten sich bereits hohe Felsen auf. Obwohl jetzt nur noch vereinzelte Regentropfen vom Himmel fielen, blickte Haltas zu den Wolken hinauf, die sich über den düsteren Bergzinnen zusammenballten, und sein Herz krampfte sich zusammen — wie verlassen waren diese grauen Felsen und wie kahl der Boden, auf dem kaum ein paar kümmerliche Rosmarinsträucher wuchsen!

Suweros jedoch schien nun vollkommen seine üblen Launen vergessen zu haben, denn diese karge Erde war seine Heimat; und sowie er zum ersten Male wieder den Fuß auf diesen Boden gesetzt hatte, waren ihm alle finsteren Gedanken alsbald vergangen. Mit einem Mal packte er Haltas am Arm:

„Tiryns, Lamnios, dort ist Tiryns! Hast du jemals eine schönere Festung gesehen? So schau doch!"

Vorsichtig wandte sich Haltas nach Osten hin, und da erblickte er auf einem niedrigen Felsmassiv die gewaltigsten und drohendsten Mauern, von denen jemals ein Sänger in seinen phantasievollen Liedern berichtet hatte. Höher als zehn Armlängen türmten sich ungefüge, aneinandergebaute Steinblöcke empor, so daß Haltas in überwältigtem Staunen ausrief:

„Aber diese Massen kann doch kein Mensch aufgetürmt haben!"

Stolz und freudig erregt antwortete Suweros:

„Die Leute sagen, es sei ein Werk der Halbgötter, der ungeheuerlichen Zyklopen! Aber warte nur, bis du unsere Mauern siehst, die Wälle von Mykene. Sie sind uneinnehmbar, wie diese Mauern hier — aber wir Menschen haben sie gebaut, und keine einäugigen Riesen!"

Haltas blickte zu den grauen Kolossen hinüber und ihm

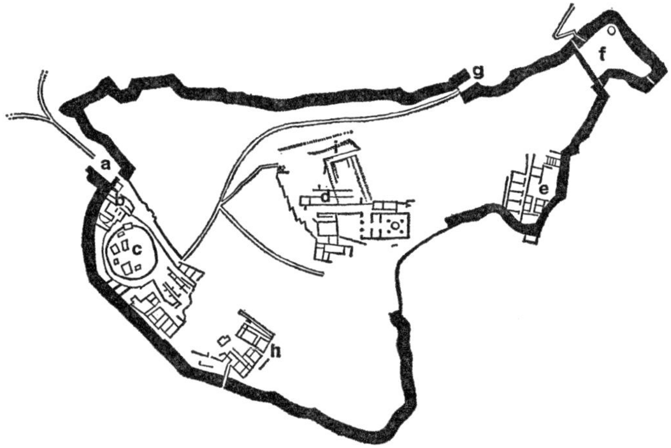

Der „Felsen“ von Mykene: a. Löwentor, b. Kornkammer, c. „Heiliger Kreis“ (Gräber und Grabkammern), d. Palast und Megaron (Thronhalle), e. „Haus der Säulen“, f. nordöstliche Befestigung, g. nördlicher Zugang, h. das sog. „Tsountas-Haus“, i. Ruinen eines früheren Tempels aus dem 8.–7. Jahrhundert v. Ch.

schien es, als ob die Mauern ganz oben mit Häuptern besetzt seien. Ob das Wachen waren? Aber Aitaleos hatte weder die Absicht, in Tiryns haltzumachen noch langsamer zu fahren.

„He, Blitz des Zeus! He, Windspiel!"

Dann blieb auch Tiryns mit seinen gewaltigen Mauern hinter ihnen zurück. Danach fuhren sie so schnell an der Stadt Argos vorbei, daß Haltas nur einen flüchtigen Blick auf die Berge werfen konnte, die in einem weiten Halbkreis eine sanfte Ebene umschlossen, deren grüne Felder und weiße Dörfer ihm das Herz vor Freude höher schlagen ließen.

Die Häuser erinnern an verstreut liegende Herde, dachte der Junge, freundliche Herde, an denen sich der Schäfer zur Ruhe gelegt hat!

Die Straße lief jetzt um eine Bergkuppe herum, und auch auf dem Gipfel dieser Zinne ragten die Mauern eines königlichen Palastes empor. Aber die Dächer dieser königlichen Bauten erhoben sich über weniger abweisenden und unzugänglichen Mauern, wie die von Tiryns es waren.

Der Wagen fuhr weiter in rasendem Lauf dahin; und Haltas begriff, daß dem Wagen des Königs ein Bote mit einem Befehl vorausgeschickt worden war, denn auf der ganzen langen Straße vom Meer herauf hatte sich kein Mensch blikken lassen, um den Wagen des Königs aufzuhalten — weder eine begeisterte Volksmenge, noch die Adeligen mit ihren Huldigungen. Die Straße blieb hinter den donnernden Umdrehungen der Wagenräder zurück, heiße Sonnenstrahlen brannten auf die beständig näherrückenden Berge herab. Das Tal von Argos aber füllte sich hinter den drei Reisenden mit tiefen Schatten.

Mit einem Mal fuhr der Wagenlenker in einem kühnen Bogen, fast ohne die Geschwindigkeit zu mindern, in eine breitere Straße ein, auf der die Pferde nun mit frischer Kraft vorwärtsrannten, denn der Aufstieg war anstrengend gewesen. Dichte Eukalyptuswälder begrenzten die Straße, jenseits der Wälder aber erstreckten sich grüne Felder bis zu den Berghängen, und kleine Bauernhäuser standen dicht gedrängt um den runden Mauerbogen des Dorfbrunnens.

Bei Sonnenuntergang kamen die Bauern von der Arbeit auf den Feldern heim, und einige der Leute blickten sich, neben ihrem Ochsen oder Esel gehend, neugierig nach dem lärmenden Wagen um. Sowie sie jedoch den wippenden Federbusch auf der Helmzier des Aitaleos erblickten, warfen sie sich auf die Knie und beugten den Kopf bis zum Boden hinab; so verharrten sie, bis sie sicher sein konnten, daß der Wagen verschwunden war. Bald aber wich das frische Grün aufs neue hohen Felsen — so grau und abweisend türmten sich die hohen Zinnen auf, daß auch die rot untergehende Sonne diese Massen nur schwach mit ihrem Schein vergolden konnte.

„Gib acht!" schrie Suweros plötzlich. Der Wagen war unversehens in eine weitere Kurve des Weges eingebogen, dieses Mal zur Linken hin, und die allmählich breiter werdende Straße lief nun um einen mächtigen Felsenvorsprung herum, der ebenso kahl war wie die ganze Landschaft. Haltas schwankte, aber dank Suweros Warnruf fiel er nicht zu Boden.

„Die neuen Gemächer der Verstorbenen!" flüsterte ihm Suweros zu.

Haltas blickte aufmerksam zu den Felsen hinüber und sah, daß in die felsige Bergkuppe zahllose quadratische Höhlen eingeschnitten waren; das mußten die Gräber sein, die der Prinz gemeint hatte. Haltas erschauerte. Niemals möchte ich für meinen letzten Schlaf in diese finsteren Löcher gelegt werden! dachte der Junge, aber gleich darauf erinnerte er sich — als ob ein Sklave wählen durfte, wo er leben mochte, geschweige denn, wo er für immer ruhen wollte!

Nun aber hatte Haltas keine Zeit mehr, sich traurigen Gedanken hinzugeben, denn der Wagen rollte jetzt auf einer tadellos ausgebauten Straße dahin. Und dann tauchte vor

den staunenden Augen des Jungen das Felsmassiv von Mykene auf, das sich majestätisch auf der höchsten Felsengruppe zum Himmel erhob. Niemals hätte sich Haltas träumen lassen, daß es eine so schöne und zugleich streng erscheinende Stadt wirklich gab. Der Hügel mit den steil abfallenden Seiten bildete einen aus dem Gebirge vorspringenden Sporn, der sich wie der hochaufragende Bug eines Schiffes vorwölbte, nach Norden und Süden hin begrenzt von zwei abschüssigen Schluchten. Wie grauweiße Wellen, die sich am Kiel brechen, erstreckten sich die zahllosen Häuser der Unteren Stadt vor den Mauern. Auf der Plattform hoch oben auf dem Hügel aber erhoben sich die prachtvollen Dächer der königlichen Gebäude über den Mauern, die wie ein majestätischer Gürtel dem Schutzsuchenden Sicherheit zu versprechen schienen und nur durch ihren Anblick allein jeden Zweifel besiegten — dies war der zu Stein gewordene Stolz des Königs von Mykene.

Haltas allerdings fühlte sich von diesen drohend emporragenden Massen wie erdrückt und so klein und unbedeutend wie eine Ameise. Aitaleos hatte seinen Wagen auf dem runden Vorplatz zu Füßen der Felsen zum Stehen gebracht; und von dort schwang sich eine kühne Rampe, die ganz gepflastert und etwa zwölf Armlängen breit war, zu den

Mauern empor — und gewiß auch zum Eingangstor. Noch bevor die Räder stillstanden, strömte eine festlich gestimmte Volksmenge aus den Häusern und umringte in respektvollem Abstand den Wagen, dabei schollen laute Willkommensrufe zu dem König und seinem Sohn hinüber. Aitaleos winkte der Menge mit der erhobenen rechten Hand zu, während er gespannt zu den Mauern emporblickte, als ob er etwas erwartete.

Und da erscholl endlich ein durchdringender Posaunenton von den Mauern herab. Von oben her fuhr ein Wagen in großer Geschwindigkeit die abfallende Rampe hinunter, durchbrach den Ring der zurückweichenden Menge und kam mit aufbäumenden Pferden vor dem Wagen des Königs zum Stehen. Ein hübscher junger Mann sprang gewandt heraus, seine Haare standen in zahllosen Zöpfchen vom Kopf ab, zwei schwarze Locken vor den Ohren wurden von einem goldenen Stirnreif zurückgehalten. Der Junge begrüßte Aitaleos mit ausgebreiteten Armen und erklärte lächelnd:

„Die Götter von Mykene seien gelobt, und mit ihnen der Heilige Stier von Kreta, o König der Könige! Sie haben dir eine glückliche Rückkehr gewährt! Ich verneige mich vor deinem triumphalen Sieg, von dem wir schon Kunde erhalten haben, o Sohn des Enyalios mit dem prächtigen Speer!"

Die funkelnden, großen Augen des jungen Mannes aber, die den König unerschrocken anblickten, verrieten keineswegs die gleiche Unterwürfigkeit wie seine ergebene Begrüßung.

Aitaleos war bereits von seinem Kampfwagen gesprungen und richtete den jungen Mann auf.

„Sei gegrüßt, Stoicheos von Knossos! Der Lieblingsbruder unserer Königin aber soll den Rücken nicht einmal vor Aitaleos beugen! Doch berichte mir die Neuigkeiten, die ich sehnlichst zu hören wünsche!"

„Du bist nicht der einzige, der sehnlichst eine Neuigkeit erwartet!" lachte Stoicheos. „Ich habe wie der blitzeschmiedende Sohn des Zeus gekämpft, um sie davon zu überzeugen, daß es unvereinbar mit der Würde einer Königin von Mykene ist, ihren Gemahl außerhalb der Schwelle des Hauses zu empfangen. Aber gestatte, daß ich dir einen Rat gebe, königlicher Vetter! Überlaß den schweren Streitwagen deinem Sohn, dem jugendlichen Helden, und besteige dafür meinen Wagen! Ich versichere dir, daß ich kein schlechterer Wagenlenker bin als du, auch wenn meine Hände es mit den deinen nicht aufnehmen können und keine Schwielen von den Lanzen aufweisen!"

„Frecher Bote der Weiber, Mann ohne Bart und Würde! Da zeigt er seine weißen, parfümierten Hände! Stein und Eisen täten deinen zarten Damenhänden gut!" stieß Suweros zwischen den Zähnen hervor.

Haltas blickte ihn überrascht an und stellte fest, daß der Prinz mit zornrotem Gesicht und wütend funkelnden Augen zu der eleganten Gestalt des Stoicheos hinüberblickte, der bereits wieder in seinem Wagen stand. Der König sprang neben ihn, dann flog der elegante Stadtwagen mit den vergoldeten und mit Elfenbein eingelegten Rädern bereits die Rampe hinauf. Die meisten Einwohner von Mykene blickten dem Wagen nach, während Suweros die Zügel aufnahm, die sein Vater hingeworfen hatte und die Pferde wieder antrieb.

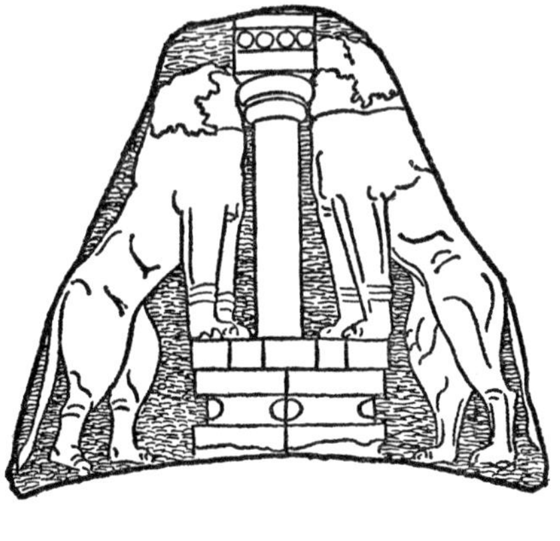

Nach wenigen Augenblicken machten die von der langen Fahrt erschöpften Pferde vor dem westlichen Tor des Felsens Halt. Die schweren Torflügel aus Eichenholz, die mit breiten Bronzebändern beschlagen waren, standen jetzt weit offen; ein Wachsoldat, der unbeweglich in einer in den Fels gehauenen Nische stand, senkte zum Zeichen der Ehrerbietung seine Lanze zu Boden. Haltas blickte mit aufgerissenen Augen zu den beiden Pfeilern hinauf, die von einem riesenhaften Tragbalken gekrönt wurden; sicher waren viele Ochsengespanne nötig gewesen, um diesen massigen, dreieckigen Steinblock hier heraufzubringen, auf dem sich zwei Löwinnen mit erhobenen Tatzen, durch eine Säule voneinander getrennt, gegenüberstanden.

Der Löwe von Mykene — dies ist sein Symbol! dachte der junge Kriegssklave bei sich. Und zum ersten Mal begriff er in seinem weichen Herzen etwas von dem Abbild dieser stolzen Macht, die stets bereit war, sich in Heftigkeit und Gewalt zu wandeln, unbezähmbar und wild wie die Krallen wilder Tiere. Der Anblick von Mykene ließ ihm auch Suweros' Charakter in einem immer klareren Licht erscheinen — die Ausbrüche des Jähzorns und der übermäßigen Großzügigkeit, die auf Haltas beide so fremd und erschreckend wirkten und so weit entfernt waren von dem Ideal des edlen Gleichmaßes, das in Myrina geherrscht hatte, der Stadt der weisen Kaufleute. Aber der Prinz von Mykene hatte bereits die Schwelle überschritten und wandte sich ungeduldig nach Haltas um.

„So komm doch, Lamnios! Wir wollen den Weg über die Treppen abschneiden, dann werden wir früher als auf der Straße der Wagen da sein! Da du in meiner Gesellschaft bist, darfst auch du hier eintreten. Aber denke daran, daß du niemals allein dieses Tor durchschreiten darfst — die Wache würde dich, ohne ein Wort zu verlieren, aufspießen! Du wirst stets durch das nördliche Tor gehen, das für die Diener und Maultiere des Palastes bestimmt ist! Niemand, der nicht von königlichem Blute ist oder von einer Person königlicher Abstammung begleitet wird, darf sich diesem Ort nähern — er ist von allen heiligen Orten der heiligste, und die Mächtigste Göttin selbst hat ihre stärksten Zauberkräfte über ihn verhängt. Hast du verstanden?"

Haltas nickte, denn dies überraschte ihn nicht. Da auch er als Sohn eines Königs von göttlicher Abstammung war, wußte er nur zu gut, daß es heilige Orte gab, die den gewöhnlichen Sterblichen verschlossen waren. Wenige Schritte hinter dem Löwentor blieb Suweros dann stehen und lehnte die Stirn zum Zeichen der Ehrerbietung gegen eine hohe Mauer, die abweisend zu ihrer Rechten emporragte.

„Hinter dieser Mauer", flüsterte er dann Haltas zu, „ruhen die Ersten der Ersten, die Könige von Mykene, die das Meer des Westens bis zum Land der Ägypter durchquerten und nach blutigen Kämpfen gegen wilde Volksstämme mit Gold beladen zurückkehrten. Es waren Männer von riesenhafter Gestalt, ihre Zähne glichen Wildschweinhauern. Jetzt schlafen sie inmitten des Heiligen Kreises, und niemand kennt die Worte, die in die Steine dieses Kreises eingemeißelt sind, denn seit ihrem Erdenleben sind so viele Epochen vergangen, daß sich kein Mensch mehr an diese Zeichen erinnert. Aber sie waren Helden, die den Göttern ähnlicher waren als den Menschen. Immer wenn ich hier am Heiligen Kreis vorbeigehe, bete ich, daß ein wenig von ihrer Kraft in meine Leber strömen und mich unbesiegbar in der Schlacht machen möge — so wie sie, verstehst du das? Aber nein, das kannst du nicht begreifen, denn deine bevorzugte Waffe ist ja die Zither!"

Suweros brach in lautes Gelächter aus. Haltas aber antwortete nicht — einmal wäre es zwecklos gewesen, zum anderen brauchte er all seinen Atem, um mit dem Prinzen Schritt halten zu können. Flink wie eine Gazelle lief Suweros bereits über die Rampe und die in den Felsen gehauenen Treppen hinauf, die zum Palast empor und durch die engen Gassen der Stadt führten. In diesen Gassen drängten sich Frauen, Kinder und alte Leute; auch Männer waren unter ihnen, von denen viele noch ihr Werkzeug von der Arbeit in der Hand hielten. Die Rückkehr des Königs hatte die Arbeiter und Sklaven des Palastes gerade am zehnten Tage nach der letzten Verteilung der Speisen überrascht, und jetzt erwarteten sie alle eifrig die Verteilung der nächsten Rationen. Besonders diejenigen Leute warteten begierig, die für gewöhnlich zu kurz kamen und sich mit einer Handvoll gerösteter Erbsen für einen Tag begnügen mußten, um ihren Hunger zu stillen.

Suweros' Anblick vertrieb ihnen jedoch für wenige Augenblicke ihren Hunger, und aus der Menge erhob sich ein Summen, als ob ein Stein in einen Bienenschwarm gefallen sei. Natürlich wagte es niemand, Suweros zu begrüßen oder auch mit lauter Stimme Bemerkungen zu machen, die Leute begnügten sich mit tiefen Verneigungen und gelegentlichen Freudenrufen. Mit Haltas dagegen verfuhr die Neugier der Arbeiter und Sklaven weniger respektvoll; sie erkannten an der Kleidung des Jungen, daß er ein Fremder war, und Haltas fing im Vorbeilaufen sehr wohl manche respektlose Bemerkung auf, auch das verletzende Wort „Kriegssklave" drang an seine Ohren.

Das Volk ist überall gleich, dachte Haltas, der in diesem Punkt nicht sehr empfindlich war, denn er hatte gelernt, daß die Worte der Massen soviel wiegen wie ein trockenes Blatt im Wind. Niemand von edler Herkunft durfte zeigen, daß er freche Bemerkungen gehört habe, noch weniger aber durfte man seine Selbstachtung verlieren. So schritt er denn mit hoch erhobenem Kopf und der gleichen Würde dahin wie einstmals in Myrina, als er, von seinem Hauslehrer begleitet, einen Ausflug durch die Hafengassen unternommen hatte.

Die Stadt aber, durch die er hier ging, stimmte Haltas traurig. Weder die bunte Volksmenge noch der rote Sonnenuntergang milderten den strengen Anblick Mykenes, das von mächtigen Schutzmauern umringt und durch unüberschreitbare Abgründe verteidigt wurde. Oben auf den Mauern waren drohende Steinfiguren aufgestellt; bald aber stellte Haltas fest, daß diese Figuren lebendige Palastwachen waren, die unbeweglich und von Bronze leuchtend dort oben Wache hielten. Die beiden Jungen waren keuchend die letzte Rampe emporgelaufen und befanden sich jetzt auf einem nur wenige Arm breiten, festgestampften Vorplatz, unmittelbar vor der Äußeren Mauer des Palastes — die Erste Unüberschreitbare genannt.

Die Mauern verbargen nur den unteren Komplex der Königlichen Gebäude, da sich der Palast auf einer Erhebung von verschiedener Höhe erstreckte. Die Fassade des höher gelegenen Teiles war von einem kühnen Giebelvorsprung gekrönt, oberhalb der Mauern waren schmale Fensterspalten zu sehen, die an Schießscharten erinnerten.

Haltas folgte Suweros in einen sanft ansteigenden, gewölbten Korridor, der mehrere Treppen mit schmalen Stufen aufwies und immer weiter in das Innere des Palastes führte. Endlich durchquerten sie einen wunderschönen, gepflasterten, quadratischen Hof mit einem Brunnen in der Mitte und standen dann unvermittelt auf der Schwelle eines von hohen Säulen begrenzten Bogenganges. Dieser Säulengang wurde von der dahinterliegenden Vorhalle nur durch einen leichten, doppelten Vorhang getrennt, der jetzt geöffnet war und von zwei Dienerinnen an beiden Seiten emporgehoben wurde, so daß die purpurroten Falten die Szene einzurahmen schienen, die sich soeben in der Vorhalle abspielte. Aitaleos zog eine mit Gold geschmückte Frau zu sich empor, die sich vor ihm auf die Knie geworfen hatte. Ein wenig abseits lächelte der junge Kreter, eine Schar von Dienerinnen schlug scheinbar demütig die Augen nieder — dabei warfen die Frauen jedoch verstohlene Blicke zu dem König und der jungen Frau hinüber. Als die Frau dann den Kopf erhob, wußte Haltas — dies konnte nur

Theodora sein, die schöne, junge Königin aus Kreta, die nach Mykene gekommen war, um wieder Leben in den Palast des Witwers Aitaleos zu bringen.

Der gebieterische Blick der dunklen Augen, die durch einen schwarzen Bogen von ägyptischer Tusche noch vergrößert wurden, war königlich; die Adlernase — so verschieden von den Profilen der Achäer — verriet die kretische Abstammung der Königin. Der junge Stoicheos, ihr Bruder, besaß die gleiche gebogene Nase, dem weiblichen Gesicht Theodoras verlieh sie jedoch eine überraschende Kühnheit.

Sofort hatte die Königin die beiden Jungen auf der Schwelle der Halle entdeckt. Für einen Augenblick fühlte Haltas den Blick dieser leuchtenden Augen auf sich gerichtet, aber dieser Blick war nicht weiblich sanft, sondern argwöhnisch und forschend. Schon aber lächelte die Königin mit ihren geschminkten Lippen und ging mit ausgebreiteten Armen auf ihren Stiefsohn zu.

„Prinz Suweros, erstgeborener Sohn meines Herrn!" begrüßte sie den Jungen mit scheinbarer Wärme. „Der schnellfüßige Gott, der das Rad der Zeit weiterdreht, ist grausam zu den armen Frauen, die mit nächtlichem Wachen und Tränen des Wartens ihre Zeit verbringen; ihnen verlangsamt er den Lauf der Zeit, so daß die Tage doppelt zählen und die Nächte unendlich lang erscheinen. Aber mit dir ist der Gott in diesen zweimal zehn Monden großzügig gewesen — du hast die Schultern eines jungen Helden bekommen, und dein Kopf reicht beinahe an den meinen heran!"

„Er würde vollständig an ihn heranreichen, wenn du dich nicht durch diese hohen, kretischen Absätze noch größer machen würdest!" gab Suweros unfreundlich zurück.

Haltas unterdrückte nur mit Mühe einen erschrockenen Ausruf. Wie unvorsichtig der Prinz doch war, dachte er und kam sich plötzlich sehr erwachsen vor. Er hatte nämlich in den dicht bevölkerten Höfen der Königinnen von Myrina bereits gelernt, daß die Männer auf mancherlei Art und

Weise den Zorn der Frauen wie eine Pechfackel emporlodern lassen können. Zwei dieser Möglichkeiten aber waren unfehlbar — nämlich eine der Frauen allzusehr vor den anderen zu bevorzugen, und ihnen zu verstehen zu geben, daß man einen ihrer Kniffe beim Salben und Verschönern bemerkt hatte.

So erblaßte denn auch Theodoras Gesicht unter der Schminke, und ihre Augenbrauen hoben sich gefährlich zu der goldenen Tiara empor. Der König aber lachte, er legte seinem Sohn die Hand auf die Schulter und erklärte:

„Dein Blick ist scharf, Königin! Der Prinz ist als Junge von Mykene aufgebrochen, aber er kommt als Mann zurück, der mit dem Speer und dem Wagen umzugehen weiß!"

Theodora hatte sich sofort wieder in der Gewalt.

„Wie könnte die junge Eiche sich auch von der großen Eiche unterscheiden, der junge Löwe von dem großen Löwen? Ich bin froh darüber, denn so vermag der junge Held seine Kraft in den Wettkämpfen und Spielen zu erproben, die ich zur Feier deiner Rückkehr vorbereitet habe, mein Gebieter! Aber ich sehe, daß der Prinz einen Gefährten bei sich hat! Ist er der Sohn eines befreundeten Königs und als Gast mit den achäischen Schiffen zurückgekommen?" fügte sie hinzu und warf Haltas einen prüfenden Blick zu.

„Nein, das ist er allerdings nicht, obwohl seine Abstammung dessen würdig wäre, wenn ihn das Kriegsglück nicht zum Gefangenen bestimmt hätte! Es ist nur Lamnios, der letzte Sohn des besiegten Königs von Myrina. Suweros hat ihn durch das Recht der Lanze verdient, und ich selbst habe ihm den Jungen unter dem Beifall der Seeleute meines Schiffes zugesprochen. In der Tat eine gute Erwerbung, aber was ich dir zugedacht habe, Königin, ist noch besser!" schloß Aitaleos befriedigt.

Theodoras Stirn hatte sich noch nicht wieder geglättet. „Ein Sklave für mich?"

„Nein, meine Königin, eine Sklavin — und auch sie ist

von königlichem Geblüt. Sie ist die Mutter dieses Jungen und war die Vierte Gemahlin des Ertilaos von Lemnos, ihr Name ist Mayno. Auf Lemnos und den umliegenden Inseln war sie berühmt für ihre Schönheit, auch ist sie mit vielen weiblichen Künsten vertraut. Sie wird sich von deinen Frauen abheben wie der Jasmin des Orients von den achäischen Rosen. Aber das ist nicht das einzige Geschenk, das ich dir bringe, meine Königin! Meine Männer sind noch dabei, die Schiffsbäuche zu entleeren, und diese Schiffe sind beladen mit kostbarer Beute!"

Theodora lächelte undurchsichtig. „Deine Großzügigkeit ist deiner Größe würdig, o König der Könige!"

Dann wandte sie sich um und schritt durch die Tür zur Vorhalle hinaus; die goldenen Schuppen ihres Gewandes rasselten dumpf wie bei einer Schlange, die über Gestein gleitet.

Der König folgte ihr, und nach ihm verließ das Gefolge der Frauen das Gemach.

Diese Szene schien Suweros noch mehr erregt zu haben, denn er blickte Theodora mit einem Ausdruck des Hasses und ohnmächtiger Wut nach. Dann aber richtete sich sein Zorn auf ein greifbareres Ziel, und so wandte er sich denn mit einer nachlässigen Handbewegung, wie man sie zu dem geringsten Sklaven macht, an Stoicheos. „Sorge dafür, daß der Sklave Lamnios gut untergebracht wird! Er soll ganz in der Nähe meiner Gemächer wohnen, denn ich will, daß er meinem Ruf so schnell wie möglich folgt!"

Aber der Kreter nahm die Herausforderung nicht an, er schien den beleidigenden Ton Suweros' gar nicht wahrzunehmen. Er zog nur die Augenbrauen hoch und klatschte dreimal leicht in die Hände, dabei gab er spöttisch lächelnd zurück:

„Mein lieber Vetter, Nubal ist mit diesen Dingen besser vertraut als ich; er wird deine Befehle entgegennehmen und sie dem Haushofmeister des Palastes überbringen!"

Für einen Moment schien es, als ob Suweros um jeden Preis einen Streit beginnen wolle; dann aber zuckte er nur die Schultern und ging mit langen Schritten aus der Halle. Haltas war unbehaglich zumute. Die Sonnenstrahlen fielen jetzt schräg in den Palast und erleuchteten die große Halle nur noch spärlich, der Schatten aber wirkte kalt und feindlich. Die vorausgegangenen Szenen hatten eine drohende Ruhe hinterlassen, wie sie großen Unwettern vorauszugehen pflegt. So sprang denn Haltas erschrocken zurück, als mit einem Male jemand mit einer tiefen, weichen Stimme unverständliche Worte an ihn richtete.

Der Junge wandte sich um und blieb vor Furcht und Überraschung wie angewurzelt stehen. Vor ihm stand ein hünenhafter Mann mit einem bunten Federbusch auf dem Kopf, der ihn noch größer erscheinen ließ; sein Gesicht aber sowie die nackten Arme und muskulösen Beine waren so schwarz wie die dunkelste Nacht. Haltas hatte noch niemals zuvor einen Neger gesehen, obwohl ihm sein ägyptischer Hauslehrer in Myrina oftmals von dem schwarzen Volk erzählt hatte, das viele Tage weit westlich des großen Vater Nil in der Wüste lebte. Der Lehrer hatte dem Jungen auch versichert, daß im königlichen Palast von Theben viele Neger lebten — der Pharao hielt sie als Torwächter, wohl weil einige unter ihnen von wahrhaft riesigem Wuchs waren. Jetzt aber stand ein richtiger Neger vor Haltas — und obwohl er den Jungen mit seinen großen, runden Augen keineswegs wild anblickte, sondern eher gutmütig und etwas traurig, sprang Haltas vor Schrecken einen Schritt zurück.

Stoicheos hatte dem schwarzen Mann nur wenige Worte in seiner unverständlichen Sprache zugerufen, dann war er verschwunden und hatte Haltas mit diesem Riesen allein gelassen, der sicher nur zwei Finger seiner dunklen Hand auszustrecken brauchte, um Haltas ebenso leicht die Kehle zuzudrücken wie einer Gans! Der Neger schien die Furcht des Jungen zu verstehen, doch schien er deswegen keineswegs gekränkt zu sein; ohne jeden Spott blickte er Haltas erheitert an. Dann teilten sich die großen, dunklen Lippen zu einem breiten Lächeln und enthüllten zwei Reihen schneeweißer Zähne. Dieses impulsive Lächeln beruhigte nun Haltas vollends, und er begann zu überlegen, daß es vielleicht gar nicht unmöglich war, mit diesem Mann Freundschaft zu schließen, den Stoicheos Nubal genannt hatte. Und wenn dieser Sklave nun ägyptisch sprach? Nubal schritt bereits mit seinem mächtigen, dunklen Rücken vor Haltas durch einen Seitenkorridor, an dessen Ende eine Treppe zu sehen war.

Haltas nahm all seinen Mut zusammen und fragte:

„Du bist also Nubal, der Sklave des kretischen Prinzen?"

Die Wirkung dieser Worte war außergewöhnlich. Wie vom Blitz getroffen fuhr der Neger zusammen, dann wandte er sich vorsichtig um, um Haltas prüfend anzublicken, und danach ergoß sich ein wahrer Schwall von Worten über den Jungen. Der Sklave sprach ein rauhes Ägyptisch, das mit vielen Ausdrücken eines Dialekts gemischt war, den Haltas von seinem Lehrer zwar nie gehört hatte, den er aber im ganzen doch gut verstand.

„Ja, ich bin Nubal, der Negersklave, der Sklave der verbrannten Erde! Ich komme aus der Wüste, von den Bergen der Löwen. Ich habe auch den großen, gelben Strom überquert, in dem die Krokodile leben und den die Ägypter wie einen Gott verehren. Aber Stoicheos hat mich von einem ägyptischen Händler gekauft und auf die große Insel gebracht. Oh, auf der großen Insel ging es Nubal gut! Dort war es niemals kalt, und bei Hofe sprach manch einer ägyptisch! Hier aber, im Palast des Königs der Könige, friere ich immer, seitdem der rauhe Wind aus dem Norden weht. Ich bin stets allein und stumm, da niemand meine Wüstensprache versteht außer dem Prinzen — und der Prinz spricht außer in Befehlen niemals mit einem armen Sklaven. Niemand sonst hier spricht ägyptisch außer dem Arzt des Königs, aber er ist ein schlechter Mensch, der sich auf böse Magie versteht. Ich, Nubal, will mit ihm nicht sprechen!" Dann unterbrach er sich mit einem Mal und erkundigte sich zweifelnd: „Aber verstehst du mich auch wirklich, kleiner weißer Sklave?"

„Ich verstehe beinahe alles, was du sagst, wenn du etwas langsamer sprichst!" antwortete Haltas wahrheitsgemäß.

Der Neger warf seinen kurzen Speer in die Luft, den er gleich darauf geschickt wieder auffing, dann vollführte er mit seinen nackten Füßen einen Freudentanz. Schnell aber blieb er wieder mißtrauisch stehen.

„Und wirst du auch immer mit dem schwarzen Sklaven sprechen wollen, immer? Du wirst nicht so sein wie die törichten Frauen der Königin, die stets über mich lachen — das weiß ich sehr wohl —, während sie vorgeben, sich vor mir zu fürchten, und kreischen, sobald sie mich sehen? Und du wirst auch nicht so wie die alte Larisia zu mir sein, die mir kochendes Wasser über die Füße gießt, sobald ich in die Küche komme, um mich am Feuer zu wärmen?"

Die ängstliche Stimme des Mannes rührte Haltas.

„Ich werde bestimmt mit dir sprechen, so oft wir uns sehen können und wann immer du es willst!"

Nubals Augen füllten sich mit Tränen. „Du bist sehr gut, kleiner weißer Sklave!" erklärte er. „Aber auch Nubal kann ... du wirst sehen, daß Nubal dir kein schlechter Freund sein wird!"

„Nubal ist stark wie das Krokodil und flink wie die Schlange! Siehst du meinen Arm? Ich kann die bronzene Radspeiche eines Jagdwagens zerbrechen! Willst du, daß Nubal dir ein Freund ist, ein wahrer Freund?"

Haltas stellte sich ein wenig auf die Zehenspitzen und legte dem Neger die Hand auf die Schulter, dann legte auch Nubal seine große Hand für einen Augenblick auf die Schulter des Jungen, und damit war ihr Freundschaftspakt besiegelt.

Nur wenige Minuten darauf sollte Haltas bereits die ersten Vorteile dieser unerwarteten Freundschaft genießen. Sicher hatte sich der Neger im Palast von Mykene einsam gefühlt, das hatte ihn jedoch nicht daran gehindert, es sich mit der Schlauheit und Vorsicht des Sklaven sowie der Erfindungsgabe seiner Rasse im Palast bequem zu machen.

Die Kammern der niederen Palastsklavinnen wurden für gewöhnlich von vier oder sechs Mägden bewohnt; die höheren Dienerinnen waren im oberen Stockwerk untergebracht; die vertrauten Hofdamen der Königin sowie die Damen königlichen Geblütes aber genossen das Vorrecht, in den Gemächern neben der Königin zu schlafen — dabei hatten sie jedoch die vorgeschriebenen Gesetze der Hofetikette genau zu befolgen.

Bei den männlichen Sklaven dagegen herrschte nicht so große Ordnung, sie hausten in den Felsenkammern unterhalb des Ersten Hofes wie in Maulwurfslöchern. Nubal aber genoß gewisse Vorrechte, wie Haltas feststellte; einmal war er der Lieblingssklave aus Stoicheos Gefolge, zum anderen hatte der Neger aus der Abneigung der anderen, hellhäutigen Sklaven ihm gegenüber einen bestimmten Vorteil gezogen — er schlief nämlich allein in einem kleinen Kämmerchen, das in den königlichen Quartieren lag und an das Gemach seines Herrn grenzte; außerdem waren die Gemächer des Prinzen Suweros ebenfalls ganz in der Nähe. Dorthin führte der Neger Haltas jetzt, ohne seinen Redestrom ein einziges Mal zu unterbrechen. Nur einmal verschwand er schnell und erschien mit einer kleinen, angezündeten Bronzelampe wieder, die er vorsichtig in eine steinerne Nische in der Wand stellte. Die Kammer des Negers war wesentlich größer und behaglicher als die Höhlen der gemeinen Sklaven — außer der luxuriösen Öllampe gab es auch noch ein winziges Fenster, das den Schießscharten glich, die so drohend in die Wände des Palastes gehauen waren. Auf dem Boden des Raumes — der hier ein richtiger Fußboden aus festgestampfter Erde war und nicht nur aus nacktem Fels bestand — glühte ein kupfernes Kohlenbecken, dem sich Nubal sogleich fröstelnd näherte. In einer weiteren Wandnische lag eine große, scheckige Lederhaut, die offensichtlich die Speisekammer des Negers verbarg. Vor allem aber befand sich ein Lager in der Kammer, das von einer Anzahl Häute und Felle bedeckt war — die Kammern der anderen Sklaven dagegen wiesen nichts als steinerne Lager an den Wänden auf, in die die umsichtigeren Sklaven mit ihrem Meißel eine Vertiefung für den Körper und eine Art Kissen für den Kopf gehauen hatten. Die Wärme des Kohlenbeckens verbreitete den scharfen, aber nicht unangenehmen Duft von Gewürzen in der Kammer.

„Das sind meine Kräuter", erklärte der Neger und wies zur Decke empor. Geschäftig hantierte er in dem kleinen Raum und schien einfach alles zu bemerken, denn er hatte genau beobachtet, daß Haltas schnuppernd den Kopf gehoben hatte. Nubal redete fortwährend und hatte inzwischen ein zweites Lager neben dem seinen bereitet, dann goß er aus einem Krug frisches Wasser in zwei Trinkschalen. Haltas schaute zur Decke empor und sah zahllose Kräuter in großen Bündeln zum Trocknen von der Decke hängen, dazwischen hingen Schnüre mit aufgereihten Beeren. Der schwarze Sklave mußte ein erfahrener Kräutersammler sein; Haltas verstand sich zwar auch auf Kräuter, aber hier erkannte er nur sehr wenige Arten.

Inzwischen hatte Nubal die Lederhäute vor der Speisekammer-Nische entfernt und einen großen Fladen aus Gerstenmehl herausgenommen, dazu ein Täfelchen, auf dem gebratenes Fleisch lag, sowie eine Schale goldgelben, klaren Honigs. Bescheiden entschuldigte sich Nubal:

„Du mußt schon mit den Resten vorliebnehmen, die ich noch von gestern hier habe! Die Verteilung für den Zehnten ist erst vor kurzem gewesen, morgen aber werden wir etwas Besseres bekommen!"

„Bei der Göttin der Ernten!" rief Haltas überrascht aus,

der beim Anblick der Speisen mit einem Mal schrecklichen Hunger verspürte. „Dies ist doch ein königliches Mahl, auch für jemanden, der nicht so lange gefastet hat wie ich! Ist die Speisemeisterin des Palastes so großzügig?"

„Möge Anubis mit dem Schakalkopf diese alte Hexe so bald wie möglich holen!" gab Nubal voller Nachdruck zurück. „Nein, die Speisemeisterin, die die Mahlzeiten für die Ersten Gemächer zubereitet, gießt mir ja gerade kochendes Wasser über die Füße, sobald ich mich der Küche nähere! Wenn es nach ihr ginge, dann wäre ich magerer als ein Sklave aus den Minen!"

Haltas blickte den Neger fragend an, da er gerade mit vollem Mund das Fleisch verspeiste. Nachsichtig schüttelte Nubal den Kopf.

„Man merkt, daß du die oberste Kunst eines Sklaven nicht kennst, und das ist auch gut so, denn du bist der Sohn eines Königs, wie ich gehört habe. Den Prinzen bereiten die Götter selbst das Mahl, so schickt es sich auch nicht, daß ein Prinz weiß, woher die Speisen stammen, die seinen Teller füllen. Nubal aber ist kein Königssohn, er weiß seine Speisen selbst zu besorgen und noch dazu die besten Bissen. Bringe ich meinem Herrn nicht eigenhändig die mit Tellern beladenen Tafeln in sein Gemach? Stoicheos liebt wie alle Kreter die Feiern und Festmähler, so lädt er denn oft achäische Freunde ein . . . doch warte nur! Diese Lammkeule scheint dir zu schmecken, sie ist aber noch besser mit etwas Wein dazu!"

Der Neger erhob sich und ging zu dem Winkel unterhalb des Fensters hinüber, dort fegte er flink ein wenig von dem Erdboden fort, der hier nicht ganz festgestampft war — und alsbald erschien eine Falltür mit einem Ring, an dem Nubal kräftig zog. In der Höhlung unter der Falltür waren zwei Weinamphoren aufgestellt, von denen eine sorgfältig mit Wachs versiegelt war und das Zeichen der Keller des Palastes trug — das Metallsiegel des Speisemeisters mit einem Skarabäus.

„Dies hier", meinte Nubal und zwinkerte Haltas zu, „wird dir besser schmecken als der Essig, mit dem die Sklaven ihren Durst stillen müssen!"

„Er funkelt wie das rubinrote Auge des Schlangengottes Ophis!" stellte Haltas bewundernd fest, als der Neger den Wein gegen das Licht hob und ihn wie ein erfahrener Mundschenk in die Trinkschalen goß. Darauf mischte er noch ein wenig Honig unter den Wein, und dann verdrehte Nubal entzückt die Augen und schnalzte mit der Zunge.

„Ah! Diesen reinen Duft besitzt doch nur der Honig des Altars!"

Mit einem Ruck setzte Haltas sein Trinkgefäß nieder.

„Hast du . . . hast du es gewagt, den Honig der heiligen Opfergaben zu stehlen?" flüsterte er entsetzt.

Der Neger blickte unschuldig zur Decke empor, dann hob er die Schultern.

„Aber nein, der Zweite Priester der Mächtigsten Göttin hat ihn mir gegeben, als Dank für einen kleinen Gefallen . . . der Honig war für den Tempel bestimmt, aber er hatte den Altar noch nicht berührt, das versichere ich dir!"

Dann aber bemerkte er Haltas' zweifelnden Blick und fuhr gekränkt fort:

„Soll ich es dir vielleicht schwören? Also gut, dann schwöre ich . . . beim Schleier der Theodora! Aber es ist nicht schön, daß du an meinen Worten zweifelst, nein, das ist wirklich nicht schön! Du hast mit mir das Mahl geteilt, und jetzt beschuldigst du mich des Diebstahls, ja, sogar des Frevels! Beim Skarabäus der Isis, ich hätte nicht gedacht, daß freundschaftliche Bande in Lemnos so gering geschätzt werden!"

Haltas errötete. Der Neger hatte recht, zornig auf ihn zu sein, auch wenn er ganz offensichtlich log — denn der Schleier der Theodora war eine recht unsichere Garantie für die Wahrheit seiner Worte. Aber schließlich hatte Haltas doch von diesem seltsamen neuen Freund nur Gutes erfahren, ohne daß er ihm bisher dafür gedankt hatte. Der Honig des Altars jedoch ... aber schließlich war diese Mächtigste Göttin doch die Herrin von Mykene, die in Lemnos niemand kannte. Haltas streckte die Hand aus und strich dem Riesen sanft über die Schulter. Nubal hatte sich abgewandt, jetzt aber fuhr er mit einem strahlenden Lächeln seines dunklen Gesichts zu Haltas herum und erwiderte die versöhnliche Geste mit einem so gewaltigen Schlag auf die Schulter des Jungen, daß Haltas um ein Haar zu Boden gefallen wäre. Nubals Bereitwilligkeit zu dieser Versöhnung gewann nun das Herz des ehemaligen Prinzen von Myrina endgültig — mochte der Neger nun ein Sklave sein oder nicht, er war so großzügig, daß er keinen Groll nachtrug, und diese Tugend konnten nur wenige Prinzen von Geblüt für sich in Anspruch nehmen.

Der junge Löwe zeigt die Krallen

In dieser Nacht schlief Haltas tief und traumlos in der Wärme und dem Kräuterduft aus dem Kohlenbecken. Bevor Nubal zum Dienst bei Stoicheos gegangen war, hatte er noch einige dunkelbraune Bohnen ins Feuer geworfen, die sogleich einen frischen Duft verbreitet hatten. Als der Neger zurückkam, schlief Haltas bereits fest, er hörte seinen Freund nicht mehr. Außerdem bewegte sich Nubal mit der lautlosen Behendigkeit des Jägers der verbrannten Erde, der das Tier mit dem feinsten Gehör, die Gazelle, jagt.

Am Morgen weckte der Neger den immer noch fest schlafenden Jungen ganz sanft — Suweros war erwacht und hatte nach dem Sklaven Lamnios verlangt, jetzt hieß es, sich zu beeilen.

Der Weg war nicht weit, denn auch der Prinz Suweros hatte sein Gemach im Erdgeschoß, so wie Stoicheos und alle anderen Männer des Palastes. Seitdem Suweros in einer feierlichen Zeremonie im Thronsaal von seiner Kindheit Abschied genommen hatte, wohnte er in einem Korridor mit den anderen jungen mykenischen Kriegern. Nubal und Haltas betraten jedoch das Gemach des Prinzen nicht; der Neger zeigte seinem neuen Freund nur das riesige Stierfell, das den Eingang verschloß, dann gingen sie weiter durch ein Labyrinth sanft abfallender Korridore. Der erste Schein der Morgendämmerung drang soeben durch die schmalen Fensteröffnungen, die keine Läden aufwiesen.

„Suweros ist im Bad", erklärte Nubal, „im königlichen Bad, nicht im Gästebad. Dort steigen zuweilen auch die Sklaven einmal hinein", sagte Nubal leise, obwohl er ägyptisch sprach, „nachdem der Gast zur Massage von den Dienerin-

nen übernommen worden ist. Aber im Bad des Königs erwischt zu werden . . . da würde man auf den Wällen aufgehängt und den Raben zum Fraß überlassen werden! Trotzdem gleicht dieses Bad nicht dem Bade des Pharao von Theben!"

Haltas aber blieb überrascht stehen, nachdem er den Baderaum betreten hatte. Das Bad des Pharao mochte noch schöner sein, der Luxus des Aitaleos jedoch erschien dem Jungen überwältigend. So düster und trübselig die Korridore des Palastes auch sein mochten, so heiter erschienen hier die stuckverzierten Wände und der Marmorfußboden. Aus Marmor war auch das Wasserbecken, in dem Suweros mit noch finstererem Gesicht als gestern saß und mit Wasser spritzte. Auf dem Wandbild hinter dem Becken tummelten sich in der blauen See Meerestiere aller Art, vor allem aber Delphine und gewundene Polypen spielten im Meer miteinander. Was Haltas jedoch am meisten verblüffte, war die Tatsache, daß die Sklaven des Bades das Wasserbecken gar nicht zu füllen brauchten — denn unmittelbar über dem Becken hatte ein in die Wand eingelassener silberner Delphin sein Maul geöffnet, aus dem das Wasser wie aus einer Quelle hervorsprudelte. Dabei war dies keineswegs eine Quelle, denn der Wasserstrahl strömte dampfend aus dem silbernen Maul; bevor aber das Wasser im Becken überlaufen konnte, drückte eine Sklavin geschwind auf den gebogenen Schwanz des Delphins, so daß der Wasserstrom auf der Stelle versiegte.

Haltas hatte sich immer im Teich des Gartens von Myrina gewaschen oder aber in einem Holzzuber, in den die Dienerinnen das Wasser mit Krügen gegossen hatten; noch niemals hatte er von Wasserleitungen gehört, die in der Wand verborgen waren. So glaubte er denn jetzt an ein unerklärliches, geheimnisvolles Wunder. Seine Bewunderung jedoch glättete die Unmutsfalten auf Suweros' zornigem Gesicht. Der Prinz beantwortete Haltas' Gruß mit einer herablassenden Geste, dann forderte er ihn beinahe herzlich auf:

„Komm nur näher, Lamnios! Ich sehe, daß dich mein Bad erstaunt, und da hast du ganz recht, denn noch nicht einmal auf Kreta gibt es ähnliche Bäder; obwohl nur die Götter wissen, wie sehr dieses Volk Düfte und Salben liebt! Was mich betrifft — ich liebe das Wasser und verabscheue den Jasmingeruch und all diese parfümierten Öle. Nach dem Bad nehme ich nur eine Salbung mit Pfefferminzöl, das stärkt die Muskeln und bereitet sie auf die Betätigung in der Wettkampfschule vor!"

Nachdem der Prinz aus der Wanne gestiegen war, streckte er sich auf einem niedrigen Zypressenholztisch aus; sogleich kam eine ältere Dienerin mit einer kleinen Amphore Pfefferminzöl herbei und begann, Suweros' Schultern zu massieren. Kaum aber hatte die Magd mit der Salbung begonnen, da setzte sich Suweros auch schon mit einem so heftigen Ruck auf, daß er beinahe die Phiole mit Öl zerbrochen hätte.

„Willst du mich zum besten halten, Larisia? Oder glaubst du vielleicht, mich wie einen dieser Schmarotzer bei den Festmählern massieren zu können? Du hast keine weiblichen Schultern vor dir! Ich glaube wirklich, daß du mittlerweile zu alt geworden bist, um mich noch weiter zu massieren!"

Bei dieser letzten, boshaften Bemerkung schlug die Alte die Hände vor das Gesicht und begann, laut zu wehklagen; dann ergriff sie die Hand des Prinzen, bedeckte sie mit Tränen und brachte einen endlosen Schwall von Entschuldigungen vor. Haltas verstand zwischen den Schluchzern einzelne Worte wie „mein Liebling" und „deine Amme". Suweros aber schob die Dienerin immer aufgebrachter zurück, bis er sie schließlich mit einem heftigen Stoß beiseite drängte und rief:

„Alt bist du, ja, zu alt, so alt wie die Erde selbst und ebenso runzlig! Jetzt heulst du auch noch, da du doch genau weißt, daß ich die falschen Tränen der Frauen nicht ausstehen kann!"

Wütend blickte er sich um, dann fiel sein Blick auf Haltas, der sich vorsichtig zurückgezogen hatte.

„Na, also! Von heute ab wird sich der Sklave Lamnios um mich kümmern, verstehst du? Nimm sofort deine Salben und verschwinde! Ihr anderen könnt auch alle gehen, ich brauche euch unnützen Frauen nicht mehr! Komm her, Lamnios, und massiere mich, wie es sich gehört!"

Die Dienerinnen verschwanden auf der Stelle lautlos wie Schatten; die alte Larisia aber war verstummt, sie setzte die Phiole mit Öl auf den Marmortisch, dann zog auch sie sich zurück. Als sie jedoch nahe an Haltas vorbeiging, warf sie ihm einen haßerfüllten Blick zu, dann wandte sie den Kopf, spuckte verächtlich auf den Boden und verschwand.

Haltas seufzte; da hatte er nun ohne seine Schuld wieder eine Feindin im Palast, eine Feindin, die vielleicht sehr viel Macht hatte.

Suweros aber hatte vorerst seinen Zorn vergessen und war nun wieder heiter gestimmt. Munter plaudernd ließ er sich von Haltas massieren, der sich an die Griffe seines eigenen Masseurs in Myrina zu erinnern versuchte. Endlich berichtete Suweros mit gleichgültiger Miene, daß sein Vater aufs neue abgereist sei.

„Er wird mehr als drei Tage in Nauplion bleiben, dort will er das Ausladen der Schiffsladung auf die Wagen überwachen!" schloß Suweros leichthin.

Und dich hat er nicht mitgenommen, dachte Haltas bei sich und verrieb das grünliche Öl auf den Schultern des jungen Prinzen. Darum hast du also so schlechte Laune! Und ich muß wie immer dafür büßen, auch wenn es mir vorerst noch gutgeht!

Nach der Massage legte der Prinz eine Tunika aus leichter Wolle an, darüber warf er den kurzen, ärmellosen Mantel und zog die schweren Reiseschuhe an, mit denen man jedoch gut in den Bergen von Mykene klettern konnte. Dann ging er zu einem zierlichen Tischchen hinüber, das sich in diesem Baderaum für Männer ein wenig seltsam ausnahm — in die dunkle Holzplatte waren Muscheln und Schmetterlinge in Elfenbein und bläulich irisierendem, vulkanischem Glas eingelegt, darauf lagen ein golddurchwirktes Band und ein polierter, silberner Spiegel. Suweros wand sich das Goldband um die noch feuchten, braunen Locken und ergriff zu Haltas Erstaunen den Spiegel. Lange und eingehend untersuchte er darauf sein Gesicht, immer wieder fuhr er mit der Hand über die Wangen und die Oberlippe; endlich legte er den Spiegel enttäuscht wieder nieder.

„Unbehaart wie dieser parfümierte Kreter!" seufzte er. „Wann wirst du mir endlich einen Bart wachsen lassen, die Zierde des Mannes, o Enyalios, Beschützer der jungen Athleten! Schau du einmal genau hin, Lamnios, denn du hast gute Augen — siehst du ein Haar sprießen?"

Haltas untersuchte ernsthaft die Wangen des Prinzen, aber sie waren noch so weich und glatt wie die eines Kindes.

„Ich glaube, du wirst bald ebenso einen Bart wie dein Vater haben, wie dein Vater als ganz junger Mann natürlich!" suchte er dann Suweros zu beruhigen.

„Eine weise Antwort!" lachte Suweros gutgelaunt. „Ich glaube, du wärst ein vorzüglicher Schüler unseres schlauen

Haltas untersuchte sorgfältig die Wangen des Prinzen.

Ethewas, meines Vaters Ratgeber; so wie ich ein guter Schüler von Makaones bin, dem Sohn des Ares. Wir wollen ihn jetzt sofort aufsuchen!" Dann machte er Haltas ein Zeichen, ihm zu folgen.

Als der neue Sklave Lamnios am vergangenen Abend auf dem kürzesten Weg in die kleine Kammer geführt worden war, hatte er noch keine rechte Vorstellung von der Größe des Palastes gehabt. Heute nun erschien er ihm ungeheuerlich groß, ein wahres Labyrinth von Korridoren, Kammern, Sälen und Höfen, dem Häuserkomplex der Wachen sowie überdachten Bogengängen. Wo immer der Fels von Mykene zu fehlerlos ineinanderpassenden Steinblöcken behauen war, verlieh er dem königlichen Palast das Gepräge abweisender Strenge. Einige dieser Blöcke waren klein, andere wieder erreichten Mannshöhe, und Haltas dachte, daß dieser majestätische, aber dunkle und kalte Palast für ein Geschlecht stolzer Giganten gebaut schien. Hier vermochte er nirgends eine der stillen, kleinen Freuden des Alltags zu entdecken, die er daheim in seiner heiteren Heimat von Myrina so geliebt hatte. Noch nicht einmal einen Teich mit Goldfischen und Seerosen gab es hier, und in den gepflasterten Höfen war nirgends ein grünes Beet zu erblicken. Einmal tauchte am Ende eines Korridors eine prachtvolle, gewundene Treppe auf, die von großen Pfeilern bestanden war, von denen einer den anderen immer aufs neue um wenigstens zwei Armlängen überragte. Zwei Palastwachen standen unbeweglich zu Seiten der ersten Stufe, die Männer trugen eine Art Uniform — die einfache achäische Tunika mit einem bronzebeschlagenen Brustschild sowie die lange Lanze. Haltas erriet, daß sie die tiefer gelegenen Quartiere bewachten, die Frauengemächer, die den Damen der königlichen Familie und ihren Dienerinnen vorbehalten waren; und der neue Sklave beschloß, den gut informierten Nubal zu fragen, wo seine Mutter untergebracht werden sollte.

Endlich erreichten sie die große Vorhalle, von der aus sich

der Thronsaal, die Audienzsäle sowie das Megaron des Aitaleos eröffneten — das Herz des Palastes. Suweros aber blieb nicht stehen und ging eilig weiter durch den Ersten Großen Hof. Hier erstreckten sich nach allen Seiten hin schöne Häuser, die gewiß die Wohnstätten der adeligen Würdenträger, der Hofbeamten und der Aufseher der königlichen Wagen waren. Diese Häuser waren durch stuckverzierte Giebeldächer und steinerne Pfeiler an den Seiten voneinander getrennt, in die glückbringende Figuren eingemeißelt waren.

Als sie dann jedoch über zwei in den Fels gehauene Freitreppen in den Zweiten Hof gelangten, der sich über dem südlichen Abhang des Palastes erstreckte, da blieb Haltas plötzlich ein paar Schritte hinter seinem neuen Herrn zurück, um den Ausblick aus dieser Höhe zu bewundern. Die Mauern von Mykene umspannten in einem weiten Bogen beinahe die ganze Stadt, nur unmittelbar unterhalb dieses Aussichtspunktes fiel ein Abhang von mindestens vierhundert Armlängen steil zu einem gewundenen Flußbett hin ab. Nach Nordwesten aber, wo der Hügel in einer sanften Erhebung in das bergige Hinterland überging, hatten die kriegerischen Könige von Mykene eine wahrhaft gewaltige Verteidigungsanlage ersonnen — hier türmten sich die Mauern mit ähnlich gewaltigem Felsgestein empor wie die Blöcke des Löwentores.

Suweros ärgerte sich dieses Mal nicht über das Zaudern seines Sklaven, sondern näherte sich ihm mit stolzem Lächeln. „Du hast schon die Mauern von Tiryns bewundert, was sagst du nun zu diesen Felsblöcken? Meine königlichen Ahnen brauchten niemanden um Hilfe anzurufen, nicht einmal die einäugigen Riesen, die Zyklopen! Sie selbst waren Giganten, die königlichen Krieger, Lieblingssöhne des Ares, denen die Götter die Herrschaft über die Welt verliehen. Denn wir beherrschen die Erde bis zum Meer hin, das du dort in der Ferne leuchten siehst; aber wir beherrschen auch die Grünen Inseln, die im Meere schwimmen, und das große

Kreta, dessen unkriegerisches Volk sich nur ein einziges Mal vergebens gegen uns auflehnte — bis die Göttliche Mutter Erde erbebte und aus Rache die alten Paläste des Königs Minos vernichtete. Im Norden fürchten uns die Völker, die den Wolf in den Wäldern jagen und die kostbaren, durchsichtigen, gelben Steine besitzen — magische Steine — im Osten aber bieten uns nur die Ägypter Widerpart. Meine Vorfahren sind jedoch auch bis nach Ägypten gelangt, um dem Pharao in seinen Kriegen beizustehen — für ihren Mut sind sie mit Schiffen voller Gold belohnt worden. Du siehst also, daß es kein Land am Großen Meere gibt, das die Achäer mit der Doppelaxt nicht fürchtet, die Achäer mit den bronzenen Rüstungen und der gefiederten Helmzier!" Der Sohn des Aitaleos verstummte, geriet jedoch in plötzlichen Zorn, als sein neuer Sklave nicht sofort antwortete. „So sprich doch! Sind meine Worte vielleicht nicht wahr?"

„Du hast wahr gesprochen!" gab Haltas langsam zurück. „Der Ruhm der wilden Achäer drang in alle Städte an der Küste und auf den Inseln. Sobald der warme Föhn des Lenzes die Wiederkehr der blühenden Jahreszeit ankündigt, erzittern die Menschen am Großen Meere in ihrem Herzen, weil sie wissen, daß die langen Tage und das nach den winterlichen Unwettern beruhigte Meer die mit Bronze gefüllten achäischen Schiffe zurückbringt. Dann nahen sich die beutegierigen achäischen Krieger! In meiner Heimat pflegten die alten Sklavinnen und Ammen die weinenden Kinder mit der Drohung einzuschüchtern: ‚Seid still oder der bärtige Achäer mit dem langen Speer wird euch umbringen!' Du hast wahr gesprochen, o Erbe des Königs der Könige!"

Suweros hob die Augenbrauen — dies hatte er nicht hören wollen. Oder vielmehr, er hatte diese Antwort hören wollen, aber jetzt gefiel sie ihm nicht mehr. Was hatte nur dieser Unterton in der Stimme des Sklaven zu bedeuten? Etwas, das beinahe Verachtung zu sein schien! Aber das war unmöglich!

So fühlte der Prinz sich denn aufs neue gereizt und verärgert. Abrupt wandte er sich ab und befahl Haltas, ihm zu folgen.

Zum Palast von Mykene gehörte auch die Sportschule, in der sich die jungen Männer des Palastes im Ringkampf, im Wettrennen und im Gebrauch der Waffen aller Art übten. Die Schule war ein niedriges und langgestrecktes Gebäude mit Ställen, Waffenmagazinen, Wagen und Rüstungen, das sich über drei Seiten des Zweiten Hofes erstreckte. Inmitten dieses Hofes stand ein von einem Mäuerchen umgebener Olivenbaum, der als heilig galt. So hingen denn Lorbeer- und Efeukränze von den meist trockenen Zweigen des Baumes herab, der jedoch auch noch grüne Äste aufwies — das waren die Opfergaben der jungen Athleten, die ihre im Sieg errungenen Kränze in den Zweigen des alten Baumes aufhingen.

Zu dieser frühen Morgenstunde jedoch war die Sportschule noch leer; nur zwei Männer waren in ein lebhaftes Gespräch vertieft — einer von ihnen war der Prinz Stoicheos von Knossos, der andere ein mächtiger Athlet mit eingedrückter Nase und gewaltigen Muskeln, der nur mit einem Lendenschurz bekleidet war.

Beim Eintritt der beiden Jungen wandten sich die beiden Männer um, und Stoicheos begrüßte sie mit einer eleganten Handbewegung. Der Athlet jedoch stieß einen Freudenschrei aus; er beugte kaum die Knie vor Suweros und begann dann, den Jungen sorgfältig von Kopf bis zu den Füßen abzutasten. Mit seinen kräftigen Fingern untersuchte er die Arme und Beine des Prinzen, dann versetzte er ihm plötzlich mit der flachen Hand einen Schlag in den Nacken. Suweros ging in die Knie, und Haltas sprang erschrocken zurück. Der Athlet jedoch rief enttäuscht aus: „Ich wußte es, beim Öl meines ersten Kampfes — ich wußte es! So weich und so schlapp wie einen Töpfer haben sie dich mir nach zweijähriger Abwesenheit zurückgebracht! Aber als du damals abgereist bist, konnte ich dir diesen Hieb unter zehn Malen nicht zweimal versetzen! Du warst so flink wie das Züngelchen der Schlange, heute aber bist du langsamer als die Schildkröte! Darum verabscheue ich den Krieg — er ist der Verderb jedes Athleten, der sich der trägen Ruhe im Zelt hingibt, sobald er nicht wegen seiner schmerzenden Knochen unter freiem Himmel schläft!"

Stoicheos unterbrach ihn:

„Komm, Makaones, zorniger alter Stier, du solltest nicht übertreiben! Du hast noch genug Zeit, ihn für die Spiele zu Ehren des Königs wieder in Form zu bringen! Du weißt sehr wohl, daß diese Spiele nicht vor dem Ende des neuen Mondes stattfinden werden, und erst nach genau fünfundzwanzig Tagen wird der neue Mond aufgehen! Bis dahin wird Suweros all seine Geschicklichkeit wiedererlangt haben — oder bist du etwa nicht mehr der Meister aller Waffengattungen, der Erzieher aller jungen Athleten des Kontinents?"

„Und auch der Grünen Inseln, das kann man wohl behaupten — beim Erschütterer der Lanzen!" gab Makaones selbstsicher zurück. Stoicheos aber erhob die Hand und fiel ein: „Ausgenommen Kreta, lieber Freund!"

Der Meister der Waffen hob die Schultern: „Ich überlasse dir gern deine Stierspiele und deine Tänze auf den Zehenspitzen vor einem wütenden Tier, das sich in blinder Wut auf alles stürzt, das sich bewegt! Dafür aber laß du mir die edle Kunst des Faustkampfes, des Zweikampfes mit der Axt, mit dem Stein und dem Speer sowie den Kampf mit dem Beil, den heute niemand mehr beherrscht — den aber unsere Vorfahren im Krieg und im Frieden jedem anderen Kampf vorzogen!"

„Ach", erwiderte der elegante Kreter verächtlich, „diese rohen Muskelpakete und groben Fäuste, die wie der Hammer eines Schmiedes zuschlagen! Und nennst du es etwa eine Kunst, wenn einer dieser ungeschlachten Kerle schnaubend einen Felsblock stemmt, der größer ist als er selbst und ihn dann nach seinem Gegner schleudert? Oder bezeichnest du die wahnwitzigen Hiebe der Axt als eine Kunst? Nein, ich bevorzuge den Wettlauf und das Springen, das Voltigieren mit der Lanze und den Speertanz — dabei kann man doch die Geschicklichkeit und die Präzision der Bewegungen bewundern. Das ist die wahre Kunst des Wettkampfes, die einem halbwegs gebildeten Mann gemäß ist!"

Haltas folgte der Unterhaltung aufmerksam. Der Kreter gefiel ihm zwar nicht besonders mit seinen wohlgeordneten Löckchen auf der Stirn und der Duftwolke, die ihn stets umgab — seine Worte aber erschienen Haltas vernünftig.

Suweros jedoch hörte schon nicht mehr zu, ungeduldig riß er sich den Mantel von den Schultern und warf ihn Haltas zu. Dann ging er zu Stoicheos hinüber, schlug ihm mit der Hand auf die Schulter und fragte in betont scherzhaftem, aber herausforderndem Ton:

„Ich bin zwar nicht eines deiner Lieblingstiere, außerdem bin ich dir nach zweijähriger Pause im Faustkampf und im Ringen kein ebenbürtiger Gegner mehr; trotzdem aber solltest du mir zur Feier meiner Rückkehr zwei Partien im Faustkampf gewähren!"

Und da Stoicheos abwehrte, beharrte Suweros mit zusammengezogenen Brauen:

„Oder soll ich etwa annehmen, daß dir meine Rückkehr wirklich keine Freude macht, flinker Kreter?"

Stoicheos lachte.

„Da haben wir ja den Jähzorn und den Argwohn des Aitaleos; diese beiden Eigenschaften sind wirklich eure Haupttugenden, ihr mißtrauischen Achäer! Aber ich sehe dort einen weitaus passenderen Gegner für dich!" fuhr Stoicheos fort und wies auf Haltas. „Es ziemt sich zwar nicht für einen Sklaven, sich in der Öffentlichkeit mit einem freien Mann zu messen, aber hier sind wir ja schließlich beim Wettkampf . . . und deine Kriegsbeute scheint mir für Wettkampf-Übungen in ganz guter Verfassung zu sein!"

Aber Suweros brach in lautes Gelächter aus.

„Da empfiehlst du mir einen schönen Gegner, Stoicheos von Knossos! Lamnios fürchtet sich doch schon, nur in die Nähe eines Pferdes zu geraten! Gib ihm eine Zither, und er wird bis zum Abend singen — wenn du ihm aber einen Kampfhandschuh gibst, wird er ihn gewiß mit einer Sandale verwechseln! Nein, Vetter, mit dir will ich mich messen!"

Und diese letzten Worte waren nun mehr ein Befehl als eine Einladung zum Kampf. Stoicheos erhob die Arme mit der Geste eines Faustkämpfers, der um eine Kampfpause bittet, und Suweros brach in lautes Freudengeschrei aus.

„Endlich!" rief er. „Du brauchst wirklich lange, um dich zu entschließen, Vetter! Bring die Kampfhandschuhe, Makaones!" Der Meister eilte mit den Handschuhen herbei und band Suweros einen um die rechte Hand.

Haltas aber setzte sich vor der Wand der Kampfschule auf den Boden. Das spöttische Gelächter des Prinzen hatte ihm die Schamröte in die Wangen getrieben, und sein verletzter Stolz ließ ihn sehnlichst eine Vergeltung herbeiwünschen. Als er dann den sogleich zwischen den beiden Prinzen begonnenen Kampf verfolgte, sah er nur zu bald, daß er Stoicheos seine Rache ruhig überlassen konnte.

Beim Schlangengott Ophis! brütete Haltas, dieser Kreter ist schneller als der Gedanke! Wie er die Beine bewegt — Suweros ist es noch nicht einmal gelungen, ihn zu treffen; dabei aber mußte er bereits zwei, nein, drei Schläge einstekken! Da kannst du dich ruhig abmühen, den Kreter wirst du nicht treffen! Das ist gut, da blutet er bereits aus dem Mund, der große Faustkämpfer!

Ein harter Schlag des Stoicheos hatte Suweros soeben voll getroffen, so daß er taumelte. Zu seinem Glück benutzten die beiden leichte Übungs-Kampfhandschuhe, die aus einem Band aus Büffelleder bestanden; die Kampfhandschuhe, die bei den großen Wettkämpfen benutzt wurden, waren mit tödlichen Nägelköpfen besetzt.

Jetzt waren die beiden Gegner ein wenig zurückgetreten, um sich besser beobachten zu können; langsam umkreisten sie einander, während Makaones ihre Bewegungen für sich wiederholte und zuerst dem einen, dann dem anderen Prinzen auf unparteiische Art und Weise anfeuernde Bemerkungen zurief. Der Kreter sprang gewandt auf den Spitzen seiner weichen Schuhe, die die Ferse fest umschlossen; das gleiche Schuhwerk pflegte er auch beim „Stiertanz" zu tragen, dem alten kultischen Spiel seiner Insel. Aber auch Suweros hatte jetzt nach dem ersten, heftigen Ansturm eine vorsichtigere Verteidigungsstellung eingenommen. Er hielt den Kopf auf die Schultern gebeugt und beobachtete seinen Gegner aufmerksam. Plötzlich unternahm er mit einem blitzschnellen Satz einen Ausfall nach links und schlug unmittelbar darauf dem Kreter mit der bewaffneten rechten Hand auf den Nacken, unterhalb des Ohres. Stoicheos hatte für einen Augenblick nicht an Deckung gedacht, so daß sein Körper mit dem vollen Gewicht auf den Schlag des Gegners reagierte.

„Vorzüglich, beim Ares!" rief Makaones aus.

Verblüfft verlor Stoicheos das Gleichgewicht und mußte sich für einen Moment mit den Fingerspitzen am Boden abstützen. Gleich darauf aber sprang er mit einem schnellen Satz wieder auf.

„Bravo!" klatschte jetzt Haltas wie ein Echo des Makaones Beifall. Die Bewunderung für den sauberen Schlag hatte ihn seinen Groll vergessen lassen, vor allem aber schienen ihm die Gegner nicht ebenbürtig zu sein. Stoicheos war zwanzig Lenze alt und überragte seinen jugendlichen Widersacher um ein gutes Stück.

Der Waffenmeister aber bedachte den Sklaven mit einem Blick der Sympathie und rief lachend aus:

„Hört nur das Lämmchen aus dem Orient, wie es sich ereifert! Du möchtest es wohl auch einmal versuchen, wie? Es gibt nichts Besseres als einen guten Faustkampf, um auch die Schlappen und Schüchternen anzuspornen, das habe ich immer gesagt. Aber jetzt ist Schluß! Genug, mein wütender, junger Löwe!" rief er Suweros zu.

Der Prinz aber sah schon den Sieg winken und hörte nicht auf seinen Lehrer. Auch Stoicheos achtete nicht darauf, der harte Schlag hatte ihn aus seiner gewohnten Ruhe aufgestört, und auch das ironische Lächeln war nun verschwunden. Harte, erbitterte Schläge hagelten nun auf einen jeden der beiden Gegner nieder, offensichtlich hatten die beiden Kämpfer jetzt Ernst gemacht.

Suweros wußte sich gut zu verteidigen, aber aus einer Platzwunde in den Augenbrauen sickerte ihm das Blut über die Augen und verlieh ihm ein groteskes Aussehen. Er schien zu fühlen, daß seine Kräfte abnahmen und versuchte, dem Kreter einen weiteren Schlag auf den Kopf zu versetzen; dabei dachte er jedoch nicht an die Deckung seines Kinns. Stoicheos erkannte auf der Stelle seinen Vorteil; und nachdem er noch eine harmlose Rechte seines Vetters eingesteckt hatte, schoß seine Faust blitzschnell vor — und dieses Mal fiel Suweros mit dem Gesicht in den Sand nieder, der auf dem Boden der Kampfschule ausgestreut war und blieb regungslos liegen.

Haltas schrie erschrocken auf, der Kampflehrer jedoch schien wenig beeindruckt zu sein.

„Dort drüben in der Ecke!" rief er. „Den Eimer und den Schwamm!"

Und der Sklave Lamnios beeilte sich zu gehorchen; während Stoicheos bereits sein gewohntes Lächeln wiedergefunden hatte und sich ruhig den Kampfhandschuh abnahm.

Suweros' Gesicht sah nicht sehr appetitlich aus — eines seiner Augen war verschwollen und so dunkelblau wie eine reife Feige, aus dem Mund floß ihm Blut.

Makaones zog dem Jungen sanft ein Lid hoch und tastete dann noch vorsichtiger über das Nasenbein, dann rief er aufgebracht aus:

„Bei der feindlichen Glücksgöttin! Auch dieses Mal ist es nicht gebrochen! Und du, Kaninchen von Lemnos, warum starrst du mich so an? Wasch dem Prinzen das Gesicht mit dem Schwamm, der sorgfältig in Essigwasser getränkt ist, dafür hast du gewiß zartere Hände als ich!" Dabei hob er lachend die riesigen Hände.

Suweros versuchte mit seinen geschwollenen Lippen ein Lächeln.

„Da sei beruhigt, mein Gigant! Lamnios versteht sich auf die Wundbehandlung, das muß man ihm lassen! Nur wird deine empfindliche orientalische Leber beim Anblick des Blutes rebellieren, stimmt's, Lamnios?"

Beim Zeus Dikaios, dem Schützer der Gerechtigkeit! empörte sich Haltas im stillen, und ausgerechnet dich habe ich vor dem Messer deines Arztes fliehen sehen, weil du Angst vor einem Aderlaß hattest!

Dann aber fiel ihm noch rechtzeitig die Ermahnung des Ethewas ein, und er preßte die Lippen fest aufeinander, damit ihm kein Laut der Erwiderung entschlüpfte.

„Aber das ist nicht seine Schuld", fuhr Suweros mit nachsichtigem Lächeln fort, „es muß eine Art von Verhängnis sein, das über allen klugen Köpfen zu hängen scheint — wer den Kopf voller seltsamer Ideen hat, in dessen Leber fehlt zumeist gutes, rotes Blut!"

Makaones nickte heftig zustimmend. „Das habe ich auch immer zu deinem Vater gesagt, meinem Herrn Aitaleos. Was nützt es einem Mann schon, wenn er mit einem Griffel kluge Worte in den feuchten Ton ritzen kann, wenn er nicht einem anderen Mann das Lebensmark nehmen kann? Kann ich vielleicht meinen Namen schreiben? Nein, beim Enyalios, aber dieser Name ist überall dort gut bekannt, wo man achäisch spricht und dem König untertan ist. Und auch für einen König — wie du einmal einer werden sollst — genügt nicht der Abdruck eines Schwertgriffes auf Wachs oder weichem Ton. Nur der Name des Aitaleos ist es, der auf einer Tafel zählt, denn die Worte auf diesen Schrifttafeln klingen wie die Befehle von Zeus selbst, und da ist es unwichtig, ob diese Worte von der Hand eines schreibkundigen Sklaven geschrieben wurden. Und ein König braucht viele dieser weisen Raben in seinem Dienst, auch wenn nach meiner Ansicht in diesem Palast viel zu viele dieser klugen Vögel leben. Aber für sie ist es schon zu viel Ehre, daß ich meine Worte an sie verschwende. Also, mein junger Löwe, fühlst du dich kräftig genug, um aufzustehen?"

Suweros richtete sich auf den Ellenbogen auf und schüttelte einige Male prüfend den Kopf. „Wenn Stoicheos bereit ist weiterzukämpfen, dann bin ich es auch!"

„O nein, Vetter!" protestierte der Kreter. „Für heute ist es genug, ich muß auch meinen geliebten Stieren noch einen Besuch abstatten. Ich war eigentlich nur hergekommen, um mit Makaones über sie zu sprechen; denn bei den königlichen Ställen von Knossos — er ist der einzige in Mykene, der mit einem Stier edler Rasse umzugehen weiß, außer Nubal natürlich, meiner schwarzen Perle! Ich grüße dich, Vetter, bis auf bald! Übrigens naht dort drüben soeben einer dieser gelehrten Raben, die unseren Makaones so langweilen!"

Und mit einem belustigten Lachen verließ der junge Kreter die Sportschule. Beim Ausgang drückte sich ein kleiner, kahlköpfiger Mann mit großem Respekt an die Tür, um Stoicheos vorbeigehen zu lassen. Der Mann war in einen großen, zerlöcherten Mantel gehüllt und erweckte den Eindruck eines frierenden, mageren Vogels.

„Schnell!" flüsterte Suweros und ließ sich wieder zurücksinken. „Schnell, Lamnios, drück mir den Schwamm aufs Gesicht!"

Haltas gehorchte verblüfft. Der kleine Mann war inzwischen mit schnellen Schritten auf den Prinzen zugeeilt und verbeugte sich viele Male vor ihm, obwohl ihn Suweros gar nicht sehen konnte.

„Deine Grimassen sind vergeblich, Weiser!" rief ihm Makaones verächtlich zu. „Siehst du nicht, daß der Prinz deinem Unterricht heute nicht folgen kann? Du mußt schon bis morgen warten, um ihm den Kopf mit deinem sinnlosen Geschwätz vollzustopfen! Heute braucht der Junge Ruhe!"

„Wer sagt denn das?" erkundigte sich der kleine Mann argwöhnisch und ging auf den riesigen Athleten zu. „Bist du etwa ein Arzt, daß du den Gesundheitszustand des Prinzen beurteilen kannst? Oder mißachtest du den Befehl des Großen Königs, der mir vor seiner Abreise nach Nauplion persönlich aufgetragen hat, die Lektionen des Prinzen, meines Schülers, sogleich wieder aufzunehmen? Und zwar sofort und ohne Zögern, gesagt und bestätigt!" Mit diesem seinem Lieblingsausspruch, wie Haltas bald feststellen sollte, beschloß der Lehrer seine Ansprache an Makaones.

Sogleich aber wich er geschwind ein paar Schritte zurück, denn der Waffenmeister schien sich in hellem Zorn wie ein wütender Stier auf den kleinen Gelehrten stürzen zu wollen.

„Wer sagt das, fragst du? Ich sage das! Ich, Makaones, Meister im Ringkampf und im Faustkampf, der seit zwanzig Lenzen die Blüte der Palastjugend trainiert und sich seit mehr als sechs Jahren um den Sohn des Aitaleos kümmert!"

Suweros hob den Schwamm empor und ließ sein blau verfärbtes Auge sehen. Melancholisch blickte er den kleinen Mann an und sagte dann mit ersterbender Stimme wie ein Todkranker:

„Mein guter Assur, vortrefflichster aller Lehrer, du selbst sagtest mir eines Tages, daß nur ‚ein gesunder Geist in einem gesunden Körper' wirklichen Nutzen aus den Studien ziehen kann. Ja, und in meinem Kopf haust jetzt ein Bienenschwarm, der wie toll darin rumort; wie könnte ich dabei deinen weisen Worten lauschen und sie mir merken?"

Der Lehrer seufzte, doch er schien besänftigt zu sein.

„Es ist wirklich erstaunlich, wie du dich noch nach zwei Jahren meiner Worte erinnerst, jedenfalls derer, die dir nützlich sind. Also gut, du mußt dich bis morgen in deinen Gemächern ausruhen, wie ich sehe! Aber nur bis zur dritten Stunde nach Sonnenaufgang, merk dir das! Und denke bitte auch daran, daß ich die Befehle deines Vaters, des Königs, befolge!"

Dann hüllte sich der Lehrer fester in seinen weiten Mantel und schritt so feierlich davon, wie es ihm seine kleine Gestalt erlaubte.

„Gesagt und bestätigt!" äffte ihn Suweros nach sowie der Lehrer aus der Tür gegangen war. „Assyrischer Affe! Dich hatte ich in den schönen Tagen von Myrina ganz vergessen; ich hatte gehofft, daß du erfroren und in deinem Loch von den Ratten verschlungen worden seist!"

Und dann seufzte der Junge schwer, weil ihm die neidische Glücksgöttin seinen freundlichen Wunsch nicht erfüllt hatte.

Das bittere Brot von Mykene

Haltas konnte sehr bald feststellen, daß der Prinz Suweros einen beständigen Kampf mit dem armen Assur ausfocht. Der Hauslehrer erinnerte in der Tat an ein hilfloses, frierendes Vögelchen. Er gab sich redliche Mühe, seinem Schüler den Unterricht zu erteilen; Suweros aber setzte all seine Schlauheit dagegen, dem Lehrer zu entwischen. Und dieser Kampf verlief immer zugunsten des Prinzen. Makaones und Larisia waren seine festen Verbündeten, die ihren Liebling stets deckten und auch für ihn logen, und zwar mit einer undurchdringlichen Miene, wie sie die steinernen Figuren auf dem nördlichen Bollwerk zeigten.

Aber auch die anderen Palastsklaven taten ihr Bestes, um Suweros in seinen Unarten zu bestärken, sei es nun aus Schmeichelei, aus Sympathie oder aus Schadenfreude gegenüber einem anderen, der höhergestellt sein mochte und somit beneidet wurde. Die stolze Theodora aber kümmerte sich überhaupt nicht um den Stiefsohn.

So erwies sich denn die dreitägige Abwesenheit des Aitaleos als ein reines Vergnügen für seinen Sohn, nicht aber für den bedauernswerten Haltas.

Am Vorabend der Rückkehr des Königs schüttete der Junge seinem schwarzen Freund in der angenehmen Wärme ihrer gemeinsamen Kammer sein Herz aus. Nubal war ein verständnisvoller Zuhörer, der wußte, daß sich ein kummervolles Herz von Zeit zu Zeit Luft machen mußte. Mit gekreuzten Beinen saß er auf dem Boden und lauschte Haltas' Worten, dabei putzte er hingebungsvoll sein Amulett mit einem wollenen Tuch blank. Dieses Amulett war ein grüner, glückbringender Stein, in den kunstvoll ein Skarabäus eingeschnitten war. Haltas wußte, daß die Ägypter ihren Mumien einen Skarabäus auf die Brust legen, bevor sie die Toten begraben; und er hatte sich schon oft den Kopf darüber zerbrochen, wie Nubal wohl in den Besitz dieses kostbaren Gegenstandes gekommen war. Aber er hatte nur im geheimen seine Zweifel gehabt, da er sich noch gut an die Geschichte mit dem geweihten Honig erinnerte. Doch er wollte den Freund nicht beschuldigen, obwohl ihm vollkommen klar war, daß Nubal der Versuchung nicht widerstehen konnte, alle kleinen Dinge zu stehlen, die ihm unter die Hände kamen. Zum Ausgleich dafür war er geschickt und großzügig. Jetzt schüttelte er von Zeit zu Zeit bewegt den wolligen Kopf, um dem Freund seine tiefe Anteilnahme zu versichern.

„. . . und dann sind wir kreuz und quer über diese lebensgefährlichen Felsen geklettert!" klagte Haltas. „Wenigstens zweimal die Finger einer Hand gerechnet sind wir von den Ställen zum Waffensaal gerannt, vom Waffensaal zum nördlichen Bollwerk, vom Bollwerk zu den südlichen Kasematten, von dort aus aufs neue in den Palast zu den Übungen der Wachen im Waffenhof . . . ständig auf der Flucht vor jenem unglücklichen Assur, der auf der Jagd nach uns immer eine Minute später am Ziel anlangte. Suweros ist kein Menschensohn, das versichere ich dir — er hat die Leber einer Ziege und zwei verborgene, auswechselbare Beine!" Aber der Neger hob den Blick von seinem Skarabäus und schaute seinen Freund aufmerksam an.

„Aber es sind nicht die Beine, die dir weh tun, nicht wahr?" fragte er dann sanft.

Haltas errötete.

„Wie errätst du nur immer gewisse Dinge? Wir haben uns heute überhaupt noch nicht gesehen, und gestern nacht schlief ich bereits, als du zurückgekommen bist!"

„Ich kenne doch den unzähmbaren Stolz des Aitaleos, und der junge Löwe brüllt genauso wie sein Vater!"

„In den letzten Tagen auf dem Schiff war er ganz anders. Seitdem er jedoch den Fuß auf diese Erde gesetzt hat, ist er hart wie Stein geworden und so heftig und launisch wie seine Pferde. Er quält mich fortwährend zu seinem Vergnügen und hält mir dauernd meine angebliche Feigheit vor. Ich bin kein Feigling, Nubal, verstehst du? Ich liebe die Waffen nicht besonders, das stimmt, aber nur, weil ich glaube, daß ein Mann seinen Mut nicht ausschließlich durch Waffen beweisen kann!"

Nubal blickte Haltas verwundert an. „Was glaubst du wohl, soll ein Königssohn tun, außer das Waffenhandwerk zu erlernen? Er muß doch der Stärkste von allen sein, der erste, der mit seinem Kampfwagen in die Schlacht zieht, und auch der erste, der bei der Belagerung den Angriff auf die Mauern unternimmt. Suweros wird einmal seine Schiffe über die Meere des Orients und des Okzidents führen müssen, um seine Schatzkammer mit neuer Beute zu bereichern; er wird seinen Künstlern edle Metalle zusagen müssen und dem Land die starken Arme neuer Sklaven, damit das königliche Lehen wohl bearbeitet wird. Dann wird er Gold und Elfenbein benötigen, um seine edlen Gefolgsleute zufriedenzustellen; er wird Bündnisse schließen müssen und sich der Freundschaft mächtiger Nachbarn zu versichern haben ... das sind die Aufgaben eines Königs, das weiß doch auch ich, der als Sklave von Sklaveneltern geboren wurde!"

„So haben wir niemals regiert!" erwiderte Haltas unbeirrt. „Unsere Schiffe haben die Meere befahren, um den Wein, das Öl und die allerfeinste Wolle Myrinas in die Häfen des Okzidents zu bringen — und deshalb spreche ich auch Ägyptisch sowie den kretischen Dialekt, der der achäischen Sprache ähnelt. Und unsere Sklaven haben wir auf den Märkten der Inseln gekauft und ausgetauscht. Die Herden meines Vaters aber, die so zahllos waren wie die Sterne am Himmel, wurden von freien Schäfern gehütet, die einen Ehrenplatz an der Tafel des Palastes innehatten, entsprechend der Größe ihrer Herden . . . ganz gleich, ob sie Schweinehirten, Ziegenhirten oder Schäfer waren. Die Mauern von Myrina waren sicher nicht besonders groß, aber auf ihren Höhen spielten Kinder, und Tauchenten hatten dort ihre Nester gebaut. Unsere Mauern waren nicht so traurig wie die von Mykene — wenn diese Mauern hier eine Stimme besäßen, dann würde jeder Stein einen lauten Kriegsruf ausstoßen!"

„Und was hätten die Mauern deines Palastes gesagt, du seltsamster aller Sklaven?" fragte der Neger lächelnd.

„Die Mauern daheim in Myrina sangen!" antwortete Haltas ernst. „Sie sangen vom Lächeln der gütigen Götter und den Friedenstaten der Menschen!"

„Deine Worte fließen in die Ohren deines Zuhörers wie frische Gazellenmilch in die Kehle eines Durstigen! Aber morgen werden sich bald nach Sonnenuntergang alle Edlen im Megaron des Aitaleos versammeln, und ich bitte dich, mein kleiner Freund, dann den Liedern des Hofsängers zu lauschen! Höre gut zu und merke dir diese Lieder, denn ich bin besorgt um dein allzu weiches Herz! Myrina ist fern, Lamnios, und hier im Palast des Königs gelten nur die Lieder, die du morgen hören wirst!"

Als Haltas am nächsten Morgen seine Kammer verließ, herrschte bereits überall im Palast emsige Geschäftigkeit zu Ehren der Rückkehr des Aitaleos. Die Vorbereitungen für das Festbankett am Abend hatten begonnen.

Suweros brauchte sich nun nicht mehr die Mühe zu machen, vor seinem Lehrer Reißaus zu nehmen. Assur hatte den Sklaven Lamnios, der die Kunst des Schreibens beherrschte, aufgefordert, ihn in die königlichen Magazine zu begleiten. Dort hatten zwei diensteifrige Schreiber schon zahlreiche Tontafeln vorbereitet, auf denen die Kriegsbeute aus Myrina verzeichnet werden sollte, die von den Wagen nach Mykene gebracht wurde — entsprechend ihrem Gewicht, der Anzahl oder dem Material, aus dem diese Beute bestand. Mit einem Mal haßte auch Haltas den Hauslehrer Assur mit der gleichen Leidenschaft wie Suweros — dieser alte Frosch hatte doch seinen Plan durchkreuzt, sich in einem sicheren Winkel zu verbergen, um auf die Mutter zu warten, die dort gewiß im Gefolge des Aitaleos vorüberkommen würde. Haltas hatte vorgehabt, ihr wenigstens einen Blick zuzuwerfen und sie mit einem Lächeln zu beruhigen, das ihr sagen sollte: Wo du bist, bin auch ich; du siehst, daß die Götter uns wenigstens nicht ganz und gar getrennt haben!

Der Junge fürchtete die unbeugsamen Gesetze, die in den Frauengemächern herrschten, dort lebten die Frauen wie gut bewachte Gefangene.

In den Magazinen dagegen gab es jetzt für mehrere Tage eine Menge Arbeit. In dem kleinen, inneren Hof des niedrigen, langgezogenen Gebäudes, das an die Ställe grenzte, war einer der Schreiber damit beschäftigt, mit einem Stab das Wasser in einer flachen Mulde umzurühren, die in den felsigen Boden gehauen war. Als Haltas jedoch näherkam, sah er, daß diese Masse kein Wasser war, sondern trüber, gelblicher Schlamm aus alten, gebrauchten Tontafeln, die auf diese Weise wieder aufgelöst wurden. Und da eilte der zweite Schreiber auch schon wieder mit einem Korb voller Tontafeln herbei.

Gebieterisch rief jetzt Assur nach dem Jungen. Haltas war aufs höchste erstaunt — hier in seinem Reich schien der Assyrer mit einem Mal vollkommen verändert zu sein. Er war nicht mehr das furchtsame Männchen, das dem Prinzen Suweros durch die Korridore des Palastes folgte — bittend und beschwörend, der königliche Schüler möge sich doch endlich herablassen, dem Unterricht zu folgen. Assur schien plötzlich größer geworden zu sein, so gerade richtete er sich jetzt auf den hohen Absätzen seiner babylonischen Sandalen auf. Außerdem stellte Haltas fest, daß der schüttere Bart plötzlich keine grauen Haare mehr aufwies, sondern im Licht des Morgens prächtig rotgolden aufleuchtete — der Hauslehrer hatte seinen Bart offenbar mit jenem roten Kräutersaft gefärbt, auf dessen Zubereitung sich auch Eritupina meisterhaft verstand.

„Lamnios, du wirst auf allen Tontafeln in diesem Korb hier die Anfangsnummer überprüfen, es muß stets die Ziffer acht sein, denn nur alte Tafeln dürfen vernichtet werden, die mindestens ein Alter von achtundzwanzig Jahren haben!"

Als der Junge diese Arbeit beendet hatte, folgte er dem zweiten Schreiber in die Magazine der Tontafeln. Dieser Schreiber war ein junger Mann mit freundlichem, aber traurigem Gesicht, er hinkte. Doch schien er kein Sklave, sondern ein freier Mann zu sein, denn Assur behandelte ihn, anders als die anderen Schreiber, mit einer gewissen unterwürfigen Ergebenheit. Als der junge Mann plötzlich unsicher auf seinem verkürzten Bein stolperte, stützte ihn Haltas impulsiv und preßte seine Schulter unter den Korb mit Tontafeln, der beinahe zu Boden gefallen wäre. Der Schreiber blickte Haltas lächelnd an.

„Du bist stark für einen Jungen! Lamnios wirst du genannt, nicht wahr?"

„Ich stamme aus Myrina, der größten Stadt der Insel Lemnos, deshalb nennen sie mich Lamnios! Ich bin der Sklave des Prinzen Suweros, ein Kriegssklave!" fügte er dann errötend hinzu. „In Myrina aber war ich der Sohn des Königs Ertilaos!" Das sagte er, weil er verhindern wollte, daß ihn der Junge mit dem freundlichen Gesicht so herablassend wie einen Sklaven behandelte. Haltas war überrascht, als der andere wenig beeindruckt schien.

„Sklave ..." wiederholte er lagsam. „Suweros' Sklave! Das ist kein leichtes Los, obwohl es auch nicht schlimmer ist als das Schicksal anderer freier Menschen!" Damit schlug er leicht mit der Hand gegen sein lahmes Bein.

„Laß mich dir bei diesem Korb helfen", erbot sich Haltas besorgt, „er ist schwer!"

Der andere Junge blickte ihn aufmerksam an.

„Du hättest mir nicht zu sagen brauchen, daß dein Vater König von Myrina war. Wahre Herzensgüte spricht eine deutlichere Sprache als alle Worte. Ich heiße Aktor", fuhr er fort und ergriff einen Henkel des Korbes. „Auch in meinen Adern fließt königliches Blut, denn meine Familie lebt bereits seit den Zeiten des Dritten Königs von Mykene vor Aitaleos hier im Palast; einer meiner Ahnen ruht im Heiligen Kreis neben dem Löwentor und ist daher den Göttern ähnlich. Aber was nützt mir sein Ruhm? Ich bin unglücklich geboren, und so hat es keinen anderen Weg für mich gegeben, als Schreiber zu werden. Bei uns werden Blinde und Krüppel oftmals Sänger, aber ich kann mir die alten Lieder und Gesänge einfach nicht merken. Wie du siehst, kann man auf verschiedene Weise ein Sklave sein, und da haben wir beide etwas gemeinsam!"

„Ach, warum bist du nicht mein Herr geworden, anstatt Suweros!" stieß Haltas heftig hervor.

Der junge Schreiber lächelte über diese Heftigkeit.

„Ja, dein Herr bin ich nicht, aber du wirst oft hierher in die Magazine kommen. Mykene hat Krieger im Überfluß, aber es gibt nur wenige Schreiber; und ich verspreche dir, daß wir gute Freunde sein werden — der Krüppel und der Gefangene, willst du?"

Haltas war zu bewegt, um antworten zu können; so nickte er denn nur heftig mit dem Kopf und ergriff den anderen Henkel des Korbes.

Da hatte Assur die beiden erspäht.

„Beim schnellfüßigen und geflügelten Boten des Zeus, gesagt und bestätigt, womit habe ich den Fluch dieses Faulpelzes aus Lemnos verdient?" Damit fuhr er mit der Hand an den Gürtel, an dem eine Peitsche hing. Aktor jedoch hob nur die Hand und blickte den Hauslehrer schweigend an. Wie ein knurrender Hund von dem Blick seines Herrn gebändigt wird, so wich Assur zurück und verstummte. War er nun ein Krüppel oder nicht, dieser Schreiber war schließlich einer der Prinzen von Mykene, und dem jungen Schlaukopf dort schien es gelungen zu sein – der Himmel mochte wissen, auf welche Weise –, seine Sympathie und Protektion zu gewinnen.

So arbeiteten sie denn angestrengt den ganzen Morgen. Nachdem die Tontafeln aufgelöst waren, mußten sie aufs neue geformt werden. Die beiden Schreiber, Haltas und auch Assur schöpften eine Kelle nach der anderen von dem gelben Brei zusammen, bis sie bis zur Nasenspitze empor mit Lehm bespritzt waren. Danach füllten sie die Masse in rechteckige kleine Holzrahmen, die bereits im Hof in der Sonne ausgebreitet waren.

„Diese dort, die ersten", erklärte Assur, „werde ich wieder fortnehmen, sobald der Zeiger jenes Schattenmessers dort das Zeichen der dritten Stunde überschritten hat, hast du verstanden? Dann sind sie gerade so hart, um die Lettern gut mit dem Stift einzuschneiden, und die Tafeln lassen sich leicht aus den Formen nehmen!"

Haltas mußte heimlich über die wichtige Miene des Hauslehrers lachen; denn er war wohl vertraut mit der ägyptischen Art und Weise, den Lauf der Sonne mit jenem „Schattenmesser" zu berechnen, wie Assur die Sonnenuhr genannt hatte. Die Priester im Tempel des Schlangengottes hatten

Haltas auch erklärt, wie diese Sonnenuhren gebaut werden — ein Zeiger aus Bronze wird schräg auf einer geneigten Fläche angebracht, die in aufeinanderfolgende Sektoren eingeteilt ist, deren jeder den gleichen Zeitabstand von Sonnenaufgang bis zum Untergang bezeichnet. Haltas wußte auch, daß man zur Einstellung des bronzenen Zeigers jene günstigen Tage abwarten muß, die vom Stand der Sterne bestimmt werden; diese Tage aber folgen einander nur wenige Male innerhalb eines Jahres — dann nämlich, wenn der goldene Wagen der Sonne und der silberne Wagen von Menes, dem Mond, einen Weg von gleicher Länge zurücklegen und wenn die Nacht ebenso lang ist wie der Tag. Sie hatten gerade die letzte Tontafel der zweiten Serie aus dem Rahmen genommen, als ein Küchensklave mit einem Essenskorb kam. Es gab nur ein wenig Gerstenbrei und für jeden zwei Feigen, aber alle waren froh über die kurze Mittagspause. Assur und die Schreiber aßen von Tontafeln, die sie sich auf die Knie gelegt hatten; der Sklave Lamnios benutzte den ältesten Teller der Menschheit, die Hand, und er hatte auch vollkommen vergessen, sich davon zu überzeugen, ob an dieser Hand auch kein Ton mehr klebte. Trotzdem verzehrte er sein Mahl mit dem gleichen Appetit wie die anderen.

Nachdem Assur den letzten Bissen verspeist hatte, hielt er sich an die Empfehlungen der Ärzte und stieß zufrieden auf. Seine Stimmung hatte sich jetzt wesentlich gebessert, ja, der Alte schien nun, nach dem Essen, geradezu freundlich gestimmt zu sein. Da der Schattenmesser ihnen noch eine kurze Ruhepause erlaubte, ließ sich der Hauslehrer gar herab, einige wohlwollende Worte an den neuen Sklaven zu richten.

„Du scheinst mir weniger töricht zu sein, als es den Anschein hat, Junge, und daher will ich dir ein Geschenk machen! Es ist allerdings ein sehr kostbares Geschenk. Denn was gibt es schon Wertvolleres für einen jungen Mann, in welcher Lage er sich auch befinden mag, als das Vorbild eines weisen Mannes?"

Aktor zwinkerte Haltas vielsagend zu, aber der Syrer bemerkte es nicht und fuhr feierlich fort:

„Du mußt wissen, daß ich schon in meiner Jugend ein Weiser war. Meine Altersgenossen verschwendeten ihr Geld und ihre Zeit bei Festmählern von fetten Gänsen des Tigris, Wachteln aus der Wüste und zarten Bambussprossen; oder aber sie spazierten in den Gärten oberhalb des prächtigen Babylon, in Gesellschaft gazellenäugiger Mädchen. Ha, ha! Nachdem diese Mädchen dann durch tausend Schmeicheleien einem armen Jungen Türkisringe abgelistet hatten, Vasen aus feinstem, geschwärztem Glas und bunte Schirme mit Elfenbeingriff — da schlugen sie ihm die Tür vor der Nase zu und wandten sich lachend einem anderen zu. Lang ist dagegen der Weg der Weisheit", fuhr Assur mit erhobenem Finger fort, „lang und voller Mühsal. Der Rauch der Öllampe entzündet die Augen, und oftmals hat der Studierende weder Holz für das Feuer noch Brot im Kasten. Darüber hinaus muß er lange Reisen unternehmen, um die heiligen Orte aufzusuchen, denn nur aus ihnen kann man die wahre Weisheit schöpfen!"

„Du scheinst viele dieser Orte zu kennen, wenn du am Hof des Königs der Könige einen so wichtigen Posten bekleidest!" sagte Haltas respektvoll, um Assur zu weiteren Vertraulichkeiten anzuregen. Der Hauslehrer schnalzte mit der Zunge und hob die Augenbrauen, um zum Ausdruck zu bringen, daß er wahrhaft unendliche Erfahrungen besäße.

„Ich sage dir, obwohl du nur ein dummes Entchen bist und obendrein ein Sklave, daß mir nur wenige der berühmtesten Heiligtümer unbekannt sind! Wer vermag sich schon so wie ich zu rühmen, bis in das ferne Lebadia gekommen zu sein, der Blüte des reichen Böotien, und bis zu den Quellen von Harkyna? Dort, mitten im dunklen Schlund des Gebirges, entspringen die heiligen Quellen — Mnemosyne, die die Erinnerung anregt, und Lethe, der Fluß der Vergessenheit. Ihr müßt wissen", und jetzt dämpfte Assur seine Stimme zu einem geheimnisvollen Flüstern, „als ich zum ersten Mal das Wasser des Lethe getrunken hatte und danach das Wasser der Quelle Mnemosyne, da wurde ich mit heiligem Öl gesalbt, wie es der Kult vorschreibt, und um Mitternacht zur Höhle des Orakels geführt. Wie furchtbar war meine Angst, o Numi, bei der Überfahrt, von der bereits Trefonios berichtet, der Gott der Abgründe! Ich mußte in diesen grundlosen Felsenspalt hinabsteigen und mich dann auf den unterirdischen Weg begeben, den man, mit dem Kopf voran, auf dem Rücken hinuntergleitet. Dabei ertönen Stimmen ohne Körper, und die Geister der Verstorbenen erscheinen, um Botschaften aus dem Reich der Schatten zu bringen. Die Priester des Gottes sagten später, daß sie niemals von menschlichen Lippen tiefere und seltsamere Enthüllungen gehört hätten als die meinen, als ich dann auf den Sitz der Erinnerung gesetzt wurde — der am Eingang zur Höhle steht — und sprechen mußte. Jene weisen Priester haben meine Berichte auf ihren Tontafeln verzeichnet, und gewiß sind diese Tafeln noch dort zu finden — eine Quelle der Weisheit für jeden Ratsuchenden!"

Die Zuhörer lauschten wie gebannt. Assur wollte, glücklich über ihre Aufmerksamkeit, in seiner Erzählung fortfahren, als ihn Aktor, der sich an die Mauer zum Tale hin gelehnt hatte, plötzlich mit dem lauten Ruf unterbrach:

„Sie kommen, sie kommen! Schaut ins Tal!"

Haltas war mit einem Satz neben ihm. Unten am Fuße des Felsens erstreckte sich, soweit das Auge reichte, die flache Ebene bis zum blauen Streifen des Meeres in der Ferne. Auf der gewundenen Straße, die hinter dem Hügel der Neuen Gräber in die Ebene mündete, näherte sich jetzt winzig klein eine Prozession von Wagen; ihnen voraus lagen dichte Staubwolken über der Straße, aus denen heraus es von Zeit zu Zeit hell aufblitzte. In diesem Augenblick erdröhnten vom Hauptpalast bis zum Löwentor die Kriegstrompeten der Palastwachen.

Haltas' Herz tat einen Sprung — auf einem dieser von den Höflingen des Aitaleos eskortierten Wagen reiste seine Mutter. Aber so verzweifelt er sich auch mühte, bei den Mauern hinunterzuspähen und zu lauschen, die Wagen fuhren unmittelbar unterhalb der Magazine durch das nördliche Tor in den Palast — ohne daß Haltas erkennen konnte, welches dieser mit Stoff und Schleiern bedeckten Fahrzeuge der Wagen des Eumedes sein mochte.

Dann ergoß sich ein unendlicher Strom von erbeuteten Gegenständen aller Art in den Hof, so daß der Junge keine Muße mehr hatte, seinen Gedanken nachzuhängen.

Ein wildes Durcheinander von Peitschenknallen, lauten Schreien und Befehlen entstand nun im Hof; schnaubende Bullen wurden mit dem Ochsenziemer herbeigetrieben und vor den großen Toren aufgestellt — sie sollten die Beute aus Lemnos transportieren. Assur und die beiden Schreiber eilten, mit Griffeln und Tontafeln in der Hand, hinter der langen Reihe der Träger her, die gebeugt unter der Last großer Wollballen, Häute und Gewänder von geringerem Wert dahintrabten; andere wieder schleppten mit großer Sorgfalt kostbarere Gegenstände — bemalte Vasen, Dreifüße, silberne Henkelkrüge, mit Intarsien verzierte Möbel. In den unterirdischen Vorratsräumen wurden die Metalle aufgehäuft, große Barren von Kupfer und Zinn oder der bereits erfolgten Legierung dieser beiden Metalle zu Bronze.

Haltas aber lief noch schneller zwischen dem Magazin und den drei Männern hin und her, die Arme beladen mit großen Mengen schwerer, noch feuchter Tontafeln. Danach ging es aufs neue ins Archiv, um die Tafeln auf den Abtropfbrettern zum Trocknen auszulegen; jede Tontafel war mit der Inventarnummer versehen sowie der Angabe von Quantität und Qualität der verzeichneten Gegenstände.

Wie die Götter sitzen sie beim Festmahl

Die schrägen Strahlen der Sonne färbten die Mauern von Mykene purpurrot. Haltas hatte das Gefühl, als ob ihm seine Beine bald nicht mehr gehorchten, seine Arme schmerzten und schienen so steif und hart wie Bretter zu sein — doch immer noch trafen weitere Wagen im Palast ein. Assur schrie mit nunmehr heiserer Stimme auf die Träger und Sklaven ein. War es überhaupt möglich, wunderte sich Haltas und blieb für einen Moment stehen, daß die Schiffsbäuche so vollbeladen gewesen waren? Aber Zögern war nicht erlaubt; und dieses Mal vermochte Aktor den Jungen nicht vor der Peitsche Assurs zu bewahren. Mehr als der Hieb der vier Lederriemen jedoch schmerzte Haltas die öffentliche Demütigung und die Schadenfreude dieser fremden Achäer, dic ihre Magazine mit den Reichtümern füllten, die sie erbeutet hatten. Haltas glaubte, dies alles nicht mehr länger ertragen zu können.

Er warf einen verzweifelten Blick zum Palast hinüber und zuckte zusammen — soeben betrat Nubal den Hof. Der Neger war festlich geschmückt mit einem riesigen Busch von Straußenfedern, der sicher für das Festmahl am Abend erneuert worden war. Mit wenigen Schritten seiner langen Beine näherte er sich Assur und berührte den kleinen Syrer an der Schulter. Der Hauslehrer wandte sich um und sprang — wie jeder, der Nubal unvermittelt gegenüberstand — erschrocken zurück. Der Neger lachte, er wies zuerst auf Haltas, dann auf sich selbst und schließlich zum Palast hinüber.

„Verlangen sie nach Lamnios, dem Jungen dort?" fragte Assur nervös, dann aber zuckte er die Schultern. „Es ist zwecklos, der Neger versteht kein Wort!"

Haltas aber war bereits ängstlich nähergekommen und wiederholte Nubal die Frage in Ägyptisch.

„Ja, ich soll mitkommen, der Prinz Suweros ist im Bade und bereitet sich auf das Festmahl vor. Er hat befohlen, mich zu ihm zu bringen!"

Argwöhnisch, aber hilflos runzelte Assur die Brauen.

„Also gut, dann geh, doch denke daran, daß ich hier alles allein machen muß! Aber beim Vater Euphrat, gesagt und bestätigt, die Glücksgöttin schüttet ihr Füllhorn wahrhaft blind aus!"

Aber Haltas hörte schon nicht mehr auf die Worte des Lehrers; er winkte nur Aktor noch einen Gruß zu und folgte dann dem Neger. Auf dem Weg machte der Junge Nubal ein Kompliment über sein prächtiges Äußeres; der Neger sollte heute abend beim Bankett hinter dem Sitz seines Herrn Stoicheos stehen, der den Prunk liebte und seinem Sklaven ein außergewöhnliches Gewand verschafft hatte. Nubal war mit einem Unterkleid aus feuerrotem Leinen bekleidet, das dicht mit silbernen Schuppen besetzt war; die Unterarme von den Handgelenken bis zu den Ellenbogen waren zur Zierde und auch zur Verteidigung mit breiten silbernen Armreifen bedeckt; das Leopardenfell über der Schulter verlieh dem gutmütigen Nubal ein wildes Aussehen, bildete jedoch einen wunderbaren Kontrast zu seiner schwarzen Haut.

Nubals Gesicht aber leuchtete nicht nur vom Widerschein des Goldes, mit dem er geschmückt war; immer wieder blickte er verstohlen zu der kleinen Gestalt hinunter, die an seiner Seite ging, und dann teilten sich die breiten, dunklen Lippen in einem erwartungsvollen Lächeln, so als ob ihn irgend etwas ganz besonders freute.

Haltas bemerkte das nicht; er genoß die Ruhepause nach der harten Arbeit dieses langen Tages und atmete in vollen Zügen die milde Abendluft ein. Als sie jedoch bei den königlichen Quartieren anlangten, da stellte auch Haltas fest, daß sie nicht zum Bade gingen — denn Nubal führte den Jungen durch einen sanft abfallenden, dunklen Korridor zur Rechten der Vorhalle.

„Wohin gehen wir denn?" fragte der Junge schließlich neugierig, aber der Neger gab keine Antwort.

Der Korridor war endlos lang und führte in zahlreichen, engen Windungen immer weiter hinab. Sie befanden sich nunmehr im Untergeschoß des Palastes, in dem sich die gewaltigen Küchen befanden — wie Haltas von Nubal wußte — sowie die höhlenähnlichen Speisekammern, in denen die Vorräte für die vierhundert Bewohner der königlichen Quartiere zu wahren Bergen aufgehäuft waren. Hier unten befanden sich aber auch düstere, geheime Orte, und bei diesem Gedanken lief Haltas ein Schauer über den Rücken. Aber was bildete er sich da nur ein! Er hatte doch nichts Böses getan, um in den Kerker geworfen zu werden — und außerdem war Nubal sein Freund, der ihn bestimmt gewarnt hätte. Dennoch aber war es Haltas hier unten unheimlich, es war so finster hier zwischen diesen Mauern und dem Boden, der unmittelbar in den Fels gehauen war!

Natürlich fürchtete er sich nicht, ihm war nur einfach kalt, merkwürdig kalt, das war alles! Gerade hatte Haltas beschlossen, Nubal zum zweiten Mal eindringlich zu fragen, was er mit ihm vorhabe, als ihn ein lautes Klirren von Scherben verstummen ließ. Aus einer schiefen, hölzernen Tür stürzte ein heulender Junge hervor, dem das schrille Geschrei einer Frau folgte. „Larisia!" erklärte Nubal nur; dann zog er den Kopf ein und schob die Tür zur Küche auf.

Als die beiden die Küche betraten, verzog Suweros' Amme ihr Gesicht zu einer wütenden Grimasse; die Alte öffnete den Mund, aber bevor sie noch ein Wort herausbrachte, war bereits eine Frau durch die Küche geeilt, drängte die verblüffte Köchin beiseite und stürzte auf Haltas zu. Sie ergriff seine Hand, küßte sie und beugte tief die Knie vor dem Jungen.

Das gesamte Küchenpersonal wandte sich neugierig nach

der seltsamen Gruppe um. Nubals dunkles Gesicht strahlte vor Zufriedenheit; die Sklavin aber begrüßte den Jungen mit der grauen Gefangenen-Tunika, die über und über mit Lehm bespritzt war, mit der Ehrerbietung, wie sie nur einem König oder seinem Sohn gebührte.

Hier aber war Larisias Reich, und bei allen Hausgöttern, sie würde diesen Wirrwarr nicht dulden! So stemmte sie denn die Arme in die Hüften, das sichere Anzeichen eines nahenden Unwetters, und attackierte den ihrer Meinung nach schwächsten Punkt der Versammlung.

„He, du schmutziger Kriegssklave! Wer hat dir erlaubt, mit deinen schlammbespritzten Füßen meine Küche zu betreten?"

Aber die Alte hatte dies kaum ausgesprochen, als sie wohl den größten Schrecken ihres Lebens bekam. Wie eine Löwin war die Sklavin aus Lemnos herumgefahren, blickte Larisia durchbohrend an und ging langsam und drohend auf sie zu. Eritupinas Gesicht glühte vor Zorn, ihre Augen funkelten drohend und ihre schwarzen Haare schienen ihren Kopf wie Schlangenzungen zu umstehen. Stumm kam sie näher, Larisia aber wich ebenso stumm und furchtsam zurück, die Hände abwehrend vor das Gesicht erhoben.

So vermochten die drei die Küche zu verlassen, und als Haltas an Larisia vorüberging, neigte die Köchin tief den Kopf, da war keine Spur von Verachtung mehr für den Kriegssklaven.

„Ich sage euch, ich *mußte* das tun!" erklärte Larisia später den Küchenmägden, die verblüfft ob der ungewohnten Niederlage der alten Tyrannin in der Küche standen. „Diese Frau ist kein gewöhnlicher Mensch wie wir! Habt ihr denn ihre Augen nicht gesehen? Sie lähmen den Willen, ebenso wie die Zauberpriesterinnen es mit ihrem Blick vermögen, die rätselhaften Sybillen! Merkt euch meine Worte gut, denn Larisia hat den Lauf der Jahre schon zwölfmal die Finger einer Hand gerechnet erlebt — im Palast des Aitaleos sind zwei mächtige Zauberinnen des Orients angelangt! Möge die Mächtigste Göttin uns beschützen!"

In der sicheren Kammer von Nubal erzählte Eritupina mittlerweile „ihrem" Prinzen in aller Eile von der Ankunft im Palast und was sich in den drei vergangenen Tagen ereignet hatte.

„Und Mutter?" fragte Haltas schnell, als Eritupina einmal eine Atempause machte.

„Deine Mutter ist auf dem Wagen des Aitaleos durch das Löwentor in den Palast gezogen", erwiderte Eritupina nur, „und ich habe ihr Gesicht niemals würdevoller und schöner gesehen — noch nicht einmal an dem Tag ihrer Hochzeit, als sie die Gemächer im Palast von Myrina bezog, die dein Vater ihr bestimmt hatte. Übrigens wirst du deine Mutter bald selbst sehen können!"

Haltas schüttelte den Kopf.

„Die Frauengemächer sind auch Suweros verschlossen, wenn er nicht von seinem Vater begleitet wird. Für einen Sklaven würde es den sicheren Tod bedeuten, dort einzudringen!"

Ohne den Jungen anzublicken, antwortete Eritupina:

„Deine Mutter wird heute abend am Festmahl teilnehmen!"

„Wie?" Haltas' lauter Schrei ließ Nubal erschrocken zusammenfahren, der mit gekreuzten Beinen auf dem Boden saß, ohne ein Wort der Unterhaltung zu verstehen. „Das ist unmöglich! Keine Frau darf sich mit den Männern zusammen zu Tisch setzen! Und du behauptest, daß meine Mutter ihr Antlitz bei einem öffentlichen Bankett zur Schau stellen soll? Ein erzürnter Gott muß dir den Geist verwirrt haben!"

„Dann hat er ihn den Achäern schon vor mir verwirrt! Ich sage dir, in Mykene gilt es für eine Frau nicht als Schande, an einem Gastmahl teilzunehmen! Es ist vielmehr eine große Ehre, die nur den Damen des Hofes und der königlichen

Familie gewährt wird. Aitaleos hat Theodora persönlich aufgefordert, deine Mutter mit zum Festmahl zu bringen, und damit hat er sie weit über den Rang einer gemeinen Sklavin hinauserhoben. Das mag vielleicht gefährlich sein, aber es ist keine Schande!" schloß die Sklavin bedeutungsvoll.

Aber Haltas hatte schon nicht mehr auf ihre letzten Worte gehört. Nach dem ersten Aufwallen des Zornes begann die Freude über das bevorstehende Wiedersehen mit der Mutter alle Zweifel an der Etikette zu besiegen. Eritupina spürte das und lächelte — ihr mißfielen die Sitten der Barbaren, wenigstens in dieser Beziehung, keineswegs. Zu gern würde sie selbst beim Festmahl anwesend sein, das dem Glanz des Königs der Könige würdig zu werden versprach. Aber das war für eine Sklavin des Wagenaufsehers Eumedes unmöglich.

Bevor Haltas jedoch dem Prinzen Suweros vom Bad in den Festsaal folgte, war es Eritupina wieder einmal gelungen, „die Dinge so einzurichten, wie es sich gehört" — gemäß ihrem Lieblingsausspruch.

Mit den wenigen Worten Ägyptisch, die die Syrerin beherrschte, war es ihr ein leichtes gewesen, Nubals Herz zu erobern. Der Neger bewunderte diese energische Frau ohnehin schon restlos, die den alten Drachen Larisia mit nur einem Blick gezähmt hatte. Als er dann auch noch feststellte, daß er sich mit Eritupina durch viele Gesten und wenige Worte verstand, da kannte seine Bewunderung keine Grenzen mehr. Nach wenigen Minuten war Nubal bereit, für Eritupina durchs Feuer zu gehen, wie er es auch nach dem ersten Zusammentreffen mit ihrem kleinen Herrn gewesen war.

Die Syrerin versprach, daß sie sich so unsichtbar wie möglich machen wollte und wurde danach dem einzigen Freund anvertraut, den „der schwarze Mann" im Palast besaß. Dieser Freund nun aber war kein Geringerer als der persönliche Mundschenk des Aitaleos. Eritupina bekam eine Amphore in die Hand gedrückt und wurde zum Dienst am untersten Tisch bestimmt, der am weitesten entfernt war vom Tisch des Königs. Aber fern oder nicht — sie war doch wenigstens im Festsaal, in der Thronhalle des Aitaleos, dem Megaron, das heute vom Glanz zahlloser Fackeln erleuchtet war. Blühende Zweige und grüne Laubkronen schmückten die Halle, die vom Stimmengewirr zahlloser Diener widerhallte. Von ihrem bescheidenen Winkel aus konnte Eritupina den König auf seinem mit purem Gold eingelegten Thron sitzen sehen, an seiner Seite schimmerte Theodora im Glanz ihrer Juwelen, umgeben wurde das Königspaar von den glänzend geschmückten Würdenträgern des Hofes. So boten sie in der Tat ein Bild der Götter, die beim Festmahl sitzen. Und wenn die Sklavin nur ein wenig den Hals reckte, dann konnte sie auch das schöne, melancholische Gesicht von Mayno erkennen und den lockigen Kopf ihres „Lämmchens".

Die beiden saßen dicht nebeneinander an einem bescheidenen Platz; Haltas hielt seine kleine orientalische Harfe auf den Knien, der einzige Grund, aus dem er zum Festmahl zugelassen worden war. Außerdem sollten er und seine Mutter natürlich zum Glanz des Aitaleos beitragen, denn Gefangene von königlichem Geblüt mehrten auch den Ruhm des Königs der Könige.

Haltas war wie geblendet von der Größe und der Pracht der riesigen Thronhalle. Das Megaron war in Myrina und auch auf den anderen Inseln unbekannt, hier aber gliederte es sich in drei Gemächer auf. Das erste war der Säulengang, der Leuchtende genannt, da er so nach Osten hin gebaut war, daß die frühen Strahlen der Sonne ihn erreichten. Das zweite Gemach war die Vorhalle; und das dritte endlich bildete das wahre Megaron, die Thronhalle mit der Feuerstätte — das Herz des Palastes. Hier erhob sich in der Mitte des Raumes die prachtvolle, runde Feuerstelle, die mindestens sechs Armlängen im Durchmesser maß und auf vier Säulen den kegelförmigen Rauchfang trug. Die Dienerinnen hatten die Herd-

statt heute mit grünen Zweigen bekränzt, die bereits in der Wärme zu welken begannen.

Am meisten wurde Haltas' Aufmerksamkeit jedoch von den Fresken in Anspruch genommen, die ringsum auf die Wände der Halle gemalt waren.

Wer hier eintritt, dachte der Junge, wird wahrlich nicht mehr zweifeln, daß der Krieg die bevorzugte Beschäftigung der achäischen Könige ist! Auf diesen Mauern sind nur Krieger zu sehen. Krieger im Aufmarsch zur Schlacht, in dahinstürmenden Streitwagen, oder im tödlichen Kampf. Dort drüben wird eine Stadt mit hohen Wällen gestürmt; von den Treppen und Mauern stürzen die Besiegten mit dem zum letzten Schrei aufgerissenen Mund herab, ihre Frauen aber, die dort noch über die Wälle spähen, entfliehen durch die brennenden Straßen! Dann aber wandte Haltas den Blick von den blutigen Schlachtszenen und betrachtete wie verzaubert ein geheimnisvolles Bild. Auf der Wand gegenüber der Feuerstatt war die Figur einer majestätischen, verschleierten Frau gemalt, zu deren Seite zwei kleinere Figuren zu sehen waren, die ihr opferten. Alle drei Figuren standen im Schatten eines offenbar heiligen Baumes, an dessen Zweigen geweihte Bänder befestigt waren. Die Gruppe aber wur-

Seit der Zeit, da ich in deinem Alter war, können meine Augen nicht mehr sehen – ich bin Amytaones, der blinde Sänger.

de umringt von zahlreichen Löwen mit zahmen Mienen, die sich in tiefer Ehrerbietung vor der Frau verneigten. Haltas war neugierig, wer diese geheimnisvolle, verschleierte Göttin wohl sein mochte. Ob es Artemis war, die Herrin der Wälder und Gebieterin über die wilden Tiere, oder die Mächtigste Herrin, die Ehrwürdige, Göttliche Mutter des Aitaleos? Vielleicht würde ihm sein Nachbar zur Linken seine Frage beantworten können; Haltas hatte schon mehrmals verstohlen zu ihm hinübergeblickt, der Mann sah nicht hochmütig aus. Es war ein Greis, ob er ein Sklave oder ein freier Mann sein mochte? Das war nicht sogleich zu erkennen, denn das Gewand des Alten war sehr einfach; seine weißen Haare aber fielen lang herab, und das galt in Lemnos und auch in Mykene bei älteren Männern als Zeichen für einen freien Stand. Oh, und dieser Mann schien ein Sänger zu sein, denn aus den Falten seiner Tunika ragte das Horn einer Leier hervor. Haltas berührte den Alten sanft an der Schulter.

„Vater", redete er den Sänger ehrerbietig wegen seines hohen Alters an, „kannst du mir erklären, welche ehrwürdige Göttin sich dort auf dem Fresko gegenüber der Feuerstatt hinter ihrem Schleier verbirgt?"

„Das ist die Göttliche Mutter von Mykene!" erwiderte der Alte höflich und wandte sich Haltas zu. „Das vermag ich dir zu sagen, weil ich mich an das göttliche Bildnis mit dem verschleierten Antlitz noch gut erinnere — wenn meine Augen auch seit vielen Lenzen nicht mehr sehen können, seit der Zeit, da ich etwa in deinem Alter war. Ich bin Amytaones, der blinde Sänger!"

Haltas errötete. Er blickte den Alten genauer an und bemerkte nun auch, daß die Augen des Sängers blicklos auf eine Stelle gerichtet waren, den Kopf aber hielt er in der unverwechselbaren Haltung der Blinden wie lauschend emporgehoben.

Aber nun war keine Zeit mehr für ein weiteres Wort, denn Aitaleos hatte sich erhoben. Der Herrscher hielt einen großen, goldenen Becher in der Hand, der bis zum Rand mit Wein gefüllt war. Aitaleos rief die Göttin an und brachte ihr einige Schlucke als Trankopfer dar; die letzten Tropfen des Weins vergoß er dann auf dem Stein der Feuerstatt und winkte den Dienern zu — damit war das Festmahl feierlich eröffnet. Der Mundschenk und seine Gehilfen eilten herbei, um die Becher zu füllen, die vor den Gästen standen, der Würde des Gastes entsprechend, waren auch die Becher mehr oder minder kostbar. Der Tranchierer der Braten beendete sein Werk mit vor Anstrengung gerötetem Gesicht und übergab den Dienern die gewaltigen Stücke einer Kalbslende, die dann auf goldenen Tabletts herumgereicht wurden. Das Geschirr der königlichen Tafel bestand ausschließlich aus kostbaren Metallen, und alle Mitglieder der Königsfamilie, auch die Frauen, schnitten sich ihre Bissen mit Prunkmessern ab, die aufs feinste mit Jagdszenen ziseliert waren. Nur der König aber hatte vor sich einen Becher stehen, der aus einem einzigen Block Bernstein geschnitten war. Der Künstler hatte diese Kostbarkeit lediglich am Rande raffiniert einfach mit einem eingeschnittenen Schößling des magischen Baumes, einem Eschenzweig, geschmückt, so daß die Reinheit des Bernsteins in vollem Glanz zur Geltung kam.

Haltas fand jedoch sein Stück gebratenen Zickleins nicht weniger schmackhaft als das Kalbfleisch, das der „Königlichen Tafel" vorbehalten war; der Junge ergriff den Braten zufrieden mit den Fingern und biß große Bissen ab. Übrigens standen die Damen den männlichen Gästen keineswegs nach, sondern bewiesen einen glänzenden Appetit; allen lief der würzige Bratensaft übers Kinn, die Wangen röteten sich, und die Augen der Festteilnehmer begannen zu funkeln — das war die Wirkung des starken Weines der Inseln, der bald die Wogen der festlichen Stimmung hoch emporschlagen ließ.

Nach und nach erhoben sich nun auch die Stimmen der bescheideneren Festteilnehmer an den unteren Tischen.

Überall im Saal erscholl lautes Gelächter, und die Diener mußten immer häufiger mit den Weinschläuchen herbeieilen. Die abgenagten Knochen des Mahles häuften sich bereits hoch an den Stellen empor, da die Gäste ihre Abfälle wohlerzogen über die linke Schulter warfen. Aber auch die Lieblingshunde des Königs waren jetzt bereits so gesättigt, daß sie die Knochen keines Blickes mehr würdigten.

Schließlich blies der König durchdringend in sein Kriegshorn, und zehn kräftige Diener betraten den Saal. Auf hoch erhobenen Armen schleppten sie eine riesige Schildkröte herein, die in ihrem eigenen Panzer gekocht worden war. Ihnen folgten zehn junge Sklaven, deren Häupter mit Lorbeerkränzen geschmückt waren; sie trugen große Muscheln, in denen mit Essig und Honig zubereitete Fischchen im eigenen Saft schwammen.

Haltas lief das Wasser im Munde zusammen und er fiel in die begeisterten Zurufe der Gäste mit ein. Jetzt erhob sich einer der Würdenträger des Hofes, klopfte mit dem Griff seines Messers auf den Teller und bat um Ruhe. Nun war der Moment gekommen, da sich auch die niedrigsten der Gäste das Recht erbaten, ihren königlichen Gastgeber mit einem Schwall von Komplimenten zu überschütten.

„O allerhöchster Aitaleos", rief da auch schon ein Höfling niederen Ranges, nach seinem Gewand zu urteilen, „diese reizende Dame dort drüben, die in ihrem eigenen Panzer ertränkt und gesotten worden ist, überragt wahrlich an Größe jede andere Platte, die ich jemals gesehen habe, so wie du, o König der Könige, einen jeden anderen Herrscher des Okzidents überragst! Noch höher jedoch könnte ich deine Tafel loben, wenn deine allzu großzügige Gastfreundschaft mich nicht daran hindern würde — denn wessen Schuld ist es, o Prächtiger, wenn dein Wein meine Zunge lähmt und meine Worte stockend zurückhält, wie den lahmenden Esel auf dem Gebirgspfad?"

Lautes Gelächter belohnte die Beredsamkeit des Höflings,

der sich befriedigt wieder auf seinen Sitz fallen ließ. Nun erhoben sich auch andere, um den König zu loben; sie alle überboten sich in der Größe oder vielmehr der Absonderlichkeit ihrer vorgebrachten Trinksprüche.

Haltas amüsierte dieses Treiben; obwohl ihm die Rauheit dieser bereits angetrunkenen Achäer wild und fremd erschien. Im Hause seines Vaters, des Ertilaos, hatten auch die Männer dem Rebensaft immer nur sehr mäßig zugesprochen, der Wein war stets mit zwei Dritteln Wasser gemischt getrunken worden. Den Frauen aber war der Genuß des Weines streng verboten gewesen. Hier dagegen leerte die Königin Theodora selbst einen Becher nach dem anderen; und wenn Haltas es überhaupt für möglich gehalten hätte, dann hätte er geschworen, daß auch Theodora schon recht angeheitert war! Die funkelnden Augen schweiften immer kühner und rastloser umher, die Finger der Königin drehten nervös an ihrem Siegelring, dem Heiligen Ring der Damen Kretas.

Mit einem Mal beugte sich die Königin zu ihrem Gemahl hinüber und flüsterte ihm etwas zu. Aitaleos nickte zustimmend und erhob die Hand. Sofort rief der Lawagetas laut:

„Hört her! Der König spricht!"

Wie durch Zauberhand abgeschnitten, verstummte sogleich jedes Wort in der riesigen Thronhalle; die Diener blieben regungslos auf der Stelle stehen, und auch die vom Wein berauschten Gäste bemühten sich um absolutes Schweigen.

„Freunde!" rief Aitaleos. „Ihr habt die Wagen gezählt, die meine Getreuen in Myrina gefüllt haben, der Perle der Insel Lemnos. Ihr habt die lange Reihe guter, kräftiger Sklaven gesehen, die mein Land mit dem Schweiß von ihrer Stirn düngen werden. Jetzt aber will ich euch zwei Sklaven zeigen, die sich weit über alle anderen erheben, und deren Gaben es verdienen, besonders gerühmt zu werden. Die eine schmückte mit ihrer Schönheit die Gemächer des Königs Ertilaos von Myrina, der andere Sklave ist ihr Sohn. Obwohl er noch sehr jung ist, vermag er doch schon die süßesten Akkorde auf der siebensaitigen Zither zu spielen! Der Junge wird uns jetzt eine Probe seiner Kunst geben!"

Damit machte der König Haltas ein gebieterisches Zeichen. Alle Köpfe der Gäste, die noch nicht vollständig betrunken waren, wandten sich nun mit einem Mal zu den beiden Gefangenen um, so daß Mayno, purpurrot vor Scham, schnell den Schleier vor ihr Gesicht zog.

Beifälliges Murmeln erhob sich im Megaron und begleitete Haltas bis zum Thron des Aitaleos.

„Wahrlich, diese Inselbewohnerin ist so schön wie eine Lilie auf den Feldern!"

„Ihr Antlitz leuchtet hinter dem Schleier wie der helle Mond durch die Wolken!"

„Und sie besitzt noch weibliche Scham, bei der Keuschen Herrin der Wälder!" erklärte ein edler Achäer mit weißem Bart deutlich. Verächtlich blickte er zu den auffällig geschminkten Damen des Hofes hinüber, deren Gewänder — der kretischen Mode entsprechend — bis zur Taille dekolletiert waren. Die achäischen Hofdamen hatten diese Mode mit Begeisterung von ihrer Königin übernommen.

„Also schlage die Zither, Lamnios, und laß uns dein schönstes Lied hören!" ermunterte Suweros seinen Sklaven mit ungewohnter Freundlichkeit.

Mit knabenhafter Schläue hatte der boshafte Prinz sogleich begriffen, daß die verhaßte Theodora vor Wut und Eifersucht über die soeben gehörten Komplimente bebte, und diese Eifersucht wollte er durch seine offenkundige Höflichkeit gegenüber Haltas nur allzugern schüren.

Haltas verneigte sich vor dem Thron und legte den Kopf ein wenig zurück, damit seine Stimme voll erklingen könne; dann berührte er sanft die Saiten seiner Zither und begann mit der ersten Strophe des Liedes von der „Rückkehr des süßen Frühlings". Seine Stimme war am Anfang noch unsicher, gewann aber zusehends an Festigkeit und Wärme;

so daß auch der König, der zu Beginn des Liedes weiter mit der Königin und dem Lawagetas geplaudert hatte, aufmerksam wurde und den stolzen Kopf in die Hand stützte, um dem Jungen zu lauschen. Auf der Stelle stützte auch die Mehrzahl der Höflinge den Kopf beflissen in die Hand; bald aber lauschten alle mit offensichtlichem Wohlgefallen und Erstaunen — denn die Lieder, die für gewöhnlich im Megaron des Löwen von Mykene erklangen, waren sehr anders. Endlich entspannten sich auch die in zahlreichen blutigen Schlachten verhärteten Mienen der älteren Würdenträger, deren Gesichter von Narben durchzogen waren, vor den heiteren Bildern, die die Stimme des Jungen heraufbeschwor. Manch eine gefühlvolle Dame zerdrückte eine heimliche Träne in den schwarz ummalten Augen, und die Ältesten im Saale seufzten, als Haltas mit der letzten Strophe endete:

„. . . so loben dich denn alle Sterblichen,
o sanfte Göttin mit den Rosenfingern!
Denen dunkel das Haar auf die Schultern wallt,
in der Blüte der Jugend
und auch die, deren Wangen ergraut
und an das Zittern des Frostes gemahnen!"

Die letzten klaren Töne verklangen im Saal, und für einen Augenblick herrschte tiefes Schweigen. Dann aber brach mit einem Mal von allen Seiten begeisterter Applaus für den jungen Sänger los; der Beifall war nur um weniges geringer, als er zuvor beim Anblick der gekochten Schildkröte ertönt war.

Auch Aitaleos lächelte und wollte Haltas einen soeben geleerten, silbernen Becher zuwerfen — da aber hielt die Königin seine Hand fest.

„Mein Gebieter", erklärte sie schmeichlerisch, „verzeih, wenn ich offener zu sprechen wage, als es einer Frau in der Öffentlichkeit geziemt. Aber der Wunsch, deine Ehre zu vermehren, läßt meine Scham zurückstehen. Ich bitte dich, erlaube auch deinem Sänger Amytaones, eine Probe seiner

Kunst zu geben und laß ihn ein achäisches Lied singen — einen Kriegsgesang von der Kunde edler Helden. Nach diesem Gesang dann soll abgestimmt werden, wem der Preis gebührt! Theodora fügt dieses kostbare Geschenk hier hinzu!" schloß die Königin und zog ein schweres, goldenes Armband in Form einer gewundenen Schlange vom Handgelenk. Das Geschmeide war so kunstvoll angefertigt, daß auch die kleinsten Schuppen des Reptils noch täuschend echt in Silber und Gold herausgearbeitet waren, die Augen der Schlange aber bildeten zwei kalt glitzernde Smaragde.

Aitaleos nickte zustimmend; und dann wurde der blinde Sänger Amytaones, von einem kleinen Sklaven an der Hand geführt, vor den Thron gebracht.

„Wohlan, Alter!" rief Theodora. „Du bist deinem Herrn nicht umsonst bis vor die Mauern von Myrina gefolgt! Sing uns also von dem schönen, hellen Myrina, das von den achäischen Lanzen besiegt wurde!"

Wilde Beifallsrufe erhoben sich im Saal. Die Königin ließ sich wieder auf die weichen Felle ihres Thrones zurücksinken, dabei bedachte sie Mayno mit einem funkelnden Blick triumphierender Schadenfreude.

Die Sonne stand bereits hoch am Himmel und hatte den Gürtel des Nebels vor den Mauern von Mykene aufgelöst. Die Achäer aber lagen in tiefem Schlaf, berauscht vom Wein und von dem rauhen Gesang des Amytaones. Auch der alte Sänger lag in festem Schlaf; seine Kehle war von der gewaltigen Anstrengung heiser geworden, an seiner Seite aber lagen der silberne Becher und das kostbare Armband. Haltas jedoch, der neben dem friedlich schnarchenden Nubal in seiner Kammer lag, flehte den Gott der Träume vergeblich um den milden Schlaf des Vergessens an. Vor den Augen des erschöpften Jungen tanzten in wildem Durcheinander die Krieger auf den Fresken des Megaron, die berauschten Achäer, die im Rhythmus des kriegerischen Gesanges begeistert ihre Becher auf die Tafeln schlugen, und der Kopf seiner Mutter, die verzweifelt an Eritupinas Schulter Schutz gesucht hatte. Vor allem aber hörte Haltas immer noch die verächtliche Stimme Theodoras, die sich in der Wiederkehr der letzten beiden Strophen über alle anderen erhoben hatte:

„. . . jetzt aber blickt auf Lemnos,
da den Hunden zum furchtbaren Mahle
der Leichnam ihres toten Königs vorgeworfen!"

Der Stiertanz

Das Bankett war nur der Auftakt zu weiteren Festen gewesen, denn in der folgenden Zeit schien sich Mykene nicht genug daran tun zu können, die Rückkehr des siegreichen Löwen zu feiern. Bald trafen aus den entferntesten Dörfern und Städten mit Gastgeschenken beladene Anhänger des Königs ein, vor allem aber kamen Gäste aus Argos und Tiryns. Die Verwandten des Aitaleos und die wichtigsten Persönlichkeiten, wie der neue König von Pylos sowie der König von Orkomenos, breiteten sich in so großer Zahl im Palast aus, daß einige der Gäste auf eilig herbeigeschleppten Betten und aufgehäuften Fellen in der Vorhalle nächtigen mußten.

Das zahlreiche Gefolge dieser Gäste wurde entsprechend ihres Ranges untergebracht — in den Häusern der königlichen Wagenaufseher, der Würdenträger oder der Künstler und Wissenschaftler von hohem Ansehen, wie der Hofmaler oder der Erste Arzt. So ging es weiter bis hinunter zum Stroh der Stallungen, dort teilten die niedrigsten Sklaven ihr Lager mit den Pferden.

Nubal war höchst überrascht, daß er und Haltas nicht ihre bequeme, kleine Kammer räumen mußten, bald aber wurde ihnen der Grund dieser bevorzugten Behandlung klar.

Am siebten Tage nach dem großen Festmahl hielt der Schlangengott seinen feierlichen Einzug durch das Löwentor, um in die unterirdischen Gemächer der Ehrwürdigen Göttin neben dem Palast geleitet zu werden.

Das Goldene Haus funkelte auf einem mit Purpur bedeckten Altar, der mit großer Sorgfalt auf einem vierrädrigen Reisewagen befestigt war. Langsam zogen die weißen Ochsen, deren Joch mit grünen Zweigen geschmückt war, über die Rampe zum Löwentor hinauf; ehrerbietig bildete eine Volksmenge Spalier. Aitaleos und der Erste Priester schritten dem Wagen entgegen. Der König und der Lawagetas waren mit den Priestergewändern bekleidet, beide trugen am Gürtel den Opferdolch, den aus goldenen Plättchen bestehenden Brustpanzer und mit Bernstein eingefaßte Ohrgehänge, die beinahe bis auf die Schultern herabhingen. Nur das aus spitzen, goldenen Blättern geformte Diadem, das Symbol der aufgehenden Sonne, unterschied den Herrscher Mykenes von seinem Ersten Priester.

Als der Wagen jedoch vorübergezogen war, erblickte die Volksmenge voller Erstaunen die schmale Gestalt eines weißgekleideten Jungen, dessen Haar von einem Efeukranz geschmückt war. Ein überraschtes Murmeln stieg aus der Menge auf, die Diener des Palastes aber waren bereits wie gewöhnlich über alles unterrichtet, was hinter den königlichen Mauern geschah, und verbreiteten flüsternd ihre Neuigkeiten.

„Es ist der Sklave aus Lemnos, er gehört dem Prinzen Suweros, der Sohn des Wanax hat ihn nach Lanzenrecht zugesprochen bekommen!" Und noch leiser fügten sie hinzu:

„Er soll ein wirklicher Weiser sein und trotz seiner Jugend auch schon ein Zauberer! Der Lawagetas hat ihn persönlich vom König erbeten; er soll Dienst tun beim Kult für den neuen Gott des Orients! Dieser Gott aber scheint sehr mächtig zu sein!"

„Warum brauchen wir einen neuen Gott?" fragte ein Handwerker ungeduldig. „Die Priester all der großen und kleinen Götter, die wir schon haben, sind doch bereits habgierig genug!"

Aber die Menge der Alten, der Frauen und Kinder, die auf einem Lehen des Königs lebten, beschwichtigten den Aufsässigen sofort:

„Möge deine Zunge Unglück über dich bringen, Ruchloser! Wir verneigen uns vor dem neuen Gott in dem Goldenen Hause dort, der uns gewiß durch sein rotes Auge betrachtet, das wie die untergehende Sonne leuchtet!"

„Wir verneigen uns!" antwortete der Chor der Frauen.

„Und auch der fremde, junge Priester dort verdient unsere Achtung! Seht ihr nicht, wie würdevoll seine Haltung ist?"

Eine alte Weberin verschränkte die Hände und brach in den schrillen Schrei aus: „Seht nur! Seht nur! Um seinen Kopf liegt ein Lichtschein! Das ist ein sicheres Zeichen, daß er unter dem Schutze seines Gottes steht!"

„Ja, das ist wahr, dort ist ein Lichtschein, wir sehen es auch!"

Unbeweglich hörte Haltas die Bemerkungen der Menge, die Erfindungsgabe des Volkes erheiterte ihn. Wenn diese Leute nur einmal die Schwielen an seinen Händen sehen könnten — die Schwielen von der Arbeit mit den Tontafeln! Die bewundernden Zurufe der Volksmenge machten ihm aber auch aufs neue die Dankbarkeit bewußt, die er dem Ersten Priester schuldete. Haltas war jetzt ganz sicher, daß der geheimnisvolle Lawagetas ihm wohlgesonnen war und alles tat, was in seiner Macht stand, um ihm sein Leben als Sklave zu erleichtern. Er konnte den Ersten Priester gewiß auch zu seinen Freunden zählen, so wie Nubal und den lahmen Schreiber.

Suweros jedoch war weiterhin so „launisch wie der Westwind", wie Eritupina sagte. Sobald Haltas sein Priestergewand abgelegt hatte, war er auf der Stelle wieder der Sklave Lamnios, der dem kleinsten Wink seines gereizten Herrn gehorchen mußte. Die Ruhe des neuen Sklaven hing nun vor allem von den lobenden Worten und dem zufriedenen Lächeln des Makaones ab.

Der Tag der Spiele kam näher, und somit wurde auch der Waffenmeister immer mehr zur wichtigsten Person bei Hofe.

Der arme Assur jedoch hatte nun auch noch die letzte Spur der Autorität verloren, die er einmal besessen hatte. Es gelang dem Hauslehrer jetzt nicht einmal mehr, in Suweros' Nähe zu kommen, denn der Prinz war von früh bis spät in der Wettkampfschule. Hier behandelte ihn Makaones ganz nach Gutdünken, ohne jeden Respekt für die Tatsache, daß Suweros doch als Sohn des Königs eine „geheiligte Person" war. Und auch die anderen „geheiligten Personen", drei Vettern, die aus Orkomenos und Böotien eingetroffen waren, behandelte der Waffenmeister mit der gleichen Grobheit. Einmal versetzte er dem Sohn des Aitaleos gar eine so kräftige Ohrfeige, daß Suweros in den Sand der Kampfschule flog.

Haltas aber bekam allmählich eine Vorstellung von kämpferischer Disziplin, die ihm zutiefst zuwider war. Zu seinem Glück war er selbst zu unwichtig, um die Aufmerksamkeit des Waffenmeisters zu erregen, vom Morgen bis zum Abend jedoch mußte er für Makaones auf den Beinen sein. Da waren fortwährend Eimer mit Wasser und Essig herbeizutragen; Arme, Beine und Rücken zu massieren; Seile zu spannen und Sandsäcke oder Stangen für den Stabhochsprung herbeizuschleppen. Zu alledem aber mußte der Sklave Lamnios auch noch schweigend den Spott Suweros' ertragen.

Wenn sie allein waren, dann konnte der Prinz zuweilen beinahe freundlich sein; in Gegenwart der drei Vettern von Orkomenos aber schien Suweros beständig von einem bösen Geist besessen zu sein. Nur mit einer Fähigkeit „richtiger, freier Männer" erwies sich Lamnios als praktisch für die vier jungen Löwen — er konnte den Wurfspieß gut herausziehen und beurteilen, da er gute Augen hatte. Im übrigen aber hatte Suweros seinen neuen Sklaven vom ersten Tage an vor den drei Vettern als „noch nicht einmal für das Training zu gebrauchen" bezeichnet.

Als dann endlich der große Tag der Spiele anbrach, war niemand glücklicher darüber als der Sklave Lamnios; denn

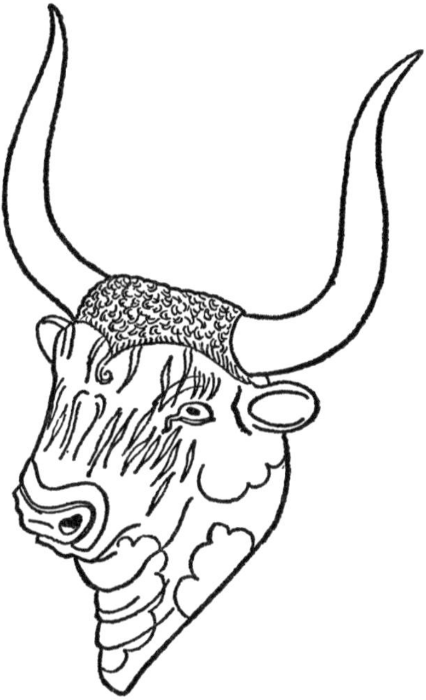

seine zarten Hände, die doch bis jetzt nur den Schreibstift geführt hatten, waren nun bedeckt mit Schwielen und Wunden von der Arbeit in der Kampfschule. Noch mehr aber als diese Schwielen schmerzten die Wunden, die seinem leicht verletzbaren Gemüt zugefügt worden sind.

Der große, quadratische Kampfplatz für die Wettspiele befand sich am Fuße der großen Rampe, er war zum Meer hin angelegt. Die von dort herüberdringende salzige Brise mischte sich mit dem herben Geruch des jungen, gärenden Weines. Zwei hölzerne Logen waren für den König, Theodora und die Ersten des Hofes reserviert. Das Volk aber saß freudig erregt und lärmend auf einfachen, hölzernen Treppenstufen oder auf dem nackten Felsen. Die untersten Treppenstufen waren durch eine Einzäunung geschützt; und Haltas wußte, daß dies eine Neuerung war, die für eines dieser neuen Spiele notwendig war — den Tanz des Stoicheos vor dem Stier, einem riesigen und wilden Tier, das schnaubend ein wenig abseits zwischen vier fest im Boden verankerten Pfählen festgebunden war.

Nubal beaufsichtigte den Stier in seinem Prachtkostüm. Der Neger stützte sich auf den langen Schaft einer Axt, mit der er später durch wenige Hiebe die Seile durchschlagen sollte; sobald der Stier befreit war, befand er sich in einem engen, hölzernen Durchlaß, der in die Arena führte.

Die auf Neuigkeiten stets begierigen Achäer erwarteten voller Ungeduld den „Heiligen Stiertanz", den Ruhm Kretas. Sie tauschten anerkennende Bemerkungen über den gewaltigen Körperbau dieses Stieres aus, über seine eindrucksvollen Muskeln auf dem gebeugten Nacken. Makaones aber, der mit jedem Wettkampf vertraut war und sich auf die Stimmung der Zuschauer verstand, spuckte wütend auf den Boden der Arena und brummte:

„Diese Kürbisköpfe dort werden nur Augen haben für den Affentanz dieses Weiberhelden! Möge ihn das Reich der Schatten mit all seinen kretischen Neuerungen verschlingen! Verstehen sich die Achäer etwa nicht auf die edle Kunst des Wettkampfes? Auf den Ringkampf! Was für ein Vergnügen kann ein wahrer Kenner des Sports an der blinden Wut eines Tieres haben, das fortwährend wilde Drehungen um sich selbst vollführt! Das ist ein Gefallen an Bestien, an wilden Tieren wie jener Stier dort. Mann gegen Mann — das ist ein anderer Kampf!"

Aber auch das finstere Gesicht des Waffenmeisters hellte sich ein wenig beim Anblick der beiden ersten Kämpfer auf, die sich soeben unter dem lauten Geschrei der Menge auf dem Kampfplatz verneigten. Einer der Prinzen von Orkomenos, der kaum zwanzig Lenze zählte, sollte sich im Ringkampf mit einem Höfling aus dem Gefolge des Aitaleos messen. Voller Kampfbegeisterung maßen sich die beiden jugendlichen Gegner. Haltas, der zwischen Assur und seinem neuen Freund, dem Prinzen Aktor, saß, spürte beinahe körperlich, wie sich die Atmosphäre um die Arena erhitzte. Es war ein kurzer, aber erbitterter Kampf. Nach kaum vier Runden beugte der siegreiche Höfling bereits den Kopf vor dem Wanax von Mykene, damit er dem Sieger den Preis aushändige, eine Kette aus Gold und Silber. Der Gast aus Orkomenos keuchte mehr aus Scham denn über die erhaltenen Püffe; dennoch aber war ihm der Beifall der Menge sicher, denn der junge Prinz hatte sich gegen einen älteren und kräftigeren Gegner tapfer geschlagen.

Danach traten zwei weitere Ringkämpfer auf.

„Dieses letzte Paar war nicht viel wert", bemerkte Aktor. „Jetzt aber ist Suweros an der Reihe! Bei dem Beschützer Enyalios, dieser Junge ist ein prachtvoller Athlet!"

Und auch das Publikum schien dieser Ansicht zu sein; denn alle Achäer — Männer, Frauen und Kinder — brachen in begeisterte Ovationen aus. Sie schrien „Suweros" und „König Aitaleos" und hoben die Arme zum Himmel empor. Das Volk beruhigte sich erst, als Suweros, der als Antwort auf die begeisterten Zurufe die Kampfhandschuhe erhoben hatte, sich vor seinem Gegner aufstellte, dem zweiten Vetter von Orkomenos, der Suweros an Alter und Stärke gleich war.

Dieses Mal entwickelte sich ein langer Kampf. Das Schauspiel faszinierte das Publikum von den ersten Schlägen an, denn auch der junge Mann aus Orkomenos verteidigte sich erbittert. In der zweiten Runde waren die Achäer bereits aufgesprungen und schrien den Käpfern mit heiserer Stimme anfeuernde Rufe zu; auch in der königlichen Loge herrschte beträchtliche Erregung.

Mit schweißbedeckten Gesichtern und angestrengt zusammengezogenen Augenbrauen verfolgten die Zuschauer den Kampf. Haltas aber fühlte sich im Innersten abgestoßen. Die Gesichter der beiden Kämpfer waren bereits von Blut und Schweiß überströmt, und auch von den Armen und der Brust lief Blut hinunter, dort hatten die mit Nägeln gespickten

Kampfhandschuhe die Haut der Jungen aufgerissen. Aber eben das erregte die Zuschauer ganz besonders; und als Haltas sich einmal zufällig zu Aktor wandte, da stellte er fest, daß auch der lahmende Prinz vor Eifer einen feuerroten Kopf hatte und es kaum noch auf seinem rauhen Sitzplatz aushielt. Ohne es zu spüren, hieb der junge Mann fortwährend mit der rechten Hand heftig auf sein verkürztes Bein, wie um sich unbewußt weh zu tun oder zu bestrafen.

Auch er wäre auf dem Kampfplatz, wenn er nicht durch sein lahmes Bein daran gehindert wäre! dachte der frühere Prinz von Lemnos bei sich. Oh, ich werde dieses wilde Volk niemals verstehen können!

Aber die Athleten aus Orkomenos hatten heute kein Glück. Ein Schlag von Suweros auf das Ohr des Gegners streckte diesen so hart zu Boden, daß der Prinz von Orkomenos nur noch einen schwachen Versuch unternahm, sich auf den Ellenbogen aufzurichten, dann aber stöhnend den Kopf schüttelte und regungslos liegenblieb.

Suweros setzte den Fuß mit der staubbedeckten Sandale auf den Nacken des Gegners und wandte sich zu der Loggia um, in der sein Vater saß, dabei flog ein triumphierendes Lächeln um seinen blutenden, verschwollenen Mund. Nun erhoben sich die Beifallsstürme der Achäer zu einem wahren Tumult. Theodora erbat sich vom König die Gunst, eigenhändig die goldene Siegeskrone auf die verschwitzten Locken des Stiefsohnes zu drücken.

Nun achtete kaum noch jemand auf die weiteren Wettspiele — Bogenschießen, Wettlauf und Springen. Die Athleten schlugen sich tapfer, ihre wohltrainierten Körper glänzten von Öl — die Menge aber hatte immer noch die rohen Szenen des Faustkampfes vor Augen und diskutierte weiterhin erregt die besten Schläge.

Makaones trocknete indessen seinen Schützling ab und massierte ihn sorgsam, der Waffenmeister strahlte vor Stolz über das ganze Gesicht. Auch Aitaleos warf jetzt nur noch von Zeit zu Zeit einen zerstreuten Blick auf die Wettspiele, während er die Glückwünsche seiner Höflinge entgegennahm, die fast alle etwas von der Kunst des Faustkampfes verstanden. Der Erste Priester Ethewas mußte den König schließlich daran erinnern, daß er die Sieger im Springen auszeichnete.

Nach dem Wettlauf dann, der der letzte Wettbewerb dieses Vormittags war, machte der König seine Zerstreuung mit einer seiner großzügigen Gesten wett — eine Schar von Palastsklaven erschien mit großen Körben auf den Schultern, zahlreiche Eselskarren waren mit weiteren Körben und Weinschläuchen beladen. Unter den begeisterten Zurufen der Menge, die ihren freigebigen König hochleben ließ, wurden Gerstenbrote verteilt, Lamm- und Hammellenden, an der Sonne getrockneter Fisch und sogar die gebratenen Innereien des großen Ochsen, der am Morgen der Ehrwürdigen Mutter, der Mächtigen Göttin von Mykene, geopfert worden war.

Aitaleos und sein Gefolge zogen sich für ein intimeres Mahl unter ein Zelt zurück, das Volk aber stürzte sich gierig auf die vom König gespendeten Köstlichkeiten.

Assur, Aktor und Haltas teilten miteinander eine Schüssel Gerstenbrei, der mit Speck und Kräutern gewürzt war, die Suppe mochte ein wenig ranzig schmecken, aber die drei löffelten begeistert die würzige Speise.

Auch Haltas fühlte sich allmählich besser. Er hatte seinen Widerwillen gegen die blutigen Wettkämpfe überwunden und erwartete begierig mit den anderen zusammen den Beginn des berühmten „Stiertanzes". Nur noch um dieses Ereignis drehten sich die Gespräche.

„Dieser Stier scheint ein gewaltiges Tier zu sein!" bemerkte mit vollem Munde kauend ein Bauer, der in der Nähe der drei saß.

Ein Rinderhirte der königlichen Ställe aber, der an dem Purpurstreifen auf seiner Tunika zu erkennen war, wußte noch mehr und wollte sein Wissen auch keineswegs vor den anderen verbergen.

„Ich war dabei, als dieser Stier gefangen wurde, vor genau neun Monden; die Frühjahrs-Aussaat war noch nicht beendet, wie ich mich erinnere!"

„Mit dem Netz?" erkundigte sich der Bauer neugierig.

Der Rinderhirte aber schüttelte nur nachsichtig den Kopf, herablassend antwortete er:

„Bei der Jagd in der Ebene und zwischen dem Schilfrohr der Sümpfe gebraucht man das Netz nicht! Aber das kannst du nicht wissen, denn die Bauern verstehen sich nicht auf die Jagd!"

Dieser Bauer jedoch war recht schlagfertig:

„Der Rinderhirte ist der Bruder des Bauern", erwiderte er, „so wie die Mistgabel des Stalles die Schwester der Hacke für die Erdschollen ist!"

„Also", fuhr der Rinderhirte schnell fort, „ich war beim Fang dieses Stieres dabei, und ich sage euch — das war ein hartes Stück Arbeit! Wir hatten eine prachtvolle Kuh als Köder mitgenommen, grau und mit einem Gehörn wie das Diadem von Menes, der Mondgöttin. Die Kuh spielte ihre Rolle, wie es nicht besser hätte sein können — sie brüllte immer aufs neue so sehnsüchtig, bis der Stier in die Falle ging. Aber sobald er spürte, daß sich jemand seinen in den Netzen gefangenen Hinterläufen näherte, begann er so wild zu springen und auszuschlagen, als ob ihn hundert Bremsen auf einmal gestochen hätten! Einen ganzen Tag lang hielt er so die zehn besten Rinderhirten des Königs in Atem, zwei Männer zertrampelte er unter seinen Hufen, und ein dritter hinkt noch immer. Wenn der Stier jetzt dort drinnen friedlich wiederzukäuen scheint, dann laßt euch davon nicht täuschen! Ich würde mich diesen messerscharfen Hörnern auch dann nicht mehr nähern, wenn mich Aitaleos dafür zum Oberstallmeister aller Ställe von Mykene machen würde! Dieser Kreter Stoicheos mag zwar ein Weiberheld sein, aber bei der Erntegöttin, er versteht diesen Stier bei den Hörnern zu packen — und das bedeutet, daß er keine Furcht vor dem Tode hat!"

Da aber erschollen bereits die klagenden Töne aus den Muschelhörnern der Herolde. Das Volk von Mykene eilte wieder auf die Plätze um die Arena zurück, denn der „Stiertanz" würde sogleich nach dem Essen beginnen. Die Spiele des Vormittags waren lang gewesen, und die vorgerückte Jahreszeit gewährte den Menschen hier in den Bergen, da die Schatten früh herabfielen, nur noch wenige helle Stunden.

So hatte denn Aitaleos kaum wieder seinen Platz in der Loge eingenommen, als sich der elegante Prinz Stoiches von Knossos — ganz allein in der Arena — auch schon hochmütig verneigte.

Die dichten Locken des Prinzen waren heute zu einem langen Pferdeschwanz zurückgebunden, der ihm über den Rükken reichte, nur von den Schläfen hingen zwei Locken bis zum Kinn hinab.

Haltas sah voller Erstaunen, daß das Kinn des Stoicheos in einer energischen Linie gestrafft war, die ganze Erscheinung des eleganten Kreters schien verwandelt. Er trug zwar auch heute an den Hand- und Fußgelenken kostbare Armbänder sowie rote Stiefel aus dem weichsten Leder an den Füßen; an des Prinzen Gürtel aber, der heute enger als gewöhnlich die schmale Taille umschloß, war ein Lendenschurz befestigt, der seitlich geschlitzt war, um dem Tänzer völlig freie Bewegung zu geben. Die Armreifen sollten die Gelenke verstärken, und die engen Stiefel den Schritten des Prinzen größere Sicherheit verleihen. Stoicheos Muskeln bewegten sich deutlich sichtbar unter der ölglänzenden, gesalbten Haut und straften die Zartheit der Gestalt Lügen.

Jetzt machte der Kreter Nubal ein Zeichen, und gleich darauf beschrieb die Axt des Negers einen blitzenden Bogen durch die Luft, um die Seile zu durchhauen. Verblüfft blieb der Stier einen Augenblick lang regungslos stehen, so als könne er nicht glauben, frei zu sein. Dann rannte er mit einem kurzen Aufbrüllen durch den hölzernen Korridor und befand sich mit einem Sprung mitten in der Arena.

Die Menge ließ ein langgezogenes „Ah" ertönen; Aitaleos beugte sich vor und betrachtete den Stier; Theodora aber öffnete sehr ruhig ihren prachtvollen, mit goldenen Plättchen besetzten Fächer.

Leicht und geschmeidig lief ihr Bruder auf das riesige Tier zu. Der Stier senkte den großen Kopf noch ein wenig tiefer und setzte zum Angriff an — aber er traf ins Leere. Mit spielerischer Behendigkeit war ihm Stoicheos im letzten Augenblick ausgewichen, dabei hatten ihn die tödlichen Hörner des Stieres nur um eine Handbreit verfehlt. Das Tier rannte dicht an des Prinzen Seite vorbei und noch fünf oder sechs Armlängen darüber hinaus, dann blieb es unvermittelt stehen und stemmte die Vorderbeine auf den Boden der Arena.

Stoicheos aber war dem Stier gefolgt. Die entsetzten Achäer sahen, wie der junge Mann die Arme ausbreitete, sich auf die Zehenspitzen erhob — und schon schnellte die schlanke Gestalt in einem perfekten Salto über den Rücken des Stieres und erreichte etwa eine Armlänge vor dem Tier wieder den Boden, dabei hatte der Kreter noch nicht einmal mit den Fingerspitzen das schwarze Fell berührt.

Haltas' Herz hatte für einen Moment ausgesetzt, jetzt klopfte es wieder dumpf in seiner Brust. Der Junge konnte den Blick nicht von dem unglaublichen Schauspiel abwenden, wie alle anderen Zuschauer war er wie gebannt. Mit gespannter Aufmerksamkeit, aber ohne das leiseste Anzeichen von Furcht vollführte der junge Mann in der Arena weiter den Tanz mit dem Stier. Stoicheos lächelte, als ob das Ganze ein erheiterndes Spiel für ihn sei; alle seine Bewegungen — Salto, Pirouette, Flug und Sprung waren vor der blinden Wut des aufgebrachten Stieres von einer bestechenden Eleganz. Aber obwohl in diesem Spiel kein Blut floß, und keine Knochen unter Fausthieben splitterten, spürte doch jeder Zu-

Alle seine Bewegungen – Salto, Pirouette und Flug – waren vor der blinden Wut des aufgebrachten Stieres von einer bestechenden Eleganz.

schauer, daß der Tod den Schritten des Stiertänzers folgte. Dort in der Arena befanden sich nur der Mensch, der Stier und der Tod — der schwächste dieser drei aber war der Mensch, der ohne jede sichtbare Verteidigung immer aufs neue den Gegner durch zahllose geschickte Wendungen herausforderte.

Der Stiertanz war bereits nach kurzer Zeit beendet, obwohl Stunden seit dem Klang der Muschelhörner vergangen zu sein schienen. Zum letzten Mal grüßte der Tänzer spöttisch den Tod — er packte die auf ihn gerichteten scharfen Hörner für einen Augenblick, der den Zuschauern endlos zu sein schien, dann schwang er sich mit einem letzten glatten Salto über den riesigen, schwarzen Leib. Noch einmal wandte sich der erschöpfte Stier um ... und da fand er sich auch schon in dem großen Netz gefangen, das ihm Nubal und Makaones über den Kopf geworfen hatten; unerbittlich wurde das riesige Tier von den Fesseln des Netzes zu Boden geworfen.

Keuchend und schweißüberströmt, aber mit seinem unbesiegbaren Lächeln auf den Lippen, nahm nun Stoicheos von Kreta den Applaus der aus ihrer Erstarrung erwachten Menge entgegen, dann empfing er die Geschenke des Aitaleos. Danach erhob sich die Königin und überreichte dem Athleten das Zeremonienschwert mit dem goldverzierten Griff und der scharf geschliffenen Klinge; und nun sprangen die Zuschauer mit einem Satz auf und schrien wie mit einer Stimme: „Töte ihn! Töte ihn!"

„Was geschieht jetzt?" fragte Haltas den königlichen Rinderhirten an seiner Seite. Feierlich aber erwiderte Assur:

„Jetzt folgt der letzte Akt des Stiertanzes! Der Stier muß sterben, weil er den Tänzer nicht aufgespießt hat! Dem Athleten aber ist nur ein einziger Hieb erlaubt, mit dem er dem Stier sauber den Kopf vom Rumpf trennen muß — und das ist nicht einfach für einen Mann, der sich mehr durch Gewandtheit als durch körperliche Kraft auszeichnet!"

Stoicheos ging zu dem Stier hinüber, schnitt ihm ein kleines Büschel Haare zwischen den Hörnern ab — wie es auch mit den Opfertieren geschah — und weihte das Büschel der Ehrwürdigen und Mächtigen Mutter von Mykene; dann aber ließ er die Schneide des Schwertes mit beiden Händen so kräftig herabsausen, daß der Kopf des Stieres zur Seite rollte und ein dunkler Blutstrahl aus dem Hals des Tieres auf den Boden der Arena spritzte.

Sogleich eilten die Priester der Göttin freudig erregt herbei. Sobald das Herz und ein Teil des Stierfettes auf dem Altar verbrannt war, gehörte der große Leib des Tieres den Priestern und würde auf zahlreichen Festessen von ihnen verzehrt werden.

An diesem Abend fand zu Ehren des Siegers und der Besiegten ein weiteres Bankett im Megaron des Aitaleos statt, denn die Achäer waren zur Zeit der Spiele stets freigebig und großzügig. Bald erregten sich die vom Wein erhitzten Gemüter trotz der Anwesenheit des Königs so sehr, daß es zwischen den Männern, die sich noch auf den Füßen halten konnten, zu einer wütenden Rauferei kam. Becher, abgenagte Knochen und Teller flogen durch den großen, von Fackeln erhellten Saal. Die Frauen des Palastes ergriffen entsetzt die Flucht, Theodoras Dienerinnen jedoch vermochten ihre Gebieterin nur mit der allergrößten Mühe mit sich fortzuziehen. Die Königin schien nämlich keineswegs erschrocken zu sein, ihr schönes Gesicht glühte vielmehr vor Aufregung. Haltas war froh, daß seine Mutter heute abend nicht am Gastmahl teilgenommen hatte; doch es schien ihm, als ob sich die Königin von Mykene nur mit Mühe bezwingen konnte, sich nicht ebenfalls in das wilde Getümmel im Saal zu stürzen.

Plötzlich aber übertönte ein durchdringender Schmerzensschrei das Toben der Raufenden, und der alte Amytaones sank blutüberströmt zu Boden. Der blinde Sänger hatte eine auf ihn zufliegende Kalbskeule nicht sehen und ihr nicht ausweichen können, so hatte ihm denn der schwere Knochen den Schädel zerschmettert. Auf der Stelle herrschte Ruhe im Megaron. Während die Gäste noch wirren Blickes und mit verzerrten Gesichtern durch die Halle tappten, gab Aitaleos seinen Dienern bereits den Befehl, den Verletzten auf sein Lager zu bringen.

Haltas schritt hinter dem traurigen Zug drein, dabei versuchte er ängstlich, Suweros aus dem Weg zu gehen. Aber er hätte keine Sorge zu haben brauchen, denn der Prinz hätte seinen Sklaven auch dann nicht bemerkt, wenn er dicht an ihm vorbeigegangen wäre. Suweros hielt nämlich den Hals einer zerbrochenen Amphore wie eine Schlachtkeule gepackt und wandte sich wie im Kampf mit geröteten Augen seinen Gegnern zu.

Eberzähne

Aitaleos beklagte den Tod seines Hofsängers sehr. Der alte Amytaones war schon bei seinem Vater Sänger im Palast von Mykene gewesen. Der Blinde war in vielen Städten des mykenischen Kontinents bekannt gewesen; nicht nur, weil er zahllose Götter- und Heldengesänge aus alter Zeit gekannt, sondern weil er von Zeit zu Zeit auch eigene Gesänge verfaßt hatte, wenn ihn die Geschehnisse ringsumher dazu inspiriert hatten.

So erhielt denn der blinde Sänger ein weitaus würdigeres Begräbnis, als es ihm seiner Stellung entsprechend zukam. Er wurde zwar nicht mumifiziert, aber der König persönlich suchte die Amphore aus, in der die Asche des Verstorbenen aufbewahrt wurde; und Aitaleos maß auch den Scheiterhaufen im Umfang von sechs Armlängen ab, denn die Sechs war eine heilige Zahl und galt als glückverheißend. Außerdem befahl der König, die Amphore in würdiger Erde beizusetzen, unmittelbar vor den Mauern Mykenes.

Allerdings kam der Herrscher nicht auf die Idee, die bevorstehende große Eberjagd abzusagen. Seitdem Aitaleos nach seiner siegreichen Rückkehr wieder die Schwelle von Mykene überschritten hatte, sollte dies die erste Eberjagd sein, zu der bereits zahlreiche, wichtige Gäste eingeladen worden waren. Der König hatte mehrere ausführliche Beratungen mit seinem Ersten Priester gehabt, um den günstigsten Tag für die Jagd zu bestimmen; endlich hatten sie sich für den ersten Tag des neuen Mondes entschieden.

Eritupinas neuer Herr, Eumedes, der auch das Amt des Ersten Hundeaufsehers bekleidete, hatte trotz seiner gutmütigen Wesensart Hunde und Treiber seit seiner Rückkehr in den Palast für diese Jagd gedrillt. Jetzt konnte er seinem König versichern, daß die Meute bereit sei und vor Jagdeifer kaum mehr zurückzuhalten war.

So verließ denn zwei Tage nach dem unglückseligen Festmahl, beim ersten Schein der Morgendämmerung, die königliche Jagdgesellschaft den Palast. In vollem Prunk von Dutzenden von Jagdwagen ging es dahin, ungezählte weitere Wagen aber, die mit Vorräten, Treibern und Dienern jeden Ranges beladen worden waren, hatten schon in der Nacht das Unterholz des Waldgebietes an der Küste erreicht, in dem sich die borstige Jagdbeute verbarg.

Die Wagen fuhren zum nördlichen Tor hinaus, und die Pferde gingen im Schritt, solange sie sich auf der Rampe befanden. Sowie sie aber auf die flache Ebene gelangten, fielen sie in scharfen Trab.

Der Sklave Lamnios mußte an den schweren Speer und die Doppelaxt seines Herrn denken. Suweros lenkte den Wagen selbst, und um ganz unbehindert zu sein, hatte er nur ein Jagdmesser mit einem Lederriemen an seinem Gürtel befestigt.

„Was dich betrifft, Sänger", hatte der Prinz zu Haltas gesagt, als er die Waffen für die Jagd ausgewählt hatte, „so bin ich sicher, daß du dich in gebührendem Abstand von den Wildschweinen halten wirst! Aber nimm trotzdem diesen leichten Speer hier! Sollte ein wilder Eber in vollem Lauf auf dich losstürmen, dann kannst du dich doch wenigstens verteidigen — natürlich nur, wenn du nicht schon vorher vor Angst gestorben bist!"

Und schweigend hatte Haltas unter dem Gelächter seines Herrn und der drei Vettern aus Orkomenos den Speer wie auch die Beleidigung hingenommen.

Die Anwesenheit dieser drei Prinzen war überhaupt eine Quelle ständiger Qualen für den Sklaven Lamnios. Soeben versuchten die drei Vettern auf ihrem Jagdwagen, den Wagen von Suweros zu überholen. Der Sohn des Aitaleos hatte jedoch nicht die Absicht, sich überholen zu lassen. Er erhob die Peitsche und rief den Pferden anfeuernde Rufe zu. Die beiden Wagen flogen Seite an Seite dahin, und die vier Pferde liefen mit wehenden Mähnen vorwärts — stärker angefeuert durch die Rufe ihrer Herren als durch die knallende Peitsche.

Schon führte Blitz des Zeus mit einer Kopflänge, als ein leichter Wagen, der von zwei prachtvollen, schwarzen Pferden gezogen wurde, den Wagen des Suweros überholte und hinter sich zurückließ.

„Bei der Göttin der Wälder!"

Aufs höchste verblüfft hatte Haltas in dem geschickten Wagenlenker die Königin Theodora erkannt. Sie trug ein hochgeschürztes Gewand, das die Knie freiließ, die langen schlanken Beine steckten in hohen, roten Stiefeln, die langen Haare der Königin aber wurden von einem goldenen Netz zusammengehalten. So lenkte sie ihre Pferde mit der Kraft und Geschicklichkeit eines Mannes.

Die jungen Männer auf ihren Jagdwagen nahmen die Herausforderung der Königin auf der Stelle an. Aber es war vergebens — jeder der Wagen war durch das Gewicht von zwei oder drei Jägern beschwert; Theodora jedoch hatte mit voller Absicht allein auf ihrem eleganten Jagdwagen fahren wollen, dessen elfenbeinbeschlagene Räder sechs Speichen aufwiesen. Dieser Wagen war das schnellste und leichteste aller königlichen Fahrzeuge. So setzte sich denn die schmale, weiße Gestalt der Königin auf ihrem Wagen unaufhaltsam an die Spitze des Gefolges; und so sehr der erboste Suweros auch seine Pferde zu größerer Geschwindigkeit antrieb, es gelang ihm auf dem ganzen Weg nicht mehr, die Entfernung zwischen dem Wagen der Königin auch nur um eine Armlänge zu verringern.

Die Sonne stand bereits hoch am Himmel, als Theodoras Wagen in einem weiten Bogen auf einer von Steineichen und Pinien bestandenen Lichtung zum Stehen kam. Drüben hin-

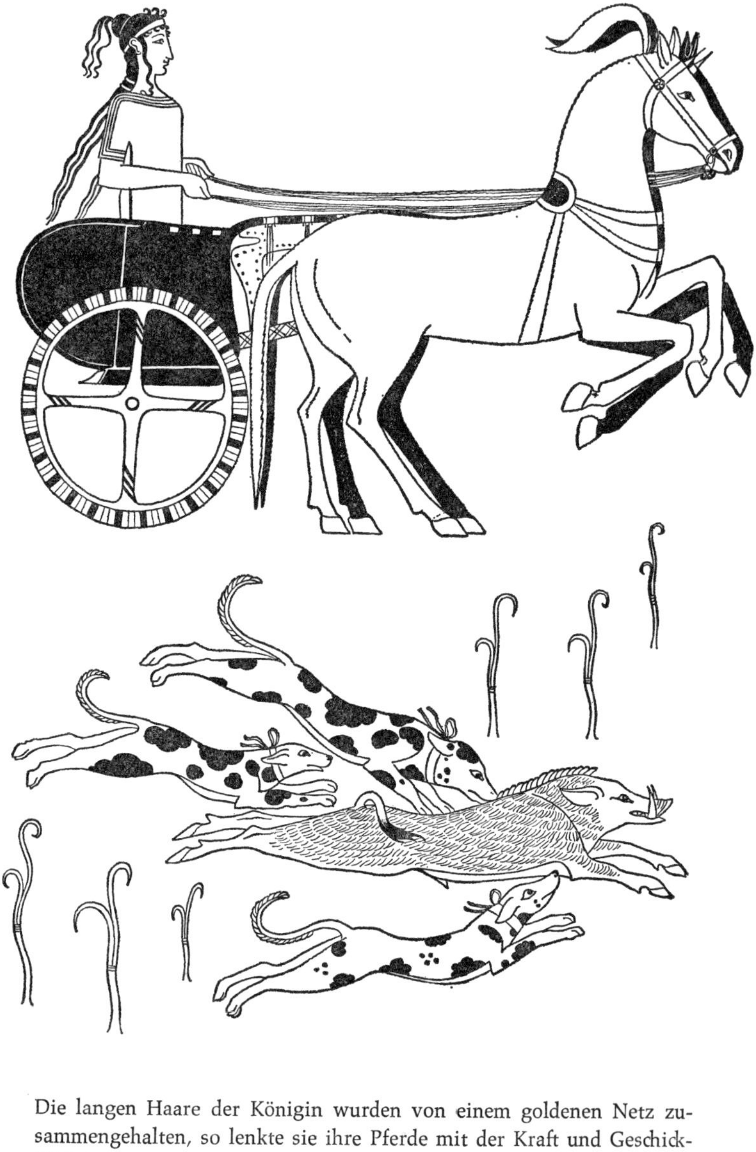

Die langen Haare der Königin wurden von einem goldenen Netz zusammengehalten, so lenkte sie ihre Pferde mit der Kraft und Geschicklichkeit eines Mannes.

ter dem Wald schimmerte das Meer durch die Baumstämme. Von diesem Ort aus wollte die Jagdgesellschaft aufbrechen. Am Rande der Lichtung warteten bereits in respektvoller Entfernung die Jäger und Treiber; ein jeder der Männer hielt eine Meute von etwa einem Dutzend Hunden an der Leine, die erregt bellend an den Stricken zerrten. Inmitten der Lichtung erhob sich eine riesige Steineiche, deren Zweige zu einem Altar aus dunklen Steinblöcken herabreichten; eine kreisförmige, niedrige Mauer umschloß den heiligen Ort, den kein gewöhnlicher Sterblicher betreten durfte.

Die Bauern und Waldbewohner hätten es im übrigen gar nicht gewagt, sich dem gewaltigen, alten Baum zu nähern, in dem gewiß die Nymphen des Waldes hausten. Aitaleos und Ethewas vergossen aus dem Opferbecher das Trankopfer von Milch und Wein und versprachen der Gottheit des Ortes den Kopf des ersten Wildschweines zum Opfer, das heute erlegt werden würde. Nach dem König und dem Ersten Priester näherte sich dem Altar der ranghöchste Gast der Jagd, der neue König von Pylos. Auch er war von göttlicher Abstammung; und die Achäer von Pylos hatten ihn zum König gewählt, nachdem sie in der königlichen Grabstelle einen Felsblock bestattet hatten, der im Gewicht und der Form dem Leib ihres toten Königs entsprach. Seine Leiche war von den Wellen vor der Insel Andros verschlungen worden, so daß der König damals in Mikrokoris bestattet wurde und nicht in die Heimat überführt werden konnte. Der königliche Gast gelobte nun ebenfalls den Nymphen des Waldes ein Opfer und pries dann mit erhabenen Worten die Weihe dieses Ortes; so bewies er höflich, daß er mit den Sitten und Gebräuchen von Mykene vertraut war. Suweros und die Gruppe der anderen jungen Männer erwiesen ebenfalls ihre Ehrerbietungen, zitterten jedoch bereits vor Jagdeifer. Endlich erhielt Eumedes das Zeichen des Königs und stieß mit aller Kraft in das Jagdhorn, dessen Ton mächtig und dumpf im Walde widerhallte.

„Lamnios, den Speer und das Schwert! So folge mir doch, bei der heiligen Artemis!" rief Suweros ungeduldig; und das wütende Geheul der Hunde, die bereits die Fährte des Wildes aufgenommen hatten und durch das Unterholz brachen, antwortete ihm zusammen mit den lauten Rufen der Jäger.

Haltas stürzte sich in das Dickicht des Waldes und mühte sich verzweifelt, den goldenen Gürtel und den Purpurstreifen auf der Tunika seines Herrn vor sich nicht aus den Augen zu verlieren.

Sehr bald waren die Jäger durch die zugewachsenen Pfade und das dichte Gesträuch des Unterholzes voneinander getrennt. Von Osten nach Westen hin aber erscholl ununterbrochen das Hecheln und Bellen der Hunde durch den Wald. Haltas wußte, daß die Treiber mit den Hunden einen weiten Halbkreis bildeten, der einen Teil des Dickichts umschloß und sanft zum Meer hin abfiel.

Die Kette der Jäger und Hunde sollte die Wildschweine zum Ufer hinuntertreiben; dort konnte sich das Wild nicht im Schutze des Dickichts verbergen und war so den Speeren der Jäger und den scharfen Zähnen der Hunde ausgeliefert.

Haltas kannte den Eber, wenn auch nur von dem Relief auf einem funkelnden silbernen Becher auf der Tafel seines Vaters, dieser Becher war das Geschenk eines Königs des Okzidents gewesen. Das bedeutete, daß der Junge noch niemals einen wirklichen Eber gesehen hatte. Jetzt aber war keine Zeit, sich zu fürchten — Haltas war vollauf damit beschäftigt, sich einen Weg durch die dornigen Brombeersträucher zu bahnen, die ihm die nackten Beine zerstachen. Sein schnellfüßiger Gefährte vor ihm ließ immer wieder die Zweige des Stechginsters zurückschnellen, ohne sich darum zu kümmern, ob das jemandem weh tat. Übrigens ging ja jetzt auch nur noch der Sklave Lamnios hinter dem Prinzen, da die Vettern aus Orkomenos schon seit einiger Zeit ihre eigenen Wege gegangen waren.

Bei den heiligen Nymphen, dachte Haltas, dieses Waldesdickicht war etwas anderes als die Myrtenwälder und das spärliche Unterholz der Insel Lemnos! Dort hatte es nach Pinien geduftet, und die Meereskirschen hatten rötlich durch das Unterholz geschimmert!

Nach einer Stunde ermüdenden Weges blieb Suweros mit einem Mal stehen. Sie befanden sich jetzt mitten auf einer von Moos bewachsenen Lichtung; die Sonnenstrahlen umtanzten die Bäume und ließen die Zweige riesengroß erscheinen. Aber der Prinz von Mykene hatte kein Auge für diese stille Schönheit. Und ... war es nicht vielleicht auch allzu still hier? Das Gebell der Hunde war verstummt, und auch die Schreie der Treiber waren nicht mehr zu hören. Nur der Ruf eines Vogels durchbrach das tiefe Schweigen.

„Bei Hermes, dem Beschützer aller Wege!" rief Suweros endlich aus und wischte sich den Schweiß von der Stirn. „Ich fürchte, wir haben uns verirrt! Hörst du irgendein Geräusch, Lamnios?"

„Ich höre schon seit einiger Zeit nichts mehr, Herr! Der letzte Ton von der Jagd war der Klang des Jagdhornes, in das Eumedes stieß ... ich meine, der Aufseher der Wagen!" fügte er schnell hinzu, um eine Zurechtweisung zu vermeiden.

Suweros aber war nachdenklich geworden und achtete nicht auf die Etikette. „Aber ja, das Jagdhorn habe ich auch gehört; es war das Signal dafür, daß sie das Wild aufgestöbert haben! Diesem Ruf bin ich gefolgt! Aber obwohl ich das Dickicht hier kenne — diese Pfade sind noch verschlungener als das Labyrinth des Minos, des Ahnherren unserer anmutigen Königin Theodora! Wir haben uns verirrt, da gibt es keinen Zweifel! Verhängnisvoller Tag!" verwünschte der Prinz sein Pech und stampfte wütend mit dem Fuß auf. „Bevor wir wieder zu den anderen zurückfinden, werden sie die beste Beute bereits erlegt haben; und ich sehe meine Vettern schon, wie sie sich mit ein paar guten Eberzähnen brüsten, während ich ..."

„Wir brauchen nur das Meer zu sehen, um uns wieder zurechtzufinden!"

„Allerdings!" erwiderte Suweros spöttisch. „Aber wie sollen wir inmitten dieses Dickichts, in dem wir eingeschlossen sind, das Meer sehen, du schlauester aller Sklaven?"

Aber Haltas gab keine Antwort. Er hatte eine hohe, junge Pinie entdeckt, deren Stamm schmal genug war, daß er sich daran festklammern konnte. So legte er denn seinen Bogen, den Köcher mit den Pfeilen und das Schwert ab; nur den leichten Speer hängte er sich auf dem Rücken in seinen Gürtel, um ungehindert klettern zu können.

Zum ersten Male kletterte er wieder seit den glücklichen Tagen in den Gärten von Myrina auf einen Baum, aber er stellte vergnügt fest, daß er noch ebenso gewandt wie früher war. In wenigen Augenblicken hatte er den nach Harz duftenden Pinienstamm erklommen; oben im Wipfel setzte er sich auf den untersten Zweig, der kräftig genug für sein Gewicht war, und spähte durch die Zweige.

Dort unter ihm war das Meer; und in einiger Entfernung erkannte Haltas auch zwei Treiber. Die Männer waren nicht sehr weit entfernt, aber der Wind trug den Klang ihrer Stimmen und den Ton des Hundegebells vom Walde fort, daher hatten die beiden Jungen keinen Laut mehr vernommen.

Haltas blickte hinunter und stellte befriedigt fest, daß Suweros halb verblüfft, halb bewundernd zu ihm emporschaute. „Dort unten, zu deiner Rechten, liegt das Meer!" rief er dem Prinzen zu.

„Kannst du die Entfernung abschätzen?"

„Etwa hundert bis hundertundzwanzig Schritte!"

Da aber schnitt ihm das Geräusch brechender Zweige das Wort ab; und Haltas sah, daß sich eine borstige, schwarze Kugel den Weg durch das Unterholz auf die Lichtung zu bahnte.

„Gib acht, gib acht, hinter dir! Schau dich um!" schrie er Suweros zu.

Der Prinz fuhr mit einem Satz herum und hatte soeben noch Zeit, sich gegen die Pinie zu lehnen und den Speer zu senken — da brach der Eber auch schon durch splitternde Zweige und einen wahren Schauer herabfallender Blätter auf die Lichtung. Haltas hockte wie erstarrt auf seinem Ast; er spürte, daß seine Haare vor Entsetzen vom Schädel abstanden und klammerte sich krampfhaft an dem Pinienstamm fest. Der wilde Eber blieb für einen Augenblick im Sonnenlicht stehen; er keuchte vom schnellen Lauf, die furchtbaren, gebogenen Hauer tropften von Geifer, und obwohl ihm ein blutiger Streifen über die Flanke lief, schien es, als ob ihm diese Verwundung nichts ausmachte. Sowie der Eber mit seinen kleinen, geröteten Augen die helle Gestalt des Prinzen Suweros erblickt hatte, ging er zum Angriff über. Im gleichen Augenblick aber schleuderte Suweros mit erstaunlicher Kaltblütigkeit seinen Speer auf den Eber — und verfehlte sein Ziel.

Die bronzene Speerspitze streifte den Kopf des Tieres und bohrte sich dicht neben seiner Schulter in den Boden. Mit einem wütenden Grunzen raffte sich der Eber erneut zum Angriff auf, aber auch er verfehlte seinen Gegner nur um Haaresbreite. Vom Gewicht seines eigenen Körpers vorwärtsgetrieben, schoß das Tier an Suweros vorbei und kam dann so abrupt zum Stehen, daß es auf die Seite geworfen wurde. Blitzschnell aber sprang der Eber wieder hoch, senkte den borstigen Kopf und setzte zum zweiten Sprung auf Suweros an. Der Prinz war jetzt unbewaffnet und schien wie gelähmt vor Entsetzen am Stamm der Pinie zu stehen. Da aber sprang aus einer Höhe von mindestens fünf Armlängen dem wütenden Tier ein weiterer Gegner vor die Füße. Verblüfft zögerte das Wildschwein für einen Moment — und das war sein Verderb. Blitzschnell sauste Haltas' leichter Speer durch die Luft und bohrte sich in das Ohr des Ebers. In vollem Lauf verharrte das Tier und schüttelte wie wild den Kopf, als ob es sich von der furchtbaren Spitze befreien wollte; dann aber erzitterte der Eber nur noch in einem mechanischen Reflex, denn der Speer war ihm mit voller Kraft unmittelbar ins Gehirn gedrungen.

Im nächsten Augenblick rollte der schwere Eber auf die Seite, und bevor er noch den Boden berührte, brachen seine Augen bereits im Todeskampf.

Leichenblaß und am ganzen Leibe zitternd starrten sich die beiden Jungen einige Sekunden lang an — dann taumelte der Sohn des Aitaleos erstickt schluchzend auf seinen Sklaven zu und sank ihm an die Schulter; verzweifelt klammerte er sich an Haltas fest und stammelte:

„Du . . . du hast mir das Leben gerettet!"

So fanden sie wenig später die Treiber, die mit den Hunden bei der Lichtung anlangten.

Haltas von den Eberzähnen

Am gleichen Abend opferte Aitaleos von Mykene zur Beendigung der Jagd den Kopf des riesigen Ebers, dessen Hirn von einem Speer durchbohrt worden war, auf dem Altar des Heiligtums den Nymphen des Waldes.

Zur Rechten des Königs stand sein Sohn, zu seiner Linken aber, wenn auch einige Schritte hinter dem Herrscher, befand sich Haltas.

Endlich wandte sich der König zu seinen Gästen und Höflingen, die ihn schweigend im Halbkreis umstanden, hob die rechte Hand und erklärte feierlich:

„Meine Schiffe haben von Lemnos große Schätze an Gold, Silber und Metallen heimgebracht. Nach dem Recht der Eroberung habe ich auch zahlreiche Sklaven mitgebracht. Dieser Junge hier, den ich meinem Sohn noch auf der Reise unter der Zustimmung meines Gefolges zusprach, war ebenfalls ein Sklave; und nach Sitte und Recht wurde ihm der Name Lamnios gegeben, entsprechend seiner Heimatinsel. Heute aber hat uns dieser Junge einen Dienst erwiesen, den Aitaleos bisher noch niemals zuvor jemand geleistet hat — einschließlich meiner Würdenträger, Gefolgsleute, Wagenaufseher und Getreuen jeden Ranges. Er hat meinem Sohn das Leben gerettet, dem Erben und eurem zukünftigen Herrscher nach mir!"

„Daher erkläre ich denn, Aitaleos, Wanax von Mykene und Argos, Herrscher über zahlreiche Grüne Inseln des Großen Meeres: dieser Junge hier, dem der Name Lamnios gegeben wurde, erhält den Stand eines freien Mannes zurück sowie den Titel, der ihm einmal zukam. Neben dem Namen jedoch, auf den er in seiner Heimat hörte, wird ihm von uns ein Titel verliehen, der ihn an seine edle Tat erinnern möge — und so wird er denn in Zukunft Haltas von den Eberzähnen gerufen werden. Der Prinz Suweros aber wird ihn fortan wie einen Freund an seiner Seite haben und nicht länger wie einen Sklaven. Du, meine Königin", schloß der König und wandte sich dem schönen, unbewegten Gesicht seiner Gemahlin zu, „wirst die edle Mutter dieses so tapferen Sohnes zur Ersten Dame des Palastes ernennen, die das Recht hat, in dem an dein Gemach angrenzenden Raum zu schlafen!"

„Lang lebe der großmütige König, der Sohn des Zeus, der die Waagschalen der Gerechtigkeit ausgleicht! Wir haben seine Worte und sein Gesetz vernommen! Niemand mißachte das absolute Gesetz des Wanax! Und niemand erhebe sich unter Androhung der Todesstrafe gegen den König!"

Nun dröhnte lautes Triumphgeschrei durch den Wald. Auch Theodora senkte den goldgeschmückten Kopf in einer tiefen Verneigung; als sie jedoch das blasse Antlitz wieder erhob, folgten ihre Blicke noch lange der Gestalt des Haltas, der bereits an der Seite des Prinzen Suweros auf dem Jagdwagen davonfuhr.

Glückliche Tage

Nach der verhängnisvollen Eberjagd zogen viele glanzvolle Tage an Haltas vorüber, glückliche Tage, für die der Junge jeden Abend dem Schlangengott Ophis Dank sagte. Obwohl sich der Gott von Lemnos noch in der „Großen Abwesenheit" befand, so beschützte er doch offensichtlich immer noch den letzten Sproß des königlichen Hauses von Myrina.

Die Worte des Aitaleos nach der Eberjagd waren auf der Stelle überall im Palast von den Teilnehmern der Jagd verbreitet worden; und der Nachfolger des Sängers Amytaones hatte sofort einen bewegenden Gesang geschaffen, der ihm auf dem nächsten Festmahl einen großen Erfolg brachte. In diesem Gesang war der erlegte Eber zu einer Größe von zwei Armlängen angewachsen, seine Hauer aber waren zu purem Kupfer geworden. Und mit der Zeit schienen diese Eberzähne zu wahrhaft erstaunlichen Ausmaßen anzuwachsen.

Als Haltas an diesem Abend todmüde vor Aufregung und Erschöpfung seine Kammer betrat, empfing ihn Nubal mit einer tiefen Verneigung, so wie sie nur Personen von königlichem Rang erwiesen wird.

Haltas tat so, als ob er verärgert sei.

„Was soll das bedeuten, du unwürdigster aller Sklaven? Bist du so betrunken, daß du vor dem Prinzen von den Eberzähnen nicht mehr gerade auf den Beinen stehen kannst? Laß dich nicht noch einmal so gebeugt und mit weichen Knien ertappen, sonst werde ich es meinem neuen Freund sagen, dem Prinzen Suweros!" Dabei zwinkerte er Nubal vielsagend zu.

Der Neger streckte Haltas bittend die Hände entgegen und erwiderte:

„Oh, junger Herr! Leider mußt du vorerst auch weiterhin die Kammer mit deinem untertänigsten Diener teilen, da der Palast so überfüllt ist wie ein Bienenstock zur Winterszeit; und für die Gäste schickt es sich nicht, vor Ablauf eines Mondes abzureisen! Aber Nubal hat alles erfahren! Nubal kennt deinen neuen Titel und wird deiner Person stets die ihr zukommenden Ehren erweisen!"

„Ach, wirklich? Aber das verbiete ich dir, du starrköpfiger Sohn eines Krokodils des Nils!" rief Haltas und runzelte drohend die Stirn. „Doch wenn ich jetzt wieder ein Prinz bin, so habe ich auch das Recht dazu, dir Befehle zu geben! Also, höre meine Befehle, Sklave! Hör jetzt und für alle Zeiten mit der Ehrerbietung auf und bewahre mir die Freundschaft, die du mir angeboten hast, als auch ich ein Sklave war und zu den Geringsten hier zählte — damals, als du deinen gestohlenen Honig mit mir teiltest!"

Der Neger legte die Hand auf die mächtige Brust.

„Mein Volk vermag sehr zu hassen, aber es kann auch treu sein, und dein Freund, der Sklave, wird dir das in Zukunft wohl noch besser als bisher beweisen können, kleiner Prinz! Vielleicht werde ich noch mehr für dich tun können, als dir Honig anzubieten, der übrigens keineswegs gestohlen war!" fügte er würdevoll hinzu. Haltas hörte wohl den dunklen Sinn von Nubals Worten und lächelte.

„Noch mehr als bisher? Aber was habe ich jetzt, nach der Erklärung des Königs, noch zu fürchten?"

Eigensinnig schüttelte Nubal den Kopf.

„Du hast mich Sohn des Krokodils genannt, aber ich nehme diesen Namen gern an. Das Krokodil lebt im Schlamm und scheint zu schlafen, aber es schläft nicht. O nein, es schläft wirklich nicht! Das Krokodil ist sehr schlau— es denkt sich nämlich in seinem großen Kopf: wenn ich mich ganz ruhig verhalte und denke und denke und denke, daß ich ein grüner, angeschwemmter Baumstamm bin, dann werden mich die anderen endlich auch dafür halten! So schlau und erfahren ist auch Nubal, denn er sagt sich: wenn ich glaube, eine Säule, eine Wandnische oder ein Möbelstück zu sein, wer wird mich dann bemerken? Ich gebe vor, nichts zu sehen und nichts zu hören! Aber ich sehe und höre alles! Ich tue es für den Prinzen Haltas, der mein Freund ist!"

Haltas aber vergaß die Worte des Negers bald wieder, denn er war durch sein angenehmes und bewegtes neues Leben vollauf beschäftigt. Suweros zeigte sich ihm gegenüber jetzt als ein wahrer Freund und wollte ihn ständig an seiner Seite haben.

Haltas' Tat hatte den Sohn des Aitaleos tief beeindruckt. Der Prinz von Mykene hatte immer geglaubt, daß der Sklave Lamnios ihn auf dem Schiff nur um seines eigenen Vorteils willen geheilt hatte; sonst aber — so wie jeder andere Sklave — nur auf die Gelegenheit wartete, sich an seinem Herrn und Gebieter zu rächen. Wenn Haltas daher oben auf der Pinie in Sicherheit geblieben wäre, so hätte Suweros das ganz natürlich und in Ordnung gefunden. Dagegen aber hatte dieser Junge, den er viele Male einen Feigling geschimpft hatte, keinen Augenblick gezögert, sich vor die Hauer des wilden Ebers zu werfen, noch dazu nur mit einem leichten Speer als Waffe! Suweros dachte und fühlte ganz und gar wie ein Achäer. Natürlich war er Haltas dankbar; jedoch viel mehr noch war er von Bewunderung für den Mut dieses Jungen erfüllt und fürchtete gleichzeitig, sich als Sohn des Aitaleos weniger edel und großzügig als sein früherer Sklave zu erweisen. Aus diesen Gründen wurde seine ungewohnte, neue Großzügigkeit seinem Lebensretter gegenüber verständlich.

Im übrigen hatte jetzt jedermann im Palast ein Lächeln für Haltas. Larisia, die Küchenhexe, trotzte allen Gesetzen des Palastes, die die Dienerinnen der Königin in die Frauengemächer verweisen, um sich — wo immer es möglich war — vor dem Jungen in die Knie zu werfen, der ihrem Liebling, ihrem Milch- und Herzenssohn, das Leben gerettet hatte.

Makaones dagegen verschwendete keine Zeit mit Komplimenten. Sowie Haltas in der Sportschule erschien, nahm er den Jungen beiseite und unterzog ihn von Kopf bis Fuß einer gründlichen Untersuchung. Haltas Zähne, seine Augen und Muskeln wurden geprüft; der Waffenmeister ließ ihn laufen und springen — während Suweros und seine Vettern dazu lachten, wenn auch jetzt ohne jede Bosheit. Die Jungen freuten sich lediglich, daß nun auch einmal ein anderer das Gewicht dieser schweren Athletenhände zu spüren bekam.

Endlich erklärte der Meister der Waffen:

„Es ist weniger schlimm, als ich befürchtet hatte! Etwa zwei oder drei Monde Training bei mir — und ich will nur noch Eulen züchten, wenn ich aus diesem schmächtigen Sänger nicht einen wahren Athleten gemacht habe! Wir wissen ja nun, daß seine Leber mit gutem, tapferem, rotem Blut gefüllt ist — beim Erschütterer der Lanzen!"

So gewöhnte sich Haltas denn auch an die Sportschule. Und als er eines Tages den jüngsten der Prinzen von Orkomenos im Ringkampf zu Boden geworfen hatte, da stellte er fest, daß es auch recht befriedigend sein konnte, in der Schule bei Makaones zu schwitzen.

Seine größten Erfolge aber verzeichnete Haltas als Lehrer; denn jetzt wagten es weder Suweros noch seine drei Vettern mehr, Haltas' großes Wissen anzuzweifeln. Und er selbst tat natürlich das Seine dazu, dieses Vertrauen nicht zu erschüttern. Er hatte großen Spaß daran, klüger zu erscheinen, als er war und die Gefährten mit seinen Kenntnissen zu verblüffen. Alles, was sein wacher Geist von seinem Hauslehrer und den Weisen des Tempels in Myrina oder von den Erzählungen der Eritupina aufgenommen hatte, vermittelte Haltas jetzt seinen gespannt lauschenden Zuhörern.

„In der Wüste", erklärte er ernst, „geschehen seltsame Dinge. Vor dem erschöpften Reisenden erscheinen mit einem Male Paläste mit goldenen Türmen, frische Dattelpalmen oder sprudelnde Wasserfälle. Aber das sind die Vorspiegelungen eines Bösen Geistes — sobald der Reisende die Hand ausstreckt, versinkt alles im Staub des goldenen Wüstensandes!"

„Im Norden aber werden die Menschen mit großen Hörnern auf dem Kopf geboren, die so lang wie ein Arm sind und großen Büffelhörnern oder Hirschgeweihen ähneln. Diese Leute wandern die Küsten ab, an denen göttliche Vögel zu den von den Göttern bestimmten Tagen den magischen Bernstein ablegen, und zwar so zahlreich wie die Eier der Tauchenten auf den Felsen!"

Oder aber er sprach von der Magie, von den Zaubern des Himmels oder den viel erschreckenderen Zaubern des Unterirdischen Reiches.

„So wie in den Flüssen und Wäldern, wohnen auch im Himmel Nymphen, sie spielen mit den Sternen wie Kinder mit polierten Kieselsteinen und bilden so Figuren von Ungeheuern, von brüllenden Löwen und Stieren, von Bären, Skorpionen oder Fischen. Der Herr der Schatten selbst aber, Trofonios, hat sein Heiligtum in eurem Böotien; sagt stets einen starken Geisterbann, sobald ihr diesen heiligen Namen hört! Er hat die Dämonen geschaffen, die den Menschen verfolgen sollen; sie sind halb Dämon und halb Tier und haben den Auftrag, die Sünden der Menschen vor Zeus zu bringen, den Herrn der Gerechtigkeit. Diese Dämonen haben einen schuppigen Rücken, lange Gesichter und Luchsohren!"

Suweros und seine drei Vettern, die Haltas ständig mit diesem Wissen gehänselt hatten, als sie ihn noch für einen Feigling hielten, lauschten jetzt mit aufgerissenen Augen. Der arme Assur konnte sich kaum darüber beruhigen.

„Jahrelang habe ich versucht", stöhnte der Hauslehrer, „daß mir dieser Aal von einem Schüler zuhört, er aber beherrschte stets nur eine Kunst vorzüglich — das Entwischen!"

Doch der Lehrer grollte Haltas nicht sehr, denn auch Assur hatte eine geheime Leidenschaft, die ihn viel Zeit kostete.

Seit Jahren arbeitete er an der Entwicklung einer neuen Schriftsprache, die wesentlich einfacher auf den Tontafeln einzukerben wäre, als die Silben der alten Schrift.

Nur eines bekümmerte Haltas noch — das war die strenge Disziplin, die furchtbare Etikette, die im Palast von Mykene herrschte, und der sich noch nicht einmal der König selbst widersetzen konnte. Haltas wäre vollkommen glücklich gewesen, wenn er bei seiner Mutter hätte sein können. Doch Mayno verließ den Frauenpalast nur, um an einem Gastmahl im Megaron teilzunehmen, die Frauengemächer aber durfte nur der König selbst betreten.

Eritupina jedoch durfte als Sklavin eines Höflings von drittem Rang die Frauengemächer ungehindert betreten und verlassen. Seit einiger Zeit war aber die Syrerin wie verwandelt, sie war jetzt noch undurchdringlicher als zuvor. Beinahe so geheimnisvoll wie mein Freund, der Sohn des Krokodils, wunderte sich Haltas im stillen. Die beiden ergänzen sich wunderbar mit ihrem Mißtrauen und ihrem Argwohn! Dabei ist das ganz unnötig, denn ich habe nun keine Feinde mehr. Sogar Theodora lächelt mir jetzt zu, die mich doch vorher keines Blickes gewürdigt hatte. Nur der ägyptische Leibarzt schaut mich mit seinen trüben Augen weiterhin neiderfüllt an. Doch was kümmert mich jetzt noch der Neid eines Scharlatans und Sklaven?

Was aber sollte dies wirklich noch für Haltas von den Eberzähnen bedeuten, der nunmehr dem Prinzen Suweros auch bis in die Thronhalle folgte, in der Aitaleos Audienzen gab und Vasallen jeden Ranges empfing? Diese Audienzen hatte der Herrscher erst vor kurzem wieder aufgenommen, bisher war er stets allzusehr mit anderen Dingen beschäftigt gewesen. Es hatte Jagden gegeben, religiöse Zeremonien, Gastmähler zu Ehren der Gesandten, die bis aus dem fernen Alalakh nach Mykene gekommen waren oder aus dem Reich von Mitannis, wo im Delta der beiden Zwillingsströme mächtige, kriegerische Herrscher lebten.

So waren denn seit zwei Jahren zahllose Rechnungen liegengeblieben, und Suweros, der seinen Vater eigentlich in die Schatzkammern begleiten sollte, aber die Arbeit mit den Tontafeln mehr fürchtete als einen Schwerthieb, hatte darum gebeten, daß ihn wenigstens sein Freund begleiten durfte, damit er nicht vor Langeweile sterben müsse.

So nahm denn an der ersten Audienz nach der Rückkehr des Königs auch Haltas teil, wenn auch halbverborgen hinter dem Sitz des Suweros, der wiederum drei Schritte hinter dem königlichen Thron auf seinem Schemel saß.

Nachdem die Audienz eröffnet worden war, hob Assur, der auf einem kleinen Teppich kniete, den Deckel der sechs riesigen Körbe, die vor ihm standen.

„Wie eine Glucke über ihren Eiern!" wisperte Suweros, und die drei Vettern aus Orkomenos platzten beinahe vor Lachen.

Die Körbe waren mit zahllosen Tontafeln angefüllt. Assur nahm eine Tafel in die Hand und gab sorgfältig acht, daß seine langen Fingernägel dabei gut zur Geltung kamen, die sein ganzer Stolz waren — denn wer diese Fingernägel besaß, mußte doch ohne jeden Zweifel ein Mann der Wissenschaft sein, der keine körperliche Arbeit verrichtete. Näselnd begann der Hauslehrer:

„Tribut des Basileus des Dorfes Riwos:
Kalbfelle: Soll 28, abgeliefert 20, Defizit 8
Schafe: Soll 100, abgeliefert 85, Defizit 15
Wolle: Soll 25 Maße, abgeliefert ..."

Diese Aufzählungen waren lang, und der Stapel der „erledigten" Tontafeln zur Linken des Hauslehrers wuchs nur mit ermüdender Langsamkeit.

Aitaleos aber hatte das Kinn in die Hand gestützt und hörte aufmerksam zu; von Zeit zu Zeit unterbrach er den Assyrer und ließ sich Ziffern und Namen wiederholen. Haltas begriff, daß die Gerüchte nicht übertrieben waren, die die Achäer für außerordentlich sorgsam in der Verwaltung ihrer Reichtümer hielten; aber nachdem die Überprüfung der Rechnungen abgeschlossen war, stellte Haltas auch fest, daß Aitaleos einen ausgeprägten Gerechtigkeitssinn besaß.

Gleich darauf wurde in der Halle eine Abordnung von Schmieden und eine weitere Abordnung von Bauern empfangen. Die Schmiede waren gekommen, um den König daran zu erinnern, daß ihre Zunft seit den Zeiten des ruhmreichen Urgroßvaters des Aitaleos, des Königs Peleos, von den regelmäßigen Abgaben des Tributs befreit war. Außerdem wollten sich die Schmiede darüber beschweren, daß die jährliche Zuweisung an Bronze zu gering bemessen war.

Aber auch die Bauern waren gekommen, um sich zu beschweren. Sie waren Pächter des Gemeinlandes; wie sollten sie jedoch den Tribut an Weizen und Gerste entrichten, den die Aufseher des Königs bei der Ernte verlangten, wenn der verteilte Samen des vergangenen Herbstes so spärlich bemessen und noch dazu halbverdorben und mit Sand vermischt war?

Der Töpfer jedoch, der das betreffende Stück Land verwaltete, beschuldigte nun seinerseits die Bauern:

„Sie sind faule Hunde! Wenn sie sich am Morgen von ihren Hütten auf die Felder begeben, dann schleichen sie wie die Schildkröten dahin, am Abend aber — wenn die Sonne ihre Feuerrösser noch kaum in die himmlischen Ställe gebracht hat — dann laufen die Bauern so flink wie die Hasen von ihrer Arbeit fort!"

„Dieser Töpfer hat eine gut geölte Zunge!" flüsterte Haltas dem Prinzen zu. „Die armen Bauern! Sie werden nichts ausrichten können!"

„Aber ich setze trotzdem auf die Dörfler!" gab Suweros zurück.

Aitaleos hörte allen geduldig zu; endlich sprach er die Schmiede vom Tribut frei und versprach ihnen gleichzeitig ihren neuen Bronzeanteil von der Beute aus Lemnos. Diese Bronze besaß eine vorzügliche Legierung — ein Teil Zinn und acht Teile Kupfer. Für diese ausgezeichnete Qualität nun mußten die Schmiede fortan in jedem Mond mindestens hundert Pfeilspitzen mehr an die Waffenkammer des Königs liefern.

Der Hauptaufseher der Waffenmagazine nahm dies zur Kenntnis; dann verabschiedeten sich die Schmiede, nachdem ein jeder den Saum der königlichen Tunika geküßt hatte.

Nun wandte sich der König mit gerunzelter Stirn dem Töpfer zu.

„Du hast diesen Bauern vorgeworfen, es sei ihre Schuld, daß die Erzeugnisse des Pachtlandes nur geringe Erträge abwerfen, und die Tontafeln verzeichnen ein Defizit für alle abgelieferten Naturalien. Ich aber, der Sohn der Ehrwürdigsten Göttin, der ich die heiligen Waagschalen des Gerechten Zeus besitze, habe soeben gesehen, daß diese Bauern hier zum Beweis ihrer Argumente zerschundene und schwielige Hände haben von der Arbeit mit dem Spaten, der Mistgabel und der Hacke. Du dagegen erscheinst vor mir mit einem gesunden und wohlgenährten Gesicht, und dein Bart duftet nach teuren Salben! Außerdem haben mir meine Späher berichtet, daß du ein prachtvolles Haus besitzt, in elfenbeinverzierten Zedernholzschränken aber bewahrst du Dutzende von Gewändern aus dem feinsten ägyptischen Leinen. Wie hast du diese Reichtümer erworben, Töpfer?"

„Du hast die Wette gewonnen, Suweros!" flüsterte Haltas. „Der Dicke weiß vor Verlegenheit nicht, wo er hinschauen soll! Dein Vater ist wirklich ein weiser Mann, außerdem hat er tüchtige Späher!"

„Ja, aber wenn ich mich doch nur von hier fortschleichen könnte, um den Rücken von Blitz des Zeus unter meinen Schenkeln zu spüren!" seufzte der unverbesserliche Suweros.

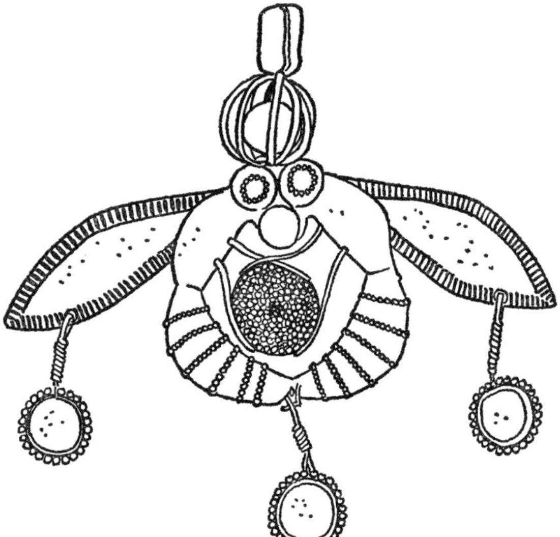

Es war kaum ein Mond seit der ersten Audienz verstrichen, als der kleine Thron des Prinzen Suweros aufs neue in die Empfangshalle gebracht wurde, und in diesem Fall hätte Suweros auch wegen seiner geliebten Pferde nicht gefehlt.

Dieser Tag war nämlich von so großer Bedeutung, daß auch noch ein anderer Thron neben den Sitz des Königs gestellt wurde. Dieser Thron war zierlicher und aufs feinste mit Silber eingelegt, er war mit purpurnen Kissen bedeckt, die mit goldenen Quasten geschmückt waren. Es war der Thron Theodoras.

Im allgemeinen pflegte die Königin zu den Festmählern im Megaron und zur Jagd zu gehen; sie war bei den Spielen als Zuschauerin auf der königlichen Tribüne und nahm an den Zeremonien zu Ehren der Mondgöttin Menes teil, deren Priesterin sie durch ihre königliche Abstammung war. Aber nur sehr selten erschien Theodora auch zu Staatsversammlungen.

An diesem Tage nun funkelte die junge Königin im Glanz ihres kretischen Gewandes mit den bestickten Falbeln, das eng die Taille umspannte. Die allwissende Eritupina hatte Haltas bereits zugeflüstert, daß sich die Königin zur Erlangung dieser Wespentaille von der Brust bis zu den Hüften in ein enges Band einwickeln ließ, das von zwei kräftigen Sklaven zugeschnürt wurde. Das Gewand war allerdings von großer Pracht, es war über und über mit goldenen Schuppenstreifen besetzt, die mit glitzernden Glasperlenreihen abwechselten; diese Perlen schimmerten wie der Schmelz von Schmetterlingsflügeln und waren weit über das Meer aus dem fernen Byblos der Phönizier nach Mykene gebracht worden. An den nackten Füßen der Königin funkelten prachtvolle Ringe, und mit hochmütiger Verachtung der Etikette trug Theodora die gleichen goldenen Bernsteinohrgehänge wie der König.

Ebenso prächtig aber waren die Gewänder des Herrschers Aitaleos und die der drei Prinzen von Orkomenos; der

Lawagetas war nicht ganz so prunkvoll gekleidet. Haltas trug zum erstenmal ein weißes Gewand, wie es den Vornehmen des Hofes zukam. Prachtvoller aber als alle anderen leuchtete heute Suweros im Schmuck seiner Tunika aus königlichem Leinen, um den Hals trug der Prinz die Kette, die ihm der König, sein Vater, zu seinem vierzehnten Geburtstag geschenkt hatte.

Larisia hatte gedroht, ihren Kopf an einer der Säulen des Atriums zu zerschmettern, wenn sie nicht die ehrenvolle Aufgabe erhielte, die Locken ihres Lieblings mit den allerfeinsten Ölen zu salben — die für gewöhnlich nur den Göttern geopfert wurden — und den Prinzen zu waschen und zu kämmen. Suweros sollte heute die Mitgift erhalten, die vom Palast des Königs von Orkomenos als Besiegelung des Heiratsversprechens zwischen dem Prinzen von Mykene und der kleinen Prinzessin von Orkomenos gesandt worden war.

Die Nachricht von der Heirat war noch streng geheim. Seit dem Tage jedoch, an dem die drei Vettern aus Orkomenos mit einem Gefolge von wohl zwanzig berittenen Wachen und zwei riesigen, bedeckten Wagen in Mykene eingetroffen waren, wußte auch der letzte Palastsklave bis zum kleinen Bauersmann in Tiryns über alle Einzelheiten Bescheid.

Die Prinzessin von Orkomenos war nämlich gerade neun Jahre alt geworden. Eigentlich wäre sie verpflichtet gewesen, ihren Bräutigam zu begrüßen — da ihr Vater zwar ein König war, aber doch der Vasall des Aitaleos. In Anbetracht des sehr jugendlichen Alters der Prinzessin war es ihr jedoch freundlich gestattet worden, vorerst noch unter dem Schutz ihrer Mutter bei ihren Puppen zu bleiben. Die Mitgift jedoch war auf den Wagen in Mykene eingetroffen.

„So eine Morgengabe hat man noch nicht gesehen!" flüsterten die Höflinge ebenso wie das Volk. Aphareos von Orkomenos hoffte nämlich, mit dieser Heirat den Frieden zwischen seiner Stadt — die reich durch die Gaben der

Fruchtbarkeits- und Erntegöttin war — und dem durch die Kraft seiner Speere mächtigen Mykene zu besiegeln.

„Ich hoffe, daß nicht die ganze Mitgift aus Gold und Silber besteht", hatte Suweros Haltas anvertraut. „Mir wären gut gearbeitete Waffen am allerliebsten. Die Künstler und Waffenschmiede von Orkomenos verstehen ihr Handwerk leider weitaus besser als die unseren; sie wissen so scharfe Klingen zu schmieden, daß man ein abgeschnittenes Haar im Niedersinken mit ihnen durchhauen kann!"

Haltas war etwas verwirrt über diesen Sinn für das Praktische.

„Aber deine Braut soll doch auch sehr hübsch und von edlem Charakter sein!" hatte er geantwortet.

„Es gibt keine Braut, die von den Hofsängern nicht als so schön und klug wie eine Göttin besungen wird!" gab Suweros zurück und zuckte die Schultern. „Jetzt ist sie jedenfalls erst neun Jahre alt und wird ebenso unangenehm und launisch wie alle kleinen Mädchen sein! Wenn sie älter wird, kann das nur noch schlimmer werden! Nein, ich erwarte mir nichts Besonderes von Orkomenos! Aber warten wir die Mitgift ab!"

Doch Aphareos hatte die Morgengabe mit wahrhaft fürstlicher Großzügigkeit ausgewählt. Als der Oberste Würdenträger, der mit den anderen Höflingen zusammen die drei Prinzen nach Mykene begleitet hatte, dem ersten Sklaven ein Zeichen machte, da näherte sich eine lange Reihe jugendlicher, gutgekleideter Träger in neuen Festkleidern. Jeder Sklave ging gebeugt unter dem Gewicht zahlreicher, kostbarer Gegenstände, die sorgfältig zu Füßen des Thrones niedergelegt wurden. Der Würdenträger hatte kaum Zeit, alle Kostbarkeiten aufzuzählen:

„Ein Sitz aus Ebenholz, die Lehne mit Elfenbein eingelegt, auf der Lehne befindet sich die Darstellung eines Mannes mit jungen Ochsen ... ein Schemel, der ebenfalls in Elfenbeinarbeit mit der Figur eines Mannes verziert ist sowie mit den Bildern eines Pferdes, eines Polypen und eines geflügelten Greifen eingelegt ist ... drei Kupferbecken mit silbernen Ringen ... sechs dreifüßige Kessel ... drei Weinkrüge ... sechs Henkelkrüge für Wasser mit aufgemalten Figuren, die auf die zierlichste Art Fische und Delphine darstellen ... drei Pfannen ... ein Rührlöffel ... sechs Hämmer ... eine Bürste ... zwei Feuerzangen für den Kamin ... elf Tische und fünf Stühle, dazu sechs ausgesuchte Schemel; die Tische sind aus Marmor und besitzen Intarsien aus Bergkristall, vulkanischem Glas, Elfenbein und Gold, die Federn, Spiralen oder Helme darstellen ..."

„Aber echte Helme sehe ich nicht!" murmelte Suweros und unterdrückte ein Gähnen.

Jetzt aber beugte sich Theodora mit begierig funkelnden Augen vor, denn die Gewebe von königlichem Purpur wurden vor dem Thron ausgebreitet. Darauf folgten feinste Leinen- und Baumwollstoffe für die Würdenträger des Königs und die Gäste des Palastes und schließlich Ballen aus gröberem Stoff für die Palastsklaven. Und dann wurden die Juwelen ausgebreitet. Suweros schätzte zwar die Kunst der Waffenschmiede von Orkomenos; die Königin aber hätte gar zu gern die Kostbarkeiten besessen, die die Goldschmiede am reichen Hofe des Königs Aphareos anfertigten. Die böotischen Künstler waren so geschickt, daß sie jedes Werk der Natur, auch das allerfeinste, aus edlem Metall nachbilden konnten. Da gab es goldene Nadeln, Diademe und Ohrgehänge, die täuschend ähnlich wie echte Schmetterlinge gearbeitet waren, wie Blätter, Federn, Polypen mit acht Armen und andere aufs zarteste nachgebildete Tiere.

„Bei Enyalios, nun bringt aber endlich etwas Anständiges!"

Doch da sprang Suweros bereits unbeherrscht von seinem Sitz auf, um ein prachtvolles Schwert mit einem aus Kupfer und Elfenbein gearbeiteten Griff und einer festen, scharfen Klinge zu ergreifen. Dieses Schwert war das schönste Stück unter den über hundert Waffen, die fünf kräftige Sklaven in einem wahren Berg von Bronze vor dem Thron niederlegten. Suweros hieb die Schneide des Schwertes sausend durch die Luft und schaute sich suchend um.

Er wird doch nicht die Schärfe der Klinge am Barte des Gesandten ausprobieren! Entsetzt sah Haltas, daß der Blick seines ungestümen Gefährten verlangend auf der männlichen Kinnzier des Würdenträgers aus Orkomenos ruhte. Doch Suweros beschränkte sich darauf, sich ein Haar auszurupfen — und schon blitzte das Schwert auf. Es zerschnitt das Haar säuberlich.

Der Gesandte von Orkomenos blickte von seiner Liste der Mitgift auf und wandte sich mit einem stolzen Lächeln an Aitaleos.

„König der Könige!" rief er mit hoher Stimme. „Nunmehr kann ich nicht mehr daran zweifeln, daß die Geschenke des Aphareos auf höchst glückverheißende Weise ihren Zweck erfüllt haben, obwohl noch viele Reichtümer aufzuzählen wären. Dein ganzer Hof aber und vor allem du, o Wanax von Mykene, ihr habt alle gesehen, daß der Bräutigam die Geschenke aus Orkomenos mit großem Wohlgefallen aufgenommen hat!"

Aitaleos zog die Stirn zusammen, die impulsive Reaktion seines Sohnes schien seinem eigenen Entschluß zuvorgekommen zu sein. Aber der schlaue Gesandte hatte recht — wie konnten die Mykener jetzt noch den Rückzug antreten! Das Gesicht des Königs entspannte sich wieder.

„Mein Sohn hat den Willen seines Vaters zum Ausdruck gebracht! Wir nehmen die Geschenke des Aphareos an und ebenso die Hand der jungen Braut! Lang lebe Orkomenos!"

Ein Beifallssturm erschütterte den Saal:

„Lang lebe Suweros, der König der Könige, und Mykene!"

Die begeisterten Rufe schallten auch bis zu den Windungen und Korridoren des Palastes hinüber, in denen die

Sklaven zufrieden lächelnd dem Geschrei lauschten. Dieser Lärm bedeutete Frieden mit Orkomenos und bald auch eine prunkvolle Hochzeit mit Festen, neuen Gewändern und ausreichenden Mahlzeiten für alle.

Jetzt aber wurde das Gesicht des Aitaleos traurig, obwohl er lächelnd mit dem Gesandten sprach.

„Überbringe deinem König meine Einwilligung; und es ist recht und billig, eine gute Nachricht nicht hinauszuzögern. So werdet ihr also beim Anbruch des dritten Tages aufbrechen; das ist die rechte Zeit, um die Hochzeitsgaben meines Sohnes für Orkomenos vorzubereiten. Dort wird mein königlicher Vetter den Bräutigam zum ersten Male sehen. Mein Herz ist schwer, da mich mein einziger Sohn verläßt, wenn es auch nur für wenige Monde ist. Aber gemeinsam werden wir uns freuen, daß fortan ein unzerstörbares Band der Freundschaft unsere Reiche verbindet! Ich habe gesprochen!"

Nun zogen sich der König und die Königin zurück.

Aitaleos schritt feierlich die Stufen des Thrones hinab und verschwand, gefolgt von Theodora. Bevor die beiden die Schwelle der Halle überschritten, vermochte Haltas — der bei der Tür stand — das Gesicht der Königin ganz aus der Nähe zu sehen. Theodora blickte abwesend ins Leere, aber ein triumphierendes Lächeln erhellte ihr Antlitz wie das Licht einer Fackel. Gewiß war sie über Suweros' Abreise so erfreut. Aber warum nur? Wieder spürte Haltas dieses Gefühl des Unbehagens, das ihn so oft in der Nähe der schönen, rätselhaften Königin überkam. Dann aber schalt er sich selbst einen Toren — warum sollte er sich von der Freude und dem Haß Theodoras beunruhigen lassen? Er würde doch ganz sicher in wenigen Tagen Suweros auf der Straße nach Orkomenos begleiten.

Das Mondopfer

„Der Mensch sollte niemals versuchen, dem Schicksal zuvorzukommen, dem unergründlichsten der Götter!" Mit dieser Einsicht versuchte sich Haltas zu trösten, während er an der Seite des Ersten Priesters, Ethewas, und drei ehrerbietige Schritte hinter dem König als Hofpriester an dem Opfer zu Ehren des Neuen Mondes teilnahm.

Suweros war schon vor mehr als zwei Wochen abgereist, im letzten Moment aber war Haltas durch einen königlichen Erlaß befohlen worden, in Mykene zu bleiben. Erstaunt und verärgert hatte Suweros gegen diesen Erlaß protestiert, ein Zeichen des Herrschers jedoch hatte jeden Protest verboten. Bevor der Prinz aber seine Pferde antrieb, hatte er seinem Gefährten zugeflüstert:

„Hüte dich vor dem Lawagetas, Freund! Ich weiß aus sicherer Quelle, daß er meinem Vater eingeredet hat, dich nicht mit mir reisen zu lassen. Ich weiß nicht, aus welchem Grund – übrigens hat noch niemand in diesen undurchdringlichen Augen lesen können, noch nicht einmal der König! Aber gib auf dich acht! Bleib gesund bis zu meiner Rückkehr, Freund! He, meine Pferde, he!"

Und dann war Suweros schnell davongefahren, gefolgt von dem Wagen seiner drei Vettern. Die schweren Wagen mit der Gegengabe zur Hochzeit würden erst einige Tage nach dem Prinzen in Orkomenos eintreffen.

Warum hat Ethewas nur gewollt, daß ich in Mykene bleibe? überlegte der junge Hilfspriester, während er dem Ersten Priester den Becher mit dem Trankopfer reichte, den Ethewas dann dem König übergab. Bestimmt nicht nur, damit ich ihm beim Opfer zu Ehren der Mondgöttin zur Hand gehe, auch wenn dieses Opfer eine der wichtigsten Zeremonien des Jahres ist.

Die Weihen zu Ehren des Neuen Mondes fanden viermal im Jahr statt, stets beim Wechsel der Jahreszeiten. Die Opfer wurden in feierlicher Weise in aller Öffentlichkeit oder auch im stillen abgehalten. Heute nahmen außer dem König nur noch drei weitere Opferpriester teil. So wie immer, wurde auf dem Altar das Trankopfer von Honig, Milch, Zedernöl und kostbaren Gewürzen versprengt, außerdem sollte noch ein größeres Opfertier dargebracht werden. Besondere Bedeutung aber wurde dem Kult durch den uralten Altar und den Weihebecher verliehen. Dieser Becher war eines der heiligsten Geräte im Hause des Aitaleos — er war aus purem Gold und sehr alt, schon die Ahnen des Aitaleos hatten ihn besessen. Es wurde erzählt, daß diese Ahnen einst vom Pharao nach Ägypten gerufen worden waren, um ihm im Kampf gegen die barbarischen Hiksos aus dem wilden Norden beizustehen. So bildeten denn auch die Henkel des Bechers zwei Falken; und Haltas wußte, daß der Falke das heilige Tier des mächtigen ägyptischen Gottes Horus war. Noch älter als der goldene Opferbecher jedoch war der Altar. Er war aus einem riesigen Felsblock gehauen, auf dem sich heilige Hörner von abgewetztem Stein emporwölbten. Seit Urzeiten befand sich dieser Altar im Herzen des Palastes; und vor einer Zeitspanne „der Leben dreier toter, uralter Männer" — wie Ethewas erklärt hatte — hatte einmal ein Wanax von Mykene den Tempelraum um diesen Altar gebaut.

Ohne sich umzuwenden, übergab Aitaleos jetzt den leeren Becher dem Lawagetas und nahm das Opfermesser vom Gürtel. Er reinigte die scharfe Klinge über der Flamme der Lampe, die Stoicheos von Knossos ihm reichte; als Schwager des Königs bekleidete der junge Kreter während der Weihen das Amt des „Überbringers der Lampe".

Mit einer schnellen Bewegung schnitt der Wanax ein Haarbüschel von der Stirn des Kalbes, das auf dem Altar

Die Weihen zu Ehren des Neuen Mondes fanden nur viermal im Jahr statt, stets beim Wechsel der Jahreszeiten.

lag. Das Tier brüllte und versuchte, sich zu befreien, aber es war so eng an den Felsblock gefesselt, daß es nur den Kopf ein wenig zu heben vermochte. Das Büschel Haare wurde der Göttin geweiht; es verglühte mit dem strengen Geruch verbrannten Horns, und sogleich warf Stoicheos etwas duftendes Aroma auf die Flamme.

Jetzt füllte der Erste Priester den Opferkelch mit dem Wein des Trankopfers — einem schweren, duftenden Wein, der in kleinen, versiegelten Amphoren von der Insel Zypern kam. Auf dem Wachs war deutlich das königliche Siegel zu erkennen — der Löwe des Herrschers von Mykene. Wer sich an diesen versiegelten Amphoren vergriff, wurde auf der Stelle getötet. Der König erhob den Kelch und rief die mit dem Sicheldiadem geschmückte Mondgöttin Menes an, dann besprengte er das Opfertier mit einigen Tropfen und trank den Rest des Weines.

In einer Mischung aus Neugier und Widerwillen beobachtete Haltas wie gebannt die heilige Handlung. Er fürchtete das Blut des Opferkalbes, das gleich über den Altar strömen würde, gleichzeitig aber faszinierte ihn der Kult der Achäer. Diese seit Jahrhunderten unveränderten Gesten wiederholten sich immer aufs neue in den Tempeln der Länder, die von der Großen Schlange des Ozeanes umschlossen wurden; dieser Schlange, die seit Urzeiten ihren Schwanz ringelt, um die Welt der Menschen darin zu bergen. Die Weihe des heiligen Ortes teilte sich gewiß auch den Menschen mit, so schien es Haltas.

Der Geist der Göttin Menes wohnt dem Opfer bei, dachte der Junge in abergläubischer Furcht. Sogar der Wanax Aitaleos, in dessen Adern doch königliches Blut fließt, scheint von der Anwesenheit der Göttin verwirrt zu sein!

Und tatsächlich, als der König den leeren Opferbecher wieder senkte, da war sein Antlitz blaß, und seine Hände, die den schweren Becher hielten, zitterten. Als der König dann aber das Opfermesser erhob, da fiel sein Hieb so kräftig und exakt wie immer aus. Mit seinem ganzen Gewicht folgte der Körper des Königs dem Schlag und fiel über das getötete Kalb, wie um das Todesröcheln des Opfers zu ersticken — dann blieb Aitaleos regungslos liegen.

„Der König! Der König ist krank!" rief Stoicheos und sprang auf den Altar zu.

Aber da war der Erste Priester bereits auf der untersten Stufe des Altares, nahm den Körper des Aitaleos sanft bei den Schultern und wandte ihn um. Ethewas stützte den König mit seinen schmalen, aber kräftigen Armen; und dann überlief die steif ausgestreckten Beine des Wanax ein Zittern, sein Kopf aber fiel zur Seite auf die Schulter. Ethewas jedoch konnte den Leichnam seines Königs nur noch sanft zurücksinken lassen.

Voller Grauen starrten die drei Lebenden auf das Antlitz des toten Königs, sie konnten ihre Blicke nicht von dem schrecklichen Anblick wenden. Die aufgerissenen Augen des Aitaleos, seine verfärbten und aufgeblähten Wangen, besonders aber der Schaum um die verzerrten Lippen verrieten die schreckliche Wahrheit.

„Gift!" flüsterte der Erste Priester schließlich. Haltas schien es, als ob sich vor diesem Wort die finsteren Schatten dieses heiligen Ortes mit dunklen Flügeln erhoben, als ob die Wände zurückwichen, um die Dämonen hinauszulassen, auf daß sie mit dem Widerhall dieser schrecklichen Nachricht den Palast und ganz Mykene erfüllten.

Endlich brach Stoicheos ächzend den Bann, der von dem Antlitz des Toten ausging, und bevor ihn Ethewas noch zurückhalten konnte, stürzte der junge Kreter schreiend aus dem Tempel. Der Lawagetas machte eine zornige Bewegung, dann aber hob er die Schultern und sagte wie zu sich selbst: „Das ist das Ende; noch nicht einmal das Gerücht mit seinen hundert Zungen hat eine so laute Stimme wie die Furcht eines Toren!"

Dann aber schien ihm ein anderer Gedanke durch den

Kopf zu fahren. Schnell legte der Priester Haltas die Hand auf die Schulter.

„Prinz von Lemnos! Versuche unter allen Umständen, zu deiner Mutter vorzudringen und bringe sie unverzüglich in meine Gemächer! Unter allen Umständen, hast du verstanden?"

Dann sah er den Blick, den Haltas immer noch auf den Toten gerichtet hatte und fügte nur hinzu:

„Geh! Ich werde hierbleiben! Er war *mein* König, und so werde ich ihn gewiß auch jetzt nicht allein lassen, der ich immer bei ihm war!"

Mit gewaltiger Willenskraft riß sich Haltas zusammen und stürzte aus dem Tempel. Doch bevor er über die Schwelle sprang, war ihm, als habe der Erste Priester neben anderen, undeutlichen Worten den Namen des Gottes Ophis gemurmelt. Wozu aber sollte er wohl den Schlangengott anrufen? Die Göttliche Mutter des Geschlechtes von Mykene hatte ihrem Sohn den Rücken gewandt.

Haltas fand sich bereits gut im Palast zurecht, doch jetzt lief er nicht über den offenen Ersten Hof mit der Ehrentreppe. Die Worte des Ethewas hatten ihm Angst gemacht, und er hatte begriffen, daß er sich jetzt eilen mußte wie noch nie zuvor im Leben, bevor sich die Nachricht des Kreters wie ein Lauffeuer im Palast verbreitete.

So rannte der Junge denn den gewundenen Felsengang hinunter, der zu den Magazinen führte, in denen der Flachs, die Spinnrocken und alle anderen Arbeitsgeräte der Dienerinnen aufbewahrt wurden. Von hier aus führte eine in den Fels gehauene Treppe in die Frauengemächer hinab. Seit langen Zeiten schon pflegten die Königinnen von Mykene von dieser Treppe aus ungesehen die Arbeit ihrer Sklavinnen zu überwachen. Theodora jedoch war keine Hausfrau und hatte niemals diese Treppe benutzt, die das „Ohr der Königin" genannt wurde, daher glaubte Haltas, ungesehen hier emporsteigen zu können. Aber wo mochte diese Treppe enden?

Wie sollte er jemals in der dicht bevölkerten, abgeschlossenen Welt des Frauenhauses seine Muter Mayno finden?

Die Wendeltreppe war beinahe finster, nur aus einem schmalen Lichtschacht fiel trübes Licht herein. Der ganze Palast aber, dieses gewaltige Bauwerk, das in zwanzig Wintern geschaffen worden war, flößte Haltas jetzt Angst und Schrecken ein; und von den grauen, steinernen Wänden schienen tödlicher Haß und Mord auf ihn zuzukommen.

Bei der letzten Biegung der Treppe vermochte der Junge nur mit Mühe einen lauten Schrei zu unterdrücken — denn eine weißgekleidete Gestalt hatte sich vor ihm erhoben, ihre Umrisse zerflossen im Licht der Lampe, die die Gestalt mit der Handfläche bedeckte. Dann erkannte Haltas die Frau.

„Eritupina!" flüsterte er erleichtert, und sein Blut schien mit einem Mal wieder zum Herzen zu strömen.

„Du hier? Bist du verrückt geworden?" wisperte die Sklavin.

„Der König ist tot!" rief Haltas nur.

„Tot!" wiederholte die Frau und wich zurück. „O Herr der Abgründe, also hatte ich nicht geträumt!"

Verblüfft und ängstlich blickte der Junge zu seiner Amme hinüber, die schon in Myrina die „syrische Zauberin" genannt worden war.

„Hast du seinen Tod . . . vorausgesehen?"

„Ich habe die bösen Geister gesehen und gehört, die ihn haben wollten! Wie ist Aitaleos gestorben?"

„Vergiftet!" brachte Haltas kaum hörbar heraus.

„Das war also der Preis des Giftes, den die ägyptische Schlange in den Händen hielt! Begreifst du nicht?" fragte Eritupina beschwörend, als sie das verblüffte Gesicht des Jungen sah. „Oh mein junger Herr, deine Jahre haben dich noch nicht gelehrt, die Schlechtigkeit, den Neid und den Haß zu erkennen! Also, so wisse denn", jetzt senkte sich die Stimme der Sklavin zu einem kaum wahrnehmbaren Flüstern, „daß gestern kurz vor Einbruch der Nacht auf dieser

Treppe hier der ägyptische Arzt und die Königin Theodora ... ich schlich barfuß über die Treppe, und sie haben mich nicht gehört!"

„Theodora!" unterbrach Haltas seine Amme entsetzt.

„Ja, Theodora! Sie war es, und es waren auch ihre Juwelen, die Sethi in seine Medizintasche stopfte — diesen Schrein mit dem Siegel des Skorpions, den ich so oft auf dem Schiff des Königs gesehen habe!"

„Aber warum? Warum hätte die Königin ihren Gemahl vergiften sollen? Aitaleos liebte sie mehr als sein Augenlicht!"

„Eine ehrgeizige Frau wie Theodora begnügt sich nicht mit Liebe, mein Lämmchen. Begreifst du nicht — wenn der König tot ist und Suweros in der Ferne weilt, dann ist sie doch die unumschränkte Herrscherin über Mykene! Und es wäre sehr wohl möglich, daß Suweros nicht mehr aus Orkomenos zurückkehrt. Orkomenos ist fern, die Jahreszeit ist kalt und voller Schrecken, auf den Gebirgsstraßen aber lauern Wölfe und Räuber, die gleichermaßen hungrig auf Beute lauern. Übrigens, erinnerst du dich nicht, wie dich die Königin anblickte und was ich dir stets sagte? Theodora konnte es nicht ertragen, daß der König dich und deine Mutter mit Geschenken überhäuft hat!"

„Meine Mutter!" Mit einem Schlag fiel Haltas die Warnung des Ethewas wieder ein — so hatte denn auch der Erste Priester dies gesehen. „Wo ist deine Herrin?"

Eritupinas Augen weiteten sich vor Schrecken. Wortlos wandte sich die Sklavin um und lief so schnell den Korridor hinunter, daß Haltas ihr nur mit Mühe folgen konnte.

Das Licht der Lampe fiel nur schattenhaft auf Kammern, Säle und Korridore, die der Junge noch niemals gesehen hatte. Mit einem Mal aber blieb Eritupina stehen und zog Haltas hinter einen Vorhang. Vom anderen Ende des Korridors her näherte sich lautes Stimmengewirr, ein schrilles Kreischen, gemischt mit Klagelauten und Jammergeschrei.

Die Nachricht vom Tode des Königs hatte die Frauengemächer erreicht.

„Zu spät!" sagte Eritupina langsam. „Du kannst nicht mehr in das Gemach deiner Mutter gelangen, ohne sofort entdeckt zu werden. All diese kreischenden und schnatternden Gänse werden dich erblicken, denn das Zimmer deiner Mutter grenzt an die Gemächer Theodoras. Ich werde zu ihr gehen und sie fortbringen. Wohin soll ich sie führen?"

„Ethewas hat mir gesagt, die Mutter in seine Gemächer zu bringen!" erinnerte sich Haltas mit versagender Stimme. Die Sklavin runzelte schnell die Stirn, dann aber hob sie ergeben die Schultern.

„Wenn uns die Götter verlassen wollen, wie sollten wir das verhindern? Wir müssen dem Lawagetas vertrauen. So erwarte mich denn in seinen Gemächern. Schnell, geh jetzt den gleichen Weg zurück, den wir gekommen sind, ehe alle Ausgänge verschlossen werden!"

Haltas erreichte ohne weitere Zwischenfälle die Gemächer des Ersten Priesters. Ein junger Sklave führte den Prinzen ohne eine Frage in das Schlafgemach. Obwohl der Sklave sicher schon von dem Aufruhr im Palast aufgestört war, so hatte doch der Freund des Prinzen Suweros, der Prinz von den Eberzähnen, überall freien Zutritt.

Hier verbrachte Haltas, auf einem Schemel zusammengekauert, die kummervollsten Stunden seines Lebens, die noch schlimmer waren als die Stunden auf dem Schiff, das ihn aus seiner Heimat fortgeführt hatte. Dieses mit den feinsten Stuckarbeiten verzierte Gemach, das von einem Kohlenbecken erwärmt wurde, schien ihm kälter als der Tod zu sein. Und niemand kam, um mit ihm zu sprechen.

So fand der Erste Priester den Jungen, als er endlich seine Gemächer betrat. Vorher jedoch hatte Ethewas zwei Leuten seiner Wache befohlen, den Eingang zu bewachen.

„Meine Mutter?" fuhr Haltas erschrocken hoch, als das Licht eines Sklaven der Wache auf sein Gesicht fiel.

Das war also der Preis des Giftes, den die ägyptische Schlange in den Händen hielt!

Der Lawagetas lächelte müde und ein wenig nachsichtig. „Die Königin ist eine starke Frau; sogar in ihrem ungeheuren Schmerz hat sie es nicht versäumt, die Mörder ihres Gemahls zu verfolgen. Deine Mutter befindet sich in den Unterirdischen Kerkern des Tempels, du aber wirst bereits überall im Palast gesucht! Der Arzt Sethi beschuldigt euch — er hat den König untersucht und behauptet, daß das Gift, an dem er gestorben ist, eine kräftige Mischung sei, die nur im Orient bekannt ist. Mayno von Lemnos aber habe sich viele Male ihm gegenüber damit gebrüstet, daß sie dieses Gift wohl zu mischen wisse! Und das hat er mir ganz unverschämt ins Gesicht gesagt!" schloß Ethewas und schnitt mit einer Handbewegung jeden Protest von Haltas ab. „Doch ich weiß, daß die stolze Königin von Lemnos dies niemals dem ägyptischen Skorpion anvertraut hätte; ich habe selbst gesehen, wie sie sich in seiner Gegenwart wie vor einem giftigen Reptil zurückzog. Außerdem bin ich ganz sicher, daß der Arzt nur sich selbst schützen will; er ist zu feige, als daß er es wagen könnte . . ."

Jetzt begann Haltas zu sprechen, und während er von Eritupinas Entdeckung berichtete, forschte er angstvoll in den Zügen des Lawagetas. Würde dieser Mann ihm glauben, der nunmehr die unumschränkte Macht in Mykene besaß?

„Ich schwöre beim Gott, der in dem Goldenen Hause lebt, daß ich die Wahrheit gesagt habe!" schloß er eifrig.

Aber der Erste Priester antwortete nicht. Er hatte sich von seinem vergoldeten Sitz erhoben und ging nachdenklich auf und ab, während Haltas ihn besorgt anblickte. Lange schritt der Lawagetas so durch das Gemach; endlich aber blieb er vor dem Jungen stehen, das edel geschnittene Antlitz des Priesters war undurchdringlich.

„Ich bin von deiner und deiner Mutter Unschuld überzeugt", sagte er, „aber noch fester glaube ich an die Bosheit eines ehrgeizigen Herzens und die Rachsucht einer eifersüchtigen Frau!"

Haltas sprang mit einem Satz hoch. „So befreie doch meine Mutter!"

„Jetzt ist nicht die Zeit, um ungeduldig zu sein, Prinz!" erwiderte Ethewas nur. „Ich habe dir gesagt, daß ich dir glaube, und ich bin auf deiner Seite. Aber auch der Prinz Suweros muß dir glauben und ganz Mykene. Es wird nicht leicht sein, die Königin zu beschuldigen. Ich kann aber auch den Arzt nicht gefangennehmen und ihn dazu überreden, daß er gesteht. Nein, wir brauchen Beweise ... und zwar einen sicheren Beweis, den man sehen und fühlen kann. Verstehst du? Theodora hat schlau kombiniert, denn es wäre nicht das erste Mal, daß Kriegssklaven in den achäischen Palästen tödliche Rache nehmen!"

Haltas fuhr eine Idee durch den Kopf. „Herr", meinte er, „vielleicht können wir den Beweis bekommen! Aber ich muß dazu mit einem Sklaven sprechen, dem schwarzen Nubal!"

„Täuschst du dich auch nicht?" fragte der Lawagetas erstaunt. „Das scheint mir gefährlich zu sein! Stoicheos ist Theodoras Bruder, und der Neger ist sein Sklave!"

„Vor allem aber ist er mein Freund!" beharrte Haltas vertrauensvoll.

„Also gut", entschied Ethewas, „ich werde ihn rufen lassen, du seltsamer Junge mit den zahlreichen Freundschaften! Aber denke daran", und er blickte Haltas durchdringend an, „der Name des Lawagetas von Mykene darf nicht in Komplotte und Diebstähle verwickelt werden. Du bist nicht in meinen Gemächern gewesen, und ich habe dich nicht gesehen. Ich werde deine Anschuldigungen nur vor Suweros unterstützen, und auch das nur, wenn du den Beweis hast, von dem ich mit dir sprach!"

„Laß nur den Neger rufen!" erwiderte Haltas.

Kurze Zeit später vermochte sich der Lawagetas, der gut Ägyptisch verstand, persönlich von Nubals Treue und Zuverlässigkeit zu überzeugen. Der Erste Priester hatte sich hinter einem mit Jagdmotiven bestickten Vorhang verbor-

gen und lauschte aufmerksam dem Gespräch der beiden Freunde.

Als Haltas mit zitternder Stimme seinen Bericht über den feigen Verrat des Arztes schloß und Nubal um ihrer Freundschaft willen um Hilfe bat, da brach der Neger in ein wildes, triumphierendes Gelächter aus.

„Fürchte nichts, junger Herr", antwortete er und bedachte Haltas zum ersten Mal mit der Anrede, die er bisher Suweros vorbehalten hatte. „Der Ägypter ist schlau, doch Nubal ist noch schlauer. Wenn Sethi seinen schmutzigen Schatz auch am liebsten mit hundert Riegeln verschließen möchte, so kann er ihn doch nicht immer bei sich tragen. Du wirst den Beweis erhalten! Laß mir nur für heute nacht Zeit, das genügt mir!"

Aber die Nacht war noch nicht ganz vergangen — Haltas hatte gerade eine Stunde geschlafen —, da fiel wieder das Licht einer Lampe auf seine Augen und weckte ihn. Etwas Kaltes, Schweres wurde auf seine Knie gesetzt, so daß sich der Junge erschrocken von seinem Lager aufrichtete.

„Schau nur", flüsterte der Neger, „hier ist der Skorpion!"

Und wirklich — das bronzene Kästchen, das jetzt auf Haltas Knien stand, war wie von einem Riegel durch den Schwanz eines metallenen Skorpions verschlossen. Der Junge hob die Hand; aber da schob sich eine andere Hand in den Lichtkreis und legte sich auf den Skorpion aus Bronze. Die Hand des Lawagetas drückte den Schwanz des bronzenen Skorpions empor und öffnete ungeduldig den Deckel des Kästchens — hell blitzte es im Inneren des bronzenen Schreins auf.

Langsam zog der Erste Priester ein goldenes, mit Perlen besetztes Armband aus der kleinen Truhe. Kalt und entschlossen sagte der Lawagetas dann: „Steh auf, Prinz! Wir werden in die unterirdischen Gänge des Tempels hinabsteigen! Du und die Königin von Myrina — ihr werdet diesen bronzenen Schmuckkasten zum Prinzen Suweros nach Orkomenos bringen, als Beweis für euren Bericht. Nubal wird euch auf meinem schnellsten Wagen begleiten, meinem eigenen Streitwagen. Wo ist der ägyptische Arzt, Sklave?"

„In seinem dunklen Saal neben den Küchenräumen, Herr!" erwiderte der Neger. „Dort präparieren sie den Leichnam des toten Königs nach der alten ägyptischen Weise, damit sein Körper in den festen Binden bis in die Ewigkeit unversehrt erhalten bleibt. Aitaleos ist unverzüglich dorthin gebracht worden, da das Gift, wie du weißt, sehr schnell Fleisch und Gebein zerstört. Der Ägypter ist dort zu finden!"

„Gut, es wird noch einen Tag währen, bis er dort wieder herauskommt! Theodora aber kann in ihrem Schmerz die Frauengemächer nicht verlassen! Bleibt also nur noch dein Herr, Stoicheos!"

„O Herr", erwiderte Nubal und hob energisch die Hände, wie um eine stumme Anklage abzuwehren, „mein Gebieter weiß nichts von alledem, das versichere ich dir. Er ist außer sich vor Schrecken, und du selbst weißt, daß er sich um nichts kümmert und sich auch weder aus Ehren noch aus Reichtümern etwas macht — wenn er nur seine Stiere, seine Prachtgewänder, die duftenden Salben und den Wettkampf hat!"

Ethewas mußte bei dieser treffenden Beschreibung lächeln.

„Das stimmt", gab er zu, „man kann sich Stoicheos nicht als Mörder denken! Aber du schweigst dennoch am besten ihm gegenüber. Wenn er dich fragt, so sage einfach, daß dich Ethewas, der Erste Priester, im Dienst des neuen Königs fortschickt!"

„Aber Herr", gab der schwarze Sklave zu bedenken, „da sind auch noch die Palastwachen, und die Königin hat gewiß ihre Befehle gegeben. Ein Fluchtversuch mit einer Frau ... Nubal vermag es ganz sicher mit zwei oder auch drei Wachen dieser bleichen Achäer aufzunehmen — aber ihre Speere werden uns zehnfach, ja hundertfach treffen!"

Der Erste Priester überhörte die „bleichen Achäer" und entgegnete:

„Erwarte uns bei der großen, unterirdischen Zisterne, bei der Geheimen Quelle. Dorthin werden wir kommen; und mein Wagen wird unterhalb der Mauern beim nördlichen Bollwerk bereitstehen. Ich werde dies vor den Wachen geheimzuhalten wissen, und im übrigen kennt Theodora noch nicht einmal die unterirdischen Gänge!"

Dann nahm der Lawagetas dem Neger die Lampe aus der Hand und machte Haltas ein Zeichen, ihm zu folgen.

Der Palast von Mykene lag noch in der Dunkelheit der Nacht da; nur ein Mann der Palastwache lehnte sich im Korridor auf seine Lanze, neben ihm verbreitete das Licht einer Lampe einen verschwommenen, gelblichen Schein.

Der Wächter straffte sich, als die hohe Gestalt in den Priestergewändern näherkam; aber auch wenn der Mann die kleinere Gestalt erkannt haben sollte, die beinahe unter dem großen Mantel verschwand, so rührte er sich doch nicht und sagte kein Wort.

Haltas fiel ein, daß sie den überdachten Großen Hof durchschreiten mußten, um zum Tempel zu gelangen, und er erschauerte.

Als Ethewas jedoch in dem Säulengang vor dem Megaron

angelangt war, drückte er mit kräftigem Schwung eine in die Wand eingelassene, schmale Pforte auf, die sich langsam auf unsichtbaren Türangeln öffnete. Und da erstreckte sich im Lichtschein der Laterne ein schmaler, sanft abfallender, unterirdischer Gang vor ihnen, der in den Felsen gehauen war.

Obwohl dieser in die Tiefe führende, finstere Felsengang nicht zu enden schien, so fürchtete sich Haltas doch nicht — er dachte an seine Mutter und ihre Furcht; ganz allein und ohne jede Nachricht befand sich Mayno in diesem unterirdischen Kerker, der eisige Kälte ausströmte.

Die Königin von Lemnos, Kriegsgefangene und Sklavin, die von Aitaleos wieder zur Prinzessin erhoben und von ihm verehrt worden war, war nun aufs neue gefangengesetzt worden. Sie hatte sich in ihren Mantel gehüllt und saß zusammengekauert auf einem steinernen Sockel, der sich an einer Seite der kahlen Zelle befand. Auf der Schwelle jedoch schlummerte ein Wächter, der erst aufsprang, als der Lawagetas mit der Laterne vor ihm stand.

„Die Götter sind uns gnädig!“ sagte Ethewas auf ägyptisch zu Haltas. Dann wandte er sich zu dem Mann und grüßte ihn überrascht:

„Oineos! Wer hat einen Würdenträger, einen der Edlen von Mykene, zum Dienst im Kerker gesandt?“

Der Achäer wurde rot vor Zorn und erwiderte:

„Ein Befehl der Königin! Der Körper des Wanax ist noch nicht erkaltet, und sein Geist ist noch nicht im Reich der Schatten angelangt, auch sind die Feierlichkeiten der Grablegung noch nicht einmal eröffnet — da erhalten seine Getreuen bereits unwürdige Befehle von dieser kretischen Königin! Bin ich vielleicht ein Sklave von den Inseln, der ich doch dieses Zeichen trage?“

Und der zornige Höfling riß an seiner blitzenden, goldenen Kette, die ihm als Ausdruck der besonderen Gunst des Aitaleos und als große Anerkennung für Tapferkeit in der Schlacht auf der Brust hing.

Ethewas war sehr froh über diesen Zorn, der ihm ganz gelegen kam. Er legte Oineos eine Hand auf die Schulter und nahm den Würdenträger beiseite; mit der anderen Hand machte er Haltas schnell ein Zeichen.

Aber der Junge war bereits in die Zelle geschlüpft; er kniete vor dem steinernen Sockel neben seiner Mutter und schluchzte, den Kopf in ihrem Mantel verborgen. Mayno erlangte zuerst die Fassung wieder und begrüßte den Ersten Priester, der auf der Schwelle stand, mit der Würde einer wahren Königin.

Aber der Lawagetas achtete jetzt weder auf diese Begrüßung noch auf die Erschütterung von Mutter und Sohn. Die Zeit drängte, und sicher begann der Morgen bereits zu grauen, auch wenn hier unten in den unterirdischen Kerkern ewige Nacht herrschte. Mit wenigen Worten erklärte er der Königin die Notwendigkeit der Flucht; während Haltas, der sich bereits seiner Fassungslosigkeit schämte, die Mutter von ihrem Sitz hochziehen wollte. Da erklärte die Gefangene:

„Nein, mein Sohn, nein, großzügiger Herr, Mayno wird sich nicht gegen den Willen der Götter auflehnen. Sie haben den Untergang des königlichen Hauses des Ertilaos gewollt, wozu sollte ich jetzt noch fliehen? Nein, mein Leben war bereits beendet, als die achäischen Schiffe in den Hafen von Myrina einliefen, mein Leben wurde zugleich mit den einstürzenden Mauern von Myrina begraben. Nur aus Liebe zu dir, mein Haltas, bin ich der Prinzessin Laia von Myrina nicht gefolgt, meiner Schwester im Schmerz. Die Wellen des Meeres wären mir ein friedliches Ruhebett geworden, so wie auch ihr. Aber da warst du, Sohn meines Königs, und nur deinetwegen habe ich das Leben als Sklavin auf mich genommen und habe alles ertragen, auch diese letzte Schande des Kerkers!"

„So lebe weiter für deinen Sohn, Königin!" erwiderte der Erste Priester. Langsam schüttelte Mayno den Kopf. „Auf einem schnell dahinfahrenden Wagen wäre ich eine überflüssige Last, ein schweres Gewicht durch meine weibliche Schwäche. Ich würde die Flucht nur aufhalten, und dann würde der Prinz Suweros zu spät zurückkommen, um den Thron zu besteigen, der ihm gebührt. Und ich bin so müde!"

Voller Entsetzen sah Haltas in den Augen der Mutter den gleichen Ausdruck, der ihn schon auf dem Schiff so an der Prinzessin Laia erschreckt hatte — abwesend starrten diese Augen in weite Fernen.

„Ich werde nicht ohne dich abreisen!" unterbrach er die Mutter brüsk. „So laß uns denn also einwilligen, so wie du es willst und wie das Schicksal es will — das den Sterblichen und auch den Göttern befiehlt —, daß Theodora uns der Todesstrafe ausliefert!"

Aber diesen Entschluß schien der Erste Priester keineswegs zu billigen.

„Muß ich dich denn wirklich an die Dankbarkeit erinnern, die du fühlen solltest, Prinz von den Eberzähnen? Und diesen furchtsamen, schwachen Jungen habe ich vor dem Jähzorn des Suweros und des Königs beschützt, für ihn riskiert der Lawagetas von Mykene jetzt sein Leben?"

Unsicher blickte Haltas von der Mutter zum Ersten Priester hinüber.

„Wenn deine Mutter nicht mit fliehen will", fuhr der Lawagetas fort, „so liegt also auch ihr Leben in deiner Hand. Reise, fliege zu Suweros, und ich schwöre dir bei meinem Genius und beim Altar der Ehrwürdigen Herrin, daß ich den Urteilsspruch über deine Mutter mit allen Mitteln verzögern werde. Übrigens muß der Leichnam des Aitaleos zwanzig Tage lang im Bade verbleiben, ehe man mit der Prozedur der Einbalsamierung beginnt. So wird man wenigstens für diese zwanzig Tage kein Gericht abhalten können, da die Gesetze es verbieten. Mein Wagen ist schnell, und Nubal fährt wie der geflügelte Götterbote des Zeus. Du wirst rechtzeitig mit Suweros zurückkehren, und dann wird auch das

Gerichtsurteil verkündet werden — aber wohl sehr anders, als Theodora es sich jetzt vorstellt!"

Auch Mayno ließ sich endlich von der sicheren Zuversicht in der Stimme des Ersten Priesters überzeugen.

„Ja, du mußt reisen, Haltas! Aber allein! Wenn es Zeus, der Gott der Gerechtigkeit, so will, dann kehre zurück, um auch mich zu retten!"

Wenige Minuten darauf folgte Haltas, nun von einem neuen Willen und Ziel angespornt, seinem erfahrenen Führer aufs neue durch die verschlungenen, unterirdischen Gänge des Palastes von Mykene. Dieses Mal sahen sie das Tageslicht mitten im Ersten Großen Hof wieder, und dann schritt Ethewas schnell über die Gassen und Abhänge der schlafenden Felsenstadt bis zum nordöstlichen Bollwerk hin. Hier öffnete er eine gewaltige Felsentür, die im Gestein kaum zu erkennen war und auf unsichtbaren bronzenen Schwingachsen aufsprang, und ging dann einen steil abfallenden Pfad hinunter.

Das Licht der Lampe erhellte nur notdürftig die Treppenstufen, die von Zeit zu Zeit in den felsigen Grund gehauen waren, aber ohne zu verweilen, ging es weiter über steil abfallende Pfade hinunter, die schlüpfrig vor Feuchtigkeit waren. Immer aufs neue unterbrachen feucht glänzende Treppenstufen den schnellen Abstieg für einen Moment, doch unaufhaltsam führte der Weg weiter in die Tiefe. Haltas wurde von Furcht ergriffen, angstvolle Gedanken begannen ihn zu peinigen.

Dieser Weg führt in das Reich der Schatten, dachte der Junge, ich werde niemals wieder den Himmel sehen!

Da aber bildeten die feuchten Stufen des Felsens mit einem Mal eine richtige Treppe. Das Gewölbe über ihnen wurde jetzt nicht mehr von massiven Felsen begrenzt, sondern von gewaltigen Steinblöcken, die einen schmalen Durchlaß bildeten, der endlich in eine große Höhle mündete — sie hatten die „Geheime Quelle" erreicht.

Der Lichtschein der Lampe verblaßte jetzt vor dem milchigen Schimmer des grauenden Morgens, der durch die symmetrisch angelegten Schießscharten des Deckengewölbes hereindrang.

„Hier! Hier!" erscholl da ein lauter Ruf. „Hier bin ich, Herr!"

Das gewaltige Gewölbe warf das Echo dieses Rufes ungezählte Male zurück; und dort stand Nubal in voller Reiseausrüstung. Er hatte sich das Fell über die Schultern geworfen, das Haltas so oft an der Wand ihrer gemeinsamen Kammer gesehen hatte — es war aus mehreren Leopardenfellen genäht worden und vermochte einen ausgezeichneten Schutz gegen die eisige Kälte in den Bergen zu geben.

„Der Wagen?" fragte der Lawagetas.

„Er steht auf der Nördlichen Straße bereit, beladen mit Mänteln, Decken und Reisevorräten, die Gerstenbrote der Seeleute werden mindestens für zehn Tage reichen!" erwiderte der Neger.

„Bitte um den Schutz der Nymphe, die in diesem Landstrich wohnt, der vor euch liegt, Prinz von Lemnos!" sagte der Erste Priester ernst zu Haltas. „Gelobe ihr Kränze und Trankopfer, damit sie eurer Reise gnädig gestimmt ist!"

Aus dem Felsen sprudelte in einer Höhe von etwa fünf Armlängen kristallklares Wasser hervor, das sich dunkel glänzend in einem kleinen Becken sammelte, von dort aus ergoß es sich aus drei Löwenmäulern von reinem Silber in drei großartige Zisternen, die in den Fels gehauen waren.

Die Achäer von Mykene wußten den Wert dieser Quelle wohl zu schätzen. Sie erwies sich als nützlich in Friedenszeiten und war stets ihre Rettung während einer Belagerung gewesen. Für diesen Fall hatten sie inmitten eines Walles schwarzer Steinblöcke — die einstmals „vom Himmel gefallen" waren — einen Altar errichtet, auf dem es niemals an Opfergaben fehlte. Zum Dienst waren drei Priesterinnen bestimmt, die von königlicher Abstammung sein mußten.

Ihr heiliges Amt war so erhaben, daß sie bei der monatlichen Verteilung der Lebensmittel ein Drittel mehr von dem Anteil bekamen, den die Damen des Palastes erhielten.

Haltas war ergriffen von dem heiligen Ort und rief die mächtige Quellengöttin um ihren Schutz an; denn er erinnerte sich daran, daß nicht nur das Los einer fremden Königin und ihres Sohnes von dem Wohlwollen der Göttin abhing, sondern auch das Schicksal des königlichen Hauses von Mykene. Er vergaß auch nicht, zu der Ehrwürdigen Mutter von Mykene zu beten und ihr Opfergaben zu versprechen, obwohl es nicht ratsam war, den Neid der mächtigeren dieser beiden Göttinnen hervorzurufen. Mit geheimen Worten flehte der Junge endlich noch „seinen" Schlangengott Ophis an, der von Lemnos nach Mykene gebracht worden war — obwohl man nicht wissen konnte, ob sein Gebet den Gott während der Zeit der „Großen Abwesenheit" überhaupt erreichen würde.

„Ich habe keinen Gott vernachlässigt, der an meiner und meiner Mutter Rettung Anteil nehmen könnte!" bekannte Haltas seinem schwarzen Freund unterwegs. Er mußte seine Worte laut rufen, um das Dröhnen der Bronzeräder auf der steinernen Brücke zu übertönen, die Aitaleos einst auf der Nördlichen Straße gebaut hatte.

Nubal zog einen kleinen Gegenstand aus der Brusttasche, den er seinem Gefährten auf der Handfläche zeigte — das war sein Schutzgeist, der heilige Skarabäus, der gewiß einmal auf dem Herzen einer ägyptischen Königsmumie oder eines großen Priesters geruht hatte. Aber obwohl es Haltas nicht bewußt war, so hatte er selbst doch noch einen anderen Schutzgeist, denn die düsteren Mauern von Mykene, die Angst und die Erinnerungen an die vergangenen furchtbaren Stunden waren bereits wie durch Zauberhand aus seinem Gedächtnis gelöscht.

Er dachte jetzt weder an das gequollene Antlitz des Königs noch an die Stunden banger Erwartung in den Gemächern des Ersten Priesters, auch der finstere Weg in die Tiefe zu der Geheimen Quelle lag hinter ihm. Nur noch das blasse Gesicht seiner Mutter Mayno im dunklen Kerker stand vor ihm, und er hörte ihr Wort: Reise! — in dem eine vage Hoffnung gelegen hatte. Und diese Stimme trieb ihn auf dem rasenden Galopp nach Orkomenos hin vorwärts.

Nubal staunte über die Widerstandskraft dieses zarten Jungen, der weder das Rütteln des Wagens zu spüren schien — der auf den unzulänglichen Bergstraßen von Böotien hin- und hergeschleudert wurde — noch die eisige Kälte, die durch die Mäntel drang. Sogar die unzureichende Rast während der Nacht schien Haltas nichts auszumachen.

Noch vor Sonnenuntergang erreichten sie Korinth; dort vermochten sie im bedeckten Hof eines wohlhabenden achäischen Hauses ein wenig zu schlafen, nachdem Nubal dem Herrn des Hauses eine Tontafel mit dem Siegel des Ethewas vorgewiesen hatte. Der Hausherr war der Bürgermeister des Ortes und konnte natürlich nicht lesen; das Siegel des Lawagetas aber genügte, um die Pferde mit Heu zu versorgen; den Reisenden selbst wurde Lammragout vorgesetzt, und sie erhielten sogar ein bescheidenes Gastgeschenk — eine Amphore aus Kupfer. Der Bürgermeister wunderte sich auch nicht darüber, daß ein einzelner Wagen das Gefolge des Königssohns erreichen wollte, wie Nubal ihm erklärt hatte. Der Hausherr war sogar so höflich, seine Zweifel am Gelingen dieses Unternehmens nicht zu äußern. Als er erfuhr, daß der Neger erst ein einziges Mal über die Straße nach Orkomenos gezogen war, begleitete er die beiden Reisenden persönlich ein Stück des Wegs, bis sie die große Mauer hinter sich gelassen hatten, die mit dem Felsen zusammen Korinth von den beiden Meeren abschloß.

Hier verabschiedete sich der Bürgermeister ehrerbietig von seinen Gästen, obwohl er gut verstanden hatte, daß der Neger nur ein Sklave war, und der Junge noch nicht einmal seinen Namen genannt hatte. Aber jeder, der aus dem mächtigen Mykene kam, besaß auch etwas von dem Nimbus des Aitaleos. Nach der Übernachtung in Korinth aber wurde die Reise äußerst beschwerlich. Nubal trieb die Pferde bis zum äußersten an, um in den wenigen hellen Stunden des Wintertages eine möglichst große Strecke zurückzulegen. In den Schluchten und auf den Abhängen der Berge jedoch packte sie der Sturm wie mit einer gewaltigen, eisigen Hand, und der Weg war hier so steil, daß sie absteigen und neben den Pferden gehen mußten. Eine Stunde vor Sonnenuntergang begann der erfahrene Nubal bereits nach einem geeigneten Nachtlager zu suchen. Zweimal fanden sie für die Nacht jeweils eine natürliche Grotte; die zweite Höhle jedoch war nicht viel mehr als eine schmale Felsenspalte, in der der Neger noch nicht einmal ein Feuer anzünden konnte. Aber sie führten die Pferde in die Höhe und verbarrikadierten den Eingang mit dem Wagen, der aber trotzdem einen geringeren Schutz bildete als die Flammen. Was sollten sie tun, wenn die Wölfe, die in der Ferne heulten, näherkamen und Menschen und Tiere witterten?

In der vierten Nacht fanden sie für ihr Lager nur einen kahlen, durch den Winter entlaubten, kleinen Wald. So legten sie denn den Pferden Decken über, der Prinz von den Eberzähnen aber schlief neben dem schwarzen Sklaven eng zusammengerollt in dem großen Mantel aus Leopardenfell. Über ihren Köpfen hatten sie ein schützendes Flechtwerk aus Ginsterzweigen gebaut, das von zwei Astgabeln gestützt wurde.

Der zarte, schüchterne Junge, der stets nur ein bequemes Leben gekannt hatte, erhob sich am Morgen immer zuerst von dem harten, steinigen Lager, um zum Aufbruch zu drängen. Irgendein geheimer, unerklärlicher Instinkt oder auch eine göttliche Stimme schienen ihm den rechten Weg zu weisen. Nubal wurde allmählich von abergläubischer Furcht ergriffen. Wenn er bei dem Versuch, sich an den Weg zu erinnern, von Zeit zu Zeit erklärte: „Nach Norden!" Oder: „Nach Westen!" Oder auch: „Jetzt hier entlang!" — dann war ihm immer, als ob Haltas das vorher schon genau gewußt hatte.

Manchmal sprachen sie des Nachts miteinander vor dem Einschlafen. Niemals jedoch erwähnten sie die Geschehnisse in Mykene oder das, was sie in Orkomenos erwarten mochte. Häufig erzählte Nubal seinem Freund von seiner rauhen Kindheit und Jugend in den großen Bergen „jenseits der Wüste".

„Ich versichere dir, diese Berge hier sind wie Maulwurfshügel vor dem hohen, unzugänglichen Gebirge meiner Heimat. Und wenn uns hier die eisige Kälte quält, so ist dort der Durst der große Feind des Wanderers. Viele, viele tausend Schritte lang siehst du nur sonnenverbranntes Gestein, das wie Feuer in der Sonne glüht und nach Sonnenuntergang violett leuchtet. Nur ganz selten findet sich einmal ein Bach in den gewundenen Schluchten, die oft zu tödlichen Fallen für dich werden, denn dorthin gehen die rötlichen Könige der Wüste und der Berge, die Löwen, zur Tränke!"

Dann sah Haltas die heißen Felsen in der Sonne daliegen, den trägen Flug der Adler und die Palmen bei den weit verstreuten Oasen — so daß er für einige Zeit die furchtbare Anstrengung dieser Reise und die beißende Kälte vergaß und einschlief. Sicher und warm schlummerte er dann neben Nubal, der oft länger wach lag. Der Neger lächelte, wenn er sah, wie sich das noch kindliche Gesicht neben ihm im Schlaf entspannte. Auf der Stirn des Jungen aber hatte sich seit kurzem eine trotzige Falte gebildet, eine männliche, energische Falte.

Als sie das Gebirgsmassiv endlich überwunden hatten, sahen sie mit ihren tränenden, entzündeten Augen das weite Tal der Ebene zu ihren Füßen liegen. Nun waren es nur noch drei Tagesreisen bis nach Orkomenos! Da aber sanken plötzlich vom bleigrauen Himmel leichte, weiße Flocken herab, die bald den Blick auf das Tal, die Berge und die Straße verdeckten und alles mit einer tiefen Stille erfüllten.

Niemals hatte Haltas auf seiner sonnigen Heimatinsel Schnee erlebt; und auch Nubal hatte noch keine Schneeflokken gesehen, da er diese Berge auf seiner früheren Reise nur sommerlich grün gesehen hatte. Die Pferde blieben stehen und senkten die Köpfe unruhig schnaubend zu Boden. Da erschrak der Neger. „Der Himmel zürnt uns!" rief er entsetzt und schien zum erstenmal die Fassung zu verlieren. „Schau nur, auch die Pferde wollen nicht mehr weitergehen!"

Für einen Augenblick wurde auch Haltas unsicher und mutlos, Müdigkeit und Verzweiflung lasteten schwer auf seinen Schultern.

Nubal hat recht, dachte der Junge. Warum sollen wir gegen die feindlichen Götter kämpfen? Aber da sah er wie ein Echo auf diese Worte das Bild der Mutter in ihrem unterirdischen Kerker vor sich — hatte sie nicht gesagt, daß es doch eine Rettung geben könnte? Haltas gab sich einen Ruck.

„Nein!" rief er dem Neger zu, der schon die Zügel sinken ließ. „Du täuschst dich, Nubal, dies ist ein gutes Zeichen! Die Ehrwürdigste Mutter selbst schickt uns diese weißen Taubenfedern! Erinnerst du dich nicht? Die Taube ist das heilige Tier der Göttin. Wir werden die Pferde weiterführen!"

Damit sprang der Junge vom Wagen, ergriff mit fester Hand das Zaumzeug am Kopf des linken Pferdes und zog das Tier energisch vorwärts, dabei rief er anfeuernd: „Vorwärts!"

Diese ungewöhnliche Geste erschütterte Nubal mehr als alle Worte – er glaubte seinen Augen nicht zu trauen. Niemals hätte er geglaubt, daß Haltas es fertigbringen würde, seine Angst zu besiegen, die ihn stets beim Anblick der Pferde wie gelähmt hatte. Schon beim Laut eines Hufschlages oder dem Wiehern der Pferde war dem Jungen bisher der Angstschweiß auf die Stirn getreten.

„Nun bin ich sicher, daß wir Orkomenos erreichen werden, mein junger Herr!" rief Nubal aus und senkte den Kopf in einer tiefen Verneigung. „Verzeih deinem Sklaven die Schwäche!"

„Vorwärts!" rief Haltas noch einmal. Und die Pferde machten sich gehorsam auf den Weg in die stumme, weiße Ebene hinunter.

Als sie dann Orkomenos erreichten, das sich, von einem hohen Felsen bewacht, ruhig am Ufer eines schönen Sees erstreckte, da verbarg Haltas sein Gesicht vor dem Gefährten und weinte. Er weinte vor Erleichterung, denn es war der Abend des neunten Tages seit ihrer Abreise von Mykene; und wenn Ethewas sein Versprechen hatte halten können, dann war Mayno jetzt gerettet. Haltas weinte auch, weil er zum ersten Mal an den Schmerz des Prinzen Suweros denken konnte, der einst sein launischer und tyrannischer Herr gewesen und jetzt sein großzügiger Freund war. Er weinte allein und für sich, wie ein Mann.

Dann nahm er eine Handvoll Staub vom Boden auf und verlangte von der Palastwache, ihn sofort zum Sohn des Aitaleos zu führen. Und so betrat er den hohen Saal aus schwarzem Marmor — erschöpft, starr vor Kälte, die Füße in blutige Lumpen gewickelt. Er grüßte weder den Prinzen von Mykene noch den Hof von Orkomenos, sondern streute sich stumm den Staub aufs Haupt und zerriß seine Tunika auf der Brust.

Achäischer Zorn

Schlagartig herrschte tiefe Stille im Megaron, das für ein festliches Bankett geschmückt war; alle lauschten angstvoll auf die Unglücksbotschaft. Und dann berichtete Haltas mit erstickter Stimme vom Tod des Königs der Könige. Der Prinz schwankte bei der Nachricht wie ein Opfertier unter dem Hieb des Priesters; bevor er aber sein Gesicht unter dem Mantel verbergen konnte, um sich ganz seinem Schmerz hinzugeben, zeigte ihm Haltas den Schmuckkasten mit dem Siegel des Skorpions und nannte den Namen einer Frau. Nachdem er von Theodoras Hinterlist und ihrem Vorhaben berichtet hatte, sollte der Prinz von Lemnos zum ersten Mal die ganze Wildheit des achäischen Zorns erleben.

Eine dunkle Blutwelle schoß dem jungen König bis in die Stirn, dann wandte er sich zum Saal hin und schrie auf wie ein verwundetes Tier. Er zerriß den Saum seiner Tunika und zerschmetterte Tische und Schemel. Erschrocken wichen die Vettern und auch der König von Orkomenos, die sich Suweros genähert hatten, um seinen Schmerz mit tröstenden Worten zu besänftigen, vor dem jungen König zurück. Die Klage der Frauen war in den Palästen von Mykene und Orkomenos gleich; die Weiber rauften sich die Haare, zerkratzten sich die Wangen und suchten entsetzt hinter den Säulen des Herdes Schutz. Unterdrückte Schreie und lautes Wehklagen ertönten: „Oh, das dunkle Blut der Leber und die schwarze Galle werden ihn ersticken lassen!"

„Unglücklicher! Seht, wie die Furien ihn mit unsichtbaren Peitschenhieben zur Rache antreiben!"

„Haltet ihn, daß er nicht die Stirn an den Säulen zerschmettert!"

Auch beim Morgengrauen des folgenden Tages hatte sich der Zorn des Prinzen Suweros noch nicht beruhigt. Die zwei schnellsten Pferde aus den Ställen des Königs von Orkomenos wurden vor den Wagen des Lawagetas gespannt; zwei weitere Pferde erhielt Nubal zugeteilt, mit dem Befehl, den beiden Prinzen zu folgen und unterwegs die Pferde zu wechseln.

Der früher einmal so übermütige Prinz von Mykene lenkte den Wagen auf dem Heimweg. Haltas aber hielt sich wieder einmal am Wagenrad fest, er stieg neben den Pferden die steilen Bergpfade empor; oder er lag unter dem eisigen Nachthimmel neben seinem schweigenden Gefährten in Dekken eingehüllt und dachte, daß die Sänger mit ihren Versen recht hatten: „Die Liebe besitzt zarte Taubenflügel, der Haß aber fliegt auf den Schwingen des Sturmes dahin!"

In der erstaunlichen Zeit von neun Tagen hatten Haltas und Nubal den Weg nach Orkomenos in ihrem Wagen zurückgelegt. Bereits am Abend des achten Tages aber schlugen die bronzebeschlagenen Räder des Wagens, der von Suweros gelenkt wurde, Funken auf der steinernen Rampe von Mykene, unter dem Löwentor und vor der Treppe, die zum Säulengang emporführte. Die Strahlen eines prachtvollen Sonnenunterganges tauchten den Palast von Mykene in blutrotes Licht.

Während die entsetzten Höflinge herbeieilten und der Erste Priester lächelnd das Haupt beugte — wie um auf eine stumme Frage eine stumme Antwort zu geben —, da sprang der Sohn des Aitaleos bereits wie von Furien gehetzt mit dem gezogenen Schwert in der Hand vom Wagen. Er drückte Haltas den verräterischen Schmuckkasten in die Arme und schrie außer sich: „Folge mir!" Und dann rannte er die verbotene Treppe hinauf, die in die Frauengemächer führte.

Die Wachen erkannten den Prinzen und senkten in ihrer Verblüffung nur drohend die Lanzen — so schlüpfte denn auch Haltas hinter Suweros in den Frauenpalast. Der Lawagetas jedoch, der den beiden folgen wollte, sah sich einem unüberwindlichen Hindernis von Palastwachen und Lanzen gegenüber; und so sehr er auch drohte, die Wachen ließen auch den Ersten Priester nicht passieren.

Die Wächter zitterten bereits um ihr Leben, und auch die Dämonen der Unterwelt selbst hätten sie jetzt nicht dazu gebracht, daß ein weiterer männlicher Fuß die Frauengemächer betrat.

Suweros hatte mittlerweile den Oberen Vorhof erreicht und war unsicher stehengeblieben. Er blickte sich wild um und witterte beinahe wie ein Löwe, der eine Spur seiner Beute suchte.

In diesem Augenblick erwachte Haltas aus der Betäubung, die seit der ungestümen Ankunft des Prinzen auf ihm gelegen hatte. Er sah in Suweros' Augen das mörderische Funkeln eines Wahnsinnigen und warf sich dem Verblendeten so mutig wie niemals zuvor in die Arme.

„Halte ein!" rief er Suweros zu. „Bei dem Gott der Gerechtigkeit, halte ein, König der Könige!"

Suweros zuckte zusammen, dann wandte er Haltas' Gesicht langsam zum Licht der Fackel hin und erkannte den Freund.

„Höre, du darfst sie nicht töten! Sind denn in diesen Mauern noch nicht genug Verbrechen begangen worden, so daß auch du noch dein Schwert besudeln müßtest?"

„Ich will Rache nehmen!" erwiderte der junge König dumpf. „Ich will den Tod dieser Frau für den Tod meines Vaters, oder ich werde niemals Frieden auf meinem Thron finden — noch wird er Ruhe unter den Schatten erlangen. Laß mich also gewähren!"

Haltas aber klammerte sich nur um so fester an Suweros' Arm, der ihn abschütteln wollte. Er wußte nicht mehr, was er sagen sollte, da aber fuhr ihm ein Gedanke durch den Kopf.

„Wohlan, so bitte auch ich dich um ein Leben, dein Leben

nämlich, das ich dir vor dem Eber rettete! Erinnerst du dich an den Pinienwald und an die Hauer des Ebers, König von Mykene? So gewähre denn bei dem Leben, das ich dir damals schenkte, der Königin ein gerechtes Gericht! Du darfst den Gott der Gerechtigkeit nicht kränken, der jetzt seine heiligen Waagschalen in deine Hände gelegt hat, oder du wirst deines Vaters, des Königs Aitaleos, nicht würdig sein."

Für einen nicht endenwollenden Augenblick spürte Haltas den Arm seines Freundes noch hart angespannt unter seinen Fingern. Dann aber entspannten sich die verkrampften Muskeln, so daß das Schwert zu Boden fiel. Schweigend, doch schwer atmend wie nach einer großen Anstrengung, legte der junge König seinen Arm um den Nacken des Freundes und stieg langsam mit ihm wieder die Treppe hinunter.

So sah sie der Erste Priester wieder zurückkommen. Der kräftige junge König hatte sich auf den viel zarteren Gefährten aus Lemnos gestützt, und so schienen sie in ihrer menschlichen Freundschaft ein Abbild jener Helden und Halbgötter, die die Sänger zu den Klängen ihrer Harfen besingen.

Gottesurteil

Wenig später lauschten die beiden in Suweros' Gemächern der Stimme des Ersten Priesters.

„Die Königin weiß bereits von deiner Rückkehr, o Wanax! Aber sie hat noch keinen Verdacht geschöpft, denn ich habe Sorge getragen, daß ihr falsche Kunde überbracht wurde. Dich hält sie für tot, Prinz von den Eberzähnen, auf der Flucht gestorben. Den Ägypter Sethi jedoch glaubt sie gemäß ihrem Befehl auf dem Wege nach Orkomenos. Er war auch tatsächlich abgereist; eine halbe Tagesreise von Mykene entfernt, haben ihn meine Getreuen jedoch auf der Nördlichen Straße erreicht — und jetzt befindet er sich in den unterirdischen Geheimkammern. Er war etwas widerspenstig . . . dann aber hat er gestanden!"

Dieser einfache Satz ließ Haltas erschauern, Suweros aber war aufgesprungen. „Noch morgen soll im Thronsaal das Gericht stattfinden!" stieß er in unterdrücktem Zorn hervor.

„Ja, mein König!" stimmte Ethewas zu. „Vorher jedoch laß die Amme Larisia rufen; die Alte wird Theodora den Schmuckkasten des Ägypters aushändigen und ihr sagen, daß der neue Wanax, der Herrscher von Mykene, sie bei Sonnenaufgang im Thronsaal erwartet — mit *allen* ihren Juwelen geschmückt. Du wirst dich dann deutlich sichtbar im Licht der Lampe zeigen, Prinz von Lemnos! Die Sklavin wird Theodora gewiß berichten, daß der totgeglaubte Haltas sich bei guter Gesundheit befindet und daß sie selbst ihn in den Gemächern des Königs gesehen hat!"

Suweros zog die Brauen zusammen.

„Ich verstehe deine Absicht nicht, Lawagetas! Warum sollen wir die Königin warnen?"

„Theodora hat die Handlungsweise des Skorpions bevorzugt", erwiderte Ethewas und strich über das Schloß des Schmuckkastens. „Stimmt das nicht? Dieser Schrein aber wird eine offene Kampfansage sein, wie das Gebrüll des angreifenden Löwen. So ziemt es sich für den Sohn des Aitaleos!"

Das Gesicht des jungen Königs entspannte sich.

„Dein Rat gefällt mir, Ethewas! Dafür bin ich dir dankbar, wie ich dir auch dankbar bin, daß du mir während meiner Abwesenheit die Treue gehalten hast. Du wirst ein großer Priester neben mir sein, so wie du es für meinen Vater gewesen bist!"

Ethewas von Mykene neigte dankend den Kopf; Haltas aber schien es, als hätte er diese unbewegten Augen aufblitzen sehen, und der Junge hatte seine Zweifel. Bewegte den Ersten Priester wirklich nur die Taktik gegenüber Theodora oder verbarg die Geschichte von dem Löwen und dem Skorpion ein genau vorausberechnetes Ziel?

Als Haltas jedoch das an die Räume des Königs angrenzende Gemach betrat, vermochte er nicht mehr an diese Überlegungen zu denken. Eine Frau glättete ruhig das Lager von weichen Fellen, und als sie sich zum Licht der Lampe umwandte, erkannte Haltas das sanfte, von Freudentränen überströmte Gesicht seiner Mutter.

Als es bereits tiefe Nacht war, legte die Mutter die Hand auf die Augen ihres Sohnes und drohte lächelnd: „Soll ich vielleicht den Gott des Schlafes rufen, Hypnos, damit er dir das Klagelied der Träume singt, so wie früher, als du noch klein warst und in der Wiege lagst? Das wäre wenig passend für einen Helden!"

Da überkam den Jungen mit einem Mal unter dem Lachen seiner Mutter die Müdigkeit und Erschöpfung all der Aufregungen und der Anstrengungen der langen Reise, so daß er einschlief.

Am nächsten Morgen wurde Haltas durch die Totenklagen der Frauen geweckt, die die Nachricht von einem großen Unglück verbreiteten. Die Hofdame, die den Auftrag gehabt hatte, die Königin zu wecken, hatte Theodora nicht in ihrem großen, mit Silber und Elfenbein eingelegten Bett gefunden. Voll böser Ahnungen hatte die Dienerin endlich den Vorhang zum Umkleideraum zurückgeschoben — und da hatte Theodora in ihrem prächtigsten Gewand auf einem kostbaren kretischen Teppich gelegen. Das Mieder der Königin bestand aus zahllosen Goldplättchen; der Mantel aus königlichem Leinen. Theodora blitzte im Schmuck all ihrer Juwelen, die eine Königin mit ins Grab nimmt — Diademe, Ketten, Ringe, Armbänder. Jede Öffnung des kleinen Gemaches war sorgfältig mit den anderen königlichen Gewändern verstopft gewesen, und auf dem Boden standen um die schöne Königin fünf große, erloschene Kohlenbecken voller Asche. Das Gesicht Theodoras aber war noch niemals so schön gewesen wie jetzt im Tod, der giftige Rauch aus den Kohlenbecken hatte ihr auch im Tod noch frische, rosige Wagen gelassen.

Haltas begriff, daß der Lawagetas dies erwartet und gewollt hatte. Als Theodora sicher war, verloren zu sein, hatte sie es vorgezogen, sich der Schmach eines öffentlichen Gerichts, eines Todesurteils, zu entziehen. Vielleicht hatte sie gewußt, daß Suweros zu großzügig war, um seine Rache bis ins Reich der Schatten zu verfolgen. So hatte sich denn keiner der beiden Gegner in diesem tödlichen Spiel bei seiner Voraussicht geirrt — die Rechnung war aufgegangen.

Seit der schicksalhaften Nacht nach der Rückkehr des Suweros war nur ein Mond vergangen, und nun war alles vorbereitet für den prächtigsten und feierlichsten Leichenzug, den der achäische Kontinent und die Grünen Inseln jemals erlebt hatten.

Im Palast drängten sich die Gäste von königlichem Geblüt, und Assur hatte die verantwortungsvolle Aufgabe, sich um das Wohl der Trauergäste zu kümmern. Niemand durfte sich zurückgesetzt fühlen und mußte gemäß dem ihm gebührenden Rang behandelt werden — besonders bei der Sitzordnung für das Trauer-Bankett. Assur begleitete die verschiedenen Gruppen der Gäste in ihre Unterkünfte; und dabei versäumte es der schwatzhafte Assyrer nicht, sich in zahllosen Entschuldigungen zu ergehen und sich stets mit einem Lächeln zu verabschieden:

„Keinen der anderen Gäste schätzt der König so wie euch, edle Herren! Niemals aber wurden im achäischen Reich drei Ereignisse zusammen gefeiert, die eines feierlichen Festes so würdig sind. Wir werden den König der Könige zu seiner letzten Ruhestätte begleiten, danach aber wird dem neuen und allseits beliebten, jungen König der Thron übergeben werden. Und wie könnten wir der treuesten aller Königinnen die Ehren der Grablegung verweigern, einer Königin, die sich aus Schmerz um den unwiderruflichen Verlust ihres geliebten Gatten das Leben genommen hat?"

Die jungen Athleten von edler Abstammung waren in so großer Zahl zu den Totenspielen herbeigeeilt, daß die jungen Helden in Dutzenden von Zelten untergebracht werden mußten, die sich auch unterhalb der Mauern bald wie Blumen vor den Palasttoren ausbreiteten.

Endlich hatten auch die Damen des Palastes unter der Leitung von Mayno die Arbeiten an den Webstühlen beendet. Die Mäntel für die Totenlager waren reich mit Symbolen bestickt worden, und diese Arbeit hatte einen vollen Mond in Anspruch genommen. Trofonios, der Herr der Unterwelt, wurde mit zahllosen heiligen Symbolen geehrt, seinen Namen aber durfte kein gewöhnlicher Sterblicher aussprechen, nur die Priester des Tempels riefen ihn an.

Stoicheos hatte den Tod seiner erhabenen Schwester gerade so lange beklagt, als ihm seine bevorstehenden Verpflichtungen dazu Zeit gelassen hatten. Während der Tage der Totenehrung sollte auch sein „Heiliger Stiertanz" eine wichtige Rolle spielen; seit Tagen schon verließ denn der kretische Prinz nicht mehr die Ställe sowie den Verschlag seines bevorzugten Stieres, den Stoicheos mit Hilfe seines schwarzen Sklaven trainierte. Den Göttern gebührte Dank, daß Nubal rechtzeitig von der Reise zurückgekehrt war!

Aber auch Haltas sollte an dem Leichenzug teilnehmen und hatte seine bestimmten Aufgaben. Beim Morgengrauen des großen Tages — der nach zahllosen, scharfen Diskussionen mit sieben Hilfspriestern aus den verschiedenen Tempeln Mykenes festgelegt worden war — untersuchte der Junge gerade mit kritischer Miene seine Zeremonien-Schuhe. Da wurde der Vorhang zu seinem Gemach gehoben, und einer der Sklaven des Ethewas rief ihn zu seinem Herrn. Der Lawagetas erwartete den Prinzen von den Eberzähnen in der kleinen Zelle, die im Tempel der Mächtigsten Göttin an die Opferhalle angrenzte und dem Schlangengott Ophis vorbehalten war.

Haltas folgte der Aufforderung sogleich, aber er war aufs höchste erstaunt. Was mochte der Erste Priester von ihm wollen, der jetzt der Regent und Berater des jungen Königs war und damit der wichtigste Mann von Mykene? Der Junge fand die hochgewachsene Gestalt des Lawagetas, der bereits in das prunkvolle Priestergewand gehüllt war, gerade aufgerichtet und mit verschränkten Armen und geneigtem Kopf neben dem „Goldenen Hause" stehend.

Haltas blieb in achtungsvollem Respekt vor der Meditation des Ersten Priesters auf der Schwelle stehen. Der Lawagetas aber spürte die Anwesenheit des Jungen sofort und entließ seinen Sklaven mit einer Handbewegung. Erst als sie allein in der Zelle waren, begann der Priester zu sprechen.

„Erinnerst du dich, Prinz von Lemnos, als wir zum ersten Mal vor dem Hause des Schlangengottes standen? Ich lächelte damals über den Orakelspruch, der geweissagt hatte: ‚Das Schicksal dieses Gottes ist an das Los des königlichen Hauses gebunden, das ihn beherbergt!' Seine Jahre hatten den La-

Seit vielen Jahren hatte der König viel Zeit und Sorgfalt für den Bau dieser Grabstätte verwandt.

wagetas von Mykene immer noch nicht gelehrt, daß es dreimal töricht ist, den verborgenen göttlichen Willen zu belächeln! Schau!"

Und entschlossen legte der Lawagetas die Hand auf den riesigen Rubin des „Goldenen Hauses", so daß die Feder zurückschnappte und der Deckel des Korbes aufsprang.

Haltas war einen Schritt zurückgesprungen, bevor ihm einfiel, daß sich Ophis ja noch in der Periode der „Großen Abwesenheit" befand. Dann aber preßte der Junge die Hand auf den Mund, um einen Aufschrei zu unterdrücken. Der Lawagetas hatte den Arm in die Öffnung des goldenen Korbes versenkt und zog nun etwas Langes, Gewundenes heraus, das Haltas einen Augenblick lang entsetzt für den Körper des Schlangengottes hielt. Dann aber sah er, daß es lediglich ein großes Seil war, ein Stück von dem Ankertau des Schiffes, das Ethewas zu Boden warf.

„Es geschah noch auf dem Schiff, als du nach dem Huftritt von Windspiel in tiefer Bewußtlosigkeit lagst! Ich fand den Schlangengott auf dem Boden, neben der Schale mit Milch, die er nicht mehr getrunken hatte — er war tot. Einen Tag und zwei Nächte lang — oh, wie ich mich daran erinnere — erwartete ich in furchtbarster Angst das schreckliche Orakel der Weissagung, den Untergang unseres Volkes. Doch unsere Schiffe fuhren ruhig dahin, und endlich glaubte ich, daß überhaupt nichts geschehen würde, daß das Orakel gelogen hatte. Und da legte ich dieses Seil für den Schlangengott in das Goldene Haus — den Körper des toten Ophis aber warf ich ins Meer. So glaubte ich denn in meiner Torheit", der Lawagetas lächelte bitter, „auch den Willen des Gottes ins Meer geworfen zu haben. Aber dieser Göttliche Willen folgte uns; er heftete sich an die Fersen des Aitaleos und fachte das böse Feuer an, das im Herzen unserer Königin glühte . . . Und so mußte der Löwe von Mykene nach dem Willen des Gottes fallen — der den achäischen Eroberern zürnte, die ihn aus seinem Tempel entführt hatten!"

Ein langes Schweigen entstand. Endlich sprach der Lawagetas weiter.

„Ja, der König der Könige ist nunmehr ein Schatten unter Schatten. Vergebens habe ich versucht, ihn zu retten, doch er führte sein Schicksal im Rumpf des Schiffes mit sich. Der Wille der Götter ist unerforschlich!" schloß Ethewas mit einer ergebenen Handbewegung. Dann fügte er hinzu: „Aber die Götter nehmen und sie geben auch. Nicht nur Unheil ist aus dem Orient zu uns gekommen; denn hast du nicht das Leben des Suweros gerettet und jetzt vielleicht auch seinen Thron und Mykene selbst?"

Aber der Junge protestierte: „Das ist dein Verdienst, Herr! Du hast die Unschuld der Angeklagten erkannt und den Frevel der Königin. Dir danke ich mein Leben und auch das Leben meiner Mutter; und der Thron von Mykene ist nur gerettet worden, weil du zwei Verfolgte beschützt hast! Du bist der wirkliche Beschützer von Mykene!"

Aber der Erste Priester schüttelte den Kopf.

„Seitdem Aitaleos auf die Lange Reise gegangen ist, lastet ein schweres Gewicht auf meinem Herzen — und die Glücksgöttin liebt die bedrückten Herzen nicht. Wenn am Abend die Schatten aufsteigen, finde ich mich in Gedanken immer häufiger dabei, wie ich unsere gemeinsamen Jugendjahre noch einmal erlebe — Aitaleos und meine Jugend. Dann sehe ich, daß diese Jahre aneinandergereiht einen langen Weg bilden — viel länger als die Jahre, die mir noch bleiben. Nein, Prinz von Lemnos, es werden nicht mehr allzu viele Lenze vergehen, und dann wird an der Seite des jungen Königs ein neuer, junger Lawagetas stehen — und zum ersten Male in der Geschichte meines Volkes wird dieser Lawagetas aus einem fremden Land kommen. Höre, Haltas!"

Der Junge zuckte zusammen, denn zum ersten Mal vernahm er seinen Namen aus diesem strengen Mund. Ethewas bemerkte es und lächelte.

„Höre mir zu! Ich spreche mit der Stimme einer langen

Erfahrung zu dir. Mit Aitaleos hat uns nicht nur der König der Könige verlassen, sondern vor allem der Löwe von Mykene. Die Könige dieser Erde aber werden bald eine neue Art von Macht besitzen — doch nicht mehr die Macht des Löwen, der furchtbar im Angriff ist. Die Zeiten ändern sich. In den Bergen, die du kennst, liegt eine Stadt, in der die Vasallen-Könige schon seit langem einen Friedenspakt schließen wollen. Und dieser Friede soll sich einheitlich auf alle Völker achäischer Sprache erstrecken, verstehst du? Diese Stadt heißt Gla. Und darum bitte ich dich — wenn es an der Zeit ist, dann führe deinen König nach Gla! Suweros wird dir folgen, weil er an dich glaubt — auch wenn ihm der Grund dafür nicht bewußt ist. Denn nur der alte Mann, der hier vor dir steht", schloß der Lawagetas mit seinem gewohnten leichten Spott, „und dessen Geist oftmals getrübt ist wie der Geist aller alten Männer — er hat als einziger begriffen, beinahe vom ersten Augenblick an, da er den schüchternen Gefangenen auf dem Schiff erblickte, wie unbesiegbar die Kraft eines gütigen Herzens ist!"

Haltas aber war ganz sicher, daß er trotz des spöttischen Tones in den Augen des Ersten Priesters so etwas wie einen Schimmer echter Bewegung habe aufleuchten sehen.

Der Junge stammelte: „Ich werde den König der Könige nach Gla führen . . . mit deiner Hilfe, Vater!"

Aber der Lawagetas hatte sich bereits in seinen Mantel gehüllt und feierlich die Zelle verlassen. Dann ertönte das dumpfe Geräusch der Trommeln, das die Zeremonien der Trauerfeierlichkeiten begleitete.

Goldene Maske, geschlossene Augen

Beim blassen Schein der Frühjahrssonne geleitete ein prächtiger Gefolgszug der Achäer in leuchtenden Waffen und juwelengeschmückten Gewändern die königlichen Mumien in das gewaltige Gewölbe des Tholos, des riesigen Kuppelgrabes. Schon seit vielen Jahren hatte der König Aitaleos viel Zeit und Sorgfalt für den Bau dieser Grabstätte verwandt, die in ihrer Großartigkeit an ähnliche ägyptische Bauwerke erinnerte, wenn sie auch in der Form verschieden war. Auf bronzenen Totenbahren wurden Aitaleos und Theodora Seite an Seite aufgebahrt und mit den Prunkmänteln bedeckt, die aus einem Netz goldener Plättchen gewirkt waren. Dieser Grabschmuck war noch unvollendet; die letzten Goldplättchen sollten zur Zeit der Opfer gefertigt werden, und zu diesem Zweck wurden in einem Winkel des Kuppelgrabes die Werkzeuge sowie die bereits ausgestochenen, goldenen Plättchen für die Grabmäntel aufbewahrt. Der Leichnam der Königin war mit Schmuckstücken und Juwelen bedeckt, neben ihrem Bronzebett aber waren Spiegel, Vasen, Salbentöpfe und all die anderen zahllosen Toilettengegenstände aufgereiht, die auch im Reich der Schatten unerläßlich für eine Dame sind. An Aitaleos Gürtel waren das lange Schwert und die beiden Prunkdolche befestigt; zur Rechten des Königs aber lag die kleine Waage mit zwei Waagschalen, die die Ausgleichende Gerechtigkeit darstellte, die der Göttliche Zeus den Königen anvertraute.

Endlich näherte sich der Lawagetas dem Leichnam seines Königs, dem er so lange und treu gedient hatte, um ihm die letzte Ehre zu erweisen, so wie es ihm zukam. Feierlich legte er die goldene Totenmaske mit den im ewigen Schlaf geschlossenen Augen auf das Antlitz des Löwen von Mykene.

Als dann das Gefolge das von Gold leuchtende, dunkle Grab durch das Westliche Tor verließ, da schritt allen voran die schlanke Gestalt des neuen Königs mit der funkelnden, goldenen Krone auf dem stolzen, jungen Haupt ... nur einen Schritt hinter ihm aber erblickte ganz Mykene den Prinzen Haltas von den Eberzähnen, der vor noch nicht allzu langer Zeit einmal der Sklave Lamnios genannt wurde.

Glossarium

Ehrwürdigste Göttin, Mächtigste Herrin oder die *Mutter von Mykene*, eine Göttin von großer Bedeutung, die Urmutter aller Kulturen, die mit der Mutter Natur gleichzusetzen ist

Poseidon, Enyalios, Artemis, Zeus, Menes oder *Selene, Hypnos*, diese Götter entsprechen zweifellos den griechischen Göttern der klassischen Zeit, auch wenn ihre Eigenschaften und Fähigkeiten bei den Achäern von Mykene wohl etwas verschieden waren, begrenzt oder ausgeweitet im Verhältnis zu späteren Epochen. In jedem Fall ist *Poseidon* der Gott des Meeres, *Enyalios* ist der Kriegsgott Ares, *Artemis* die Göttin der Wälder (ihre Töchter sind die Nymphen der Wälder), *Zeus* ist – wenn wohl auch noch nicht der Vater aller Götter – so doch der Herr der Gerechtigkeit, der den König mit dem Recht betraut hat, zu richten. *Menes* oder später *Selene* ist die Mondgöttin. *Hypnos* ist bei den alten Griechen (den Griechen der Zeit vor Agamemnon) der Gott des Schlafes und der Träume

Aitusa, ein Säulen- oder Bogengang, der sich zu einem der Palasthöfe hin öffnete

Cinegeta, Aufseher über die Palasthunde

Desmoi, der Tribut an Nahrungsmitteln oder anderen Erzeugnissen für den König, dieser Tribut wurde oft rücksichtslos durch die Verwalter des Herrschers eingetrieben

Di-pa, ein Wort der „Linear-B-Schrift" für eine Amphore oder ein größeres Trinkgefäß, entsprechende Silbenschrift-Worte finden sich für andere Gefäße

Koreter Basileus, bedeutet etwa so viel wie Bürgermeister, Dorfaufseher. Später hatte Basileus im Griechischen die Bedeutung von König, bei den Mykenern aber hatte der Begriff offensichtlich noch nicht diese Bedeutung

Ktoina, Pachtland eines Dorfes

Lawagetas, bedeutet wörtlich: Führer der Heerschar, hier auch im religiösen Sinn wie der Erste Priester gemeint. Er kam in der Rangfolge unmittelbar nach dem König, war ihm meistens blutsverwandt und besaß auch militärische Macht – wie sein Name besagt

Megaron, die Haupt- und Thronhalle eines achäischen Palastes mit der Feuerstatt – die oft als heilig galt – dem großen Herd

Seguaci, Gefolgsleute des Königs

Telestai, Würdenträger des Königs

Tèmenos, Lehen des Königs

Temistes, absolutes Gesetz göttlicher Herkunft, vom König gegeben

Tholos, riesiges Kuppelgrab mit einer enormen Kuppel, das sich die Könige von Mykene noch zu Lebzeiten erbauen ließen. Die Bauzeit umfaßte etwa einen ähnlichen Zeitraum wie für eine der kleineren ägyptischen Pyramiden

Vulkanisches Glas, eine glasähnliche Masse blaugrauer Färbung, die zur Dekoration und für Einlegearbeiten an Möbelstücken verwendet wurde, auch für Perlen und Kugeln an Schmuckstücken. In Kreta, Tiryns und Mykene gefunden

Wagenaufseher, wichtige Würdenträger des Hofes, denen die Aufsicht über die königlichen Marställe, den Pferde- und Wagenpark anvertraut war

Wanax, der König, die Erste Person im Staate von Mykene, der Herr des Palastes und der Stadt, dessen unumschränkte Macht sich auch auf andere Städte und Inseln erstreckte – wie im Fall des Wanax von Mykene